직장검법
50수

직장 검법 50수

초 판 1쇄 2022년 06월 28일

지은이 김용전
펴낸이 류종렬

펴낸곳 미다스북스
총괄실장 명상완
책임편집 이다경
책임진행 김가영, 신은서, 임종익, 박유진

등록 2001년 3월 21일 제2001-000040호
주소 서울시 마포구 양화로 133 서교타워 711호
전화 02) 322-7802~3
팩스 02) 6007-1845
블로그 http://blog.naver.com/midasbooks
전자주소 midasbooks@hanmail.net
페이스북 https://www.facebook.com/midasbooks425

ISBN 979-11-6910-036-6 03190

값 15,000원

미다스북스는 다음세대에게 필요한 지혜와 교양을 생각합니다.

WORKLIFE PRINCIPLES

한칼로
속이
후련해지는

김용전 지음

직장검법
50수

미다스북스

어떤 이들은, 그저 무리 지어 어울려 다니기만 해도 직장 생활 그럭저럭 대충 잘할 수 있다고 말하지만, 이는 그야말로 직장 생활 대충 어영부영하는 사람이 하는 말이다. 내가 아는 한, 제대로 하려면 직장인의 길만큼 비정하고 외롭고 힘든 일이 없다. 왜냐면 누구든 저마다 자기 살길 찾느라 바쁘지, 남을 위해 살아주지 않기 때문이다. 고로 로열 패밀리가 아닌 이상 직장에서 살아남고 성공하는 방법은 스스로 고수가 되는 길 외에는 없다.

고수의 경지에 이르는 방법은 고수를 만나 배우는 것이 가장 빠르다. 물론 세상에는 고수가 많다. 그러나 자칫 잔머리와 암수로 무장한 사파 고수를 만나서 배우면 역시 사파의 길로 빠져 변방을 헤매게 된다. 따라서 이론으로 탄탄히 무장하고 실전으로 단련된 정파의 진짜 고수를 만나서 배워야 한다.

이 책을 쓴 김용전 작가는 내가 아는 한 그런 부분에서 타의 추종을 불허하는 정파의 찐 고수다. 직장인 고민 상담을 12년 동안 같이 진행하지만 지금도 기상천외한 그의 조언에 문득문득 놀랄 때가 많다.

아무리 어려운 고민도 그는 단칼에 끊어내는데 그 내공은 우리가 흔히 말하는 직장 생활의 산전수전, 공중전을 현직으로 다 겪은 위에, 지금까지도 쉼 없이 이 시대의 온갖 직장인 고민을 상대로 검법을 연마하고 있기 때문이다.

직장 고민과 스트레스를 속 시원히 날려버리고픈 모든 직장인에게 자신 있게 일독을 권한다.

― 생활경제연구소장 김방희(KBS 1라디오 〈성공예감 김방희입니다〉 진행자)

직장 고민과 스트레스를 단칼에 날리는 검법

필자가 KBS 1라디오에서 매주 목요일 직장인 고민 코너를 맡아 상담
(相談)의 검을 휘두른 지 어언 13년이 지났다. 10년이면 강산이 변한다는
데, 이렇게 오랜 세월 방송을 이어올 수 있었던 건 정말 고맙게도 청취자
들이 뜨거운 성원을 보내준 덕분인데, 방송 사례 중 상담 검법의 진수를
발췌하여 묶은 것이 『직장 신공』(2013)과 『출근길의 철학 퇴근길의 명상』
(2015) 두 권의 책이었다.

그러나 안타깝게도 이 책들은 중원 무림계(武林界)를 어느 정도 섭렵
한 직장인을 상대로 쓰다 보니 다소 사변적(思辨的)이어서 강호에 나선
지 오래되지 않아 직장 무림계를 탐색해가는 요즘 젊은이들에게는 딱히
들어맞지 않는 한계가 있었다. 그 점을 안타깝게 생각하여 최근 3~4년
은 일부러 젊은이들의 고민 사례를 중심으로 방송을 많이 했으며 이번에
그런 사례만을 따로 모아 이 책을 내게 되었다.

이 책에 수록된 사례들을 보면 참으로 현실적이며 다양하다. 그 이유는 모든 사례가 고민의 당사자들이 직접 쓴 실제 상황이기 때문이며, 고민에 대한 답으로서 필자가 방송에서 상담했던 해결책의 핵심을 그대로 실었기 때문에, 재미있으면서도 현장에서 적용하기에 매우 쉽다. 모쪼록 많은 직장인이 이 책을 읽고 각 사례에 대한 검법을 깊이 소화하여 자기 피와 살로 만들었으면 한다. 그러면 나를 괴롭히는 까다로운 고민과 스트레스를 한칼로 베어버리는 힘이 생길 것이며, 각박한 직장 생활을 상당히 누그러트릴 수 있는 지혜도 생길 것이다. 그리고 젊은 직장인만이 아니라 꼰대 직장인도 읽으면 좋으리라 생각한다. 왜냐면 요즘 어른들은 아파하는 젊은 직장인을 봐도 '꼰대' 소리 한칼에 상처 입을까 두려워 입을 닫고 몸을 잔뜩 사리기 때문인데 이 책을 읽으면 가벼운 마음으로 검을 뽑을 수 있는 자신감이 생길 것이다. 모쪼록 많은 직장인이 즐겁게 이 책을 읽고 날마다 즐거운 출근길이 되기를 빈다.

목차

제1부

극혐 선배가 나에게 카풀을 요청해 왔다!

제3부

너무 꼼꼼한 신임 팀장 정말 쪼잔하다!

제 4부

비전 있는 일을 해야 하나, 내가 잘하는 일을 해야 하나?

제5부

내 실적이 1등인데 2등인 동기가 먼저 승진했다!

제 1부

극혐 선배가
나에게 카풀을
요청해 왔다!

01

"

상사가 저한테 동영상 강의를
대리 수강하라고 합니다!

"

쎄나상 검법을 써라

'국영 기업체 전산실에서 일하는 대리입니다. 코로나 사태로 작년부터 모든 교육이 온라인으로 대체되면서 사장을 제외한 전 임직원이 대상이 되었습니다. 그런데 콘텐츠가 그렇게 실용적이 아니라 싫은데도 페널티가 두려워서 다들 울며 겨자 먹기로 때우고 있는데요, 이사급인 우리 실장님이 바쁘다면서 자기 걸 나보고 들으라고 합니다. 농담처럼 하시지만 여러 번 말씀하시는 게 실은 진담 같아서 거부하기가 어려운데, 6시간짜리라 부담이 적지 않습니다. 실장님이 기분 나쁘지 않게 피해갈 방법이 있을까요?'

이 질문을 받고는 그 상사의 얄미운 행위에 화가 참 많이 났다. 자기가 볼 교육용 동영상을 아랫사람한테 보라고 하는 것은 완전한 직장 갑질이다.

동영상 교육이 무엇인가? 자신을 위해서 보고 배우라는 거 아닌가? 그런데 이사가 봐야 할 동영상을 대리한테 보라고 하다니? 생각 같아서는 국영 기업체이고 하니 직장 갑질로 신고하라고 조언하고도 싶었다. 그러나 섣불리 그렇게 못 한 이유는 그 실장이 아주 노련해서 이 부탁을 농담처럼 말했기 때문이다. 즉 이분이 만약에 '이런 직장 갑질은 부당하다.' 이렇게 정식으로 문제 삼으면 실장이 크게 화를 내면서 뭐라고 하겠는가? '아니, 내가 농담으로 몇 번 이야기한 걸 가지고 진짜처럼 그러면 어떻게 해. 설마 내가 그런 걸 시키겠느냐고! 날 어떻게 보고 하는 소리야?' 이렇게 역공할 게 분명하다. 그러면 결과는 이분만 농담도 못 받아들이는 이상한 사람이 되는 거다.

그럼 이분도 그냥 실장 이야기를 농담으로 치부하고 웃어넘기면 되지 않을까? 그럴 수도 있겠지만, 우리가 쓰는 말 중에 '선수끼리 왜 이래?'라는 말이 있는데, 이 문제도 그와 비슷하다. 실장이 농담처럼 한 말이지만 이분은 그게 진담이라는 걸 알고, 또 의도는 진담이지만 정식으로 문제 삼으면 농담이 되어버린다는 사실도 알고 있다. '제 것도 봐야 하니까 실장님 거는 하기 힘듭니다.'라는 식으로 딱 잘라서 거절하고 싶지만 그러면 동영상 수강이란 내용은 사라져버리고 '실장인 내 부탁을 단칼에 거절해?'라는 앙금만 남게 되는 것도 알고 있다. 즉 이분도 직장 생활을 어느 정도 해서 알 건 다 알기 때문에 이런 미묘한 상황들을 예상하고 섣불리 대응하면 안 되니까 필자한테 질문한 것이다.

그럼 이분은 어떻게 해야 할까? 이럴 때는 **쉐나상 검법**을 쓰는 것이 좋다. **쉐나상 검법**이라니! 말이 이상한가? 그렇지 않다. TV 프로그램 〈세나개〉를 떠올리면 된다. '세나개'가 〈세상에 나쁜 개는 없다〉라는 프로그램명을 줄인 것인데 마찬가지로 '세나상'은 '세상에 나쁜 상사는 없다'를 줄인 말이다.

그럼 이 검법의 핵심은 무엇인가? 그것은 한마디로 상사를 좋은 사람으로 보고 좋은 역할을 하도록 말씀드리는 것이다. 이 문제와 관련해서 구체적으로 설명하면 사실은 아주 간단하다. 실장한테 이런 불필요한 교육을 없애도록 임원 회의에서 건의하시라고 말씀드리면 된다. 물론 이 말을 할 때 단서 조항을 먼저 달아야 한다. 즉 '실장님의 부탁이라면 웬만한 건 제가 다 해드릴 수 있습니다. 그렇지만 이번 건은 달리 생각하면 해사 행위나 마찬가지입니다. 지금 대부분 직원이 불필요한 데 시간 낭비한다고 말이 많고요, 다른 부서도 상사가 밑에다 대리 수강하라고 해서 불만들이 많습니다. 머지않아 다른 부서에서 대리 수강 강요 문제가 터져 나올 것 같습니다. 평소 합리적 알고리즘을 주장하시는 실장님이 이런 불합리를 그냥 두고 보시겠습니까? 임원 회의에서 이걸 문제 삼아서 논리적으로 건의하십시오. 이거 바로잡으면 실장님은 우리의 영웅이 되고 전산실의 위상도 높아질 겁니다.' 이런 식으로 말하면 된다. 반드시 필자가 말한 그대로 하려 하지 말고 소주 한잔하면서 적당히 실장의 영웅심을 자극하면 된다.

그렇게 하면 문제가 정말 근본적으로 해결될까? 그것은 그 실장의 결심에 달렸다. 이분의 말을 듣고 임원 회의에서 그 일을 해낸다면 그 실장은 실제로 전 직원들의 영웅이 될 것이다. 그러나 그러지 않는다고 해서 실망할 건 없다. 왜? **쎄나상 검법**에서 칼이 노리는 것은 거기에 있지 않기 때문이다.

그러면 어디를 노려야 하는가? 그렇게 전사적인 해결은 안 되더라도 최소한 이분에게 대리 수강하라고 했던 부탁은 거둘 것을 노려야 한다. 해사 행위라는 말까지 나왔고, 다른 부서도 그래서 직원들 불만이 많다고 했고, 합리적인 실장님이 불합리를 용납하지 않을 거라고 했잖은가? 이 말을 듣고도 계속 대리 수강하라고 고집하지는 못할 거라고 본다.

이 문제는 질문자의 회신에 의하면 **쎄나상 검법**이 적중했다. 실장이 이분 말을 듣고 즉석에서 '당신 말이 옳다. 그렇지만 회사도 나름대로 잘한다고 하는 거 아니냐?'라며 동영상 강의 제도 자체를 폐지하자는 총대를 메는 건 거부했지만, 그 대신 동영상 수강은 본인이 직접 한다고 약속했다고 한다. 그것으로 이분의 문제는 말끔히 해결된 것이다.

그렇게 이 문제가 해결됐는데, 필자는 실장이 틀림없이 나중에라도 행동에 나설 확률이 크다고 본다. 왜냐면 본인 입으로 약속했으니 이제 영양가 없는 12시간짜리 동영상 강의를 실제로 들어볼 텐데 영양가가 정말 없다면 '아, 이래서는 안 되겠다' 해서 다른 임원들과 사전 협의한 뒤 사장에게 건의할 확률이 높다. 그러는 것이 본인 평판을 높이는 일도 되기 때문이다.

그나저나 정말로 세상에 나쁜 상사는 없는 걸까? 아니다. 세상에 나쁜 상사는 당연히 있다. 그럼 왜 '**쎄나상 검법**'인가? 풀어서 설명하자면, 이 검법은 나에게 안 좋은 일을 시키는 상사의 양심을 건드릴 때 쓰는 것이다. 그 상사의 양심을 건드려서 일을 바로잡고자 하면서, 그 상사를 나쁜 놈으로 보면 칼을 차분하게 휘두를 수 있겠는가? 눈을 감고 여러 번 '우리 상사는 훌륭한 상사다!'를 외치고 그런 감정이 잡힌 뒤에 칼을 뽑아야 그 칼끝이 상사의 양심을 제대로 찌를 수 있는 것이다. 이렇게까지 말해도 고개를 갸우뚱거릴 독자가 있을 거 같아서 이 검법의 비밀을 좀 더 설명하겠다.

직장 상사나 선배 문제로 고민을 보내오는 분들은 공통점이 있다. 그것은 바로 본인은 선(善)한 사람인데 악(惡)한 사람인 상사나 선배로부터 괴롭힘을 당하고 있으니 악의 세력으로부터 자신을 구해달라고 한다는 점이다. 그런데 생각해보라. 악의 무리는 인류를 위해 쳐부수어야 할 대상이다. 그래서 질문자들은 필자가 마치 영화 〈브이 포 벤데타〉에서 가

이 포크스 가면을 쓴 주인공 '브이'처럼 놀라운 칼 솜씨로 상사나 선배를 처단해주기 바란다. 물론 질문자의 그 분한 마음은 안다. 앞의 사례만 해도 얼마나 부당한 처사인가?

그러나 필자는 그럴 수 없다. 그 이유는 두 가지이다. 하나는 그 악한 상사나 선배가 구체적으로 누구인지 모르고, 그를 직접 만날 수도 없고 전화 또는 메일로 꾸짖을 수도 없다. 그 말은 고민을 생기게 한 가해자에게는 아무런 칼도 들이댈 수가 없으며 오직 피해자에게만 '이렇게 하시오, 저렇게 하시오.'라고 조언할 수밖에 없다는 뜻이다.

둘째는 또 그런 조언에도 제한이 있다는 사실 때문이다. 즉 분노한 질문자에게 '가해자한테 가서 한 방 먹이라'거나 '그 회사 당장 때려치우라'며 조언할 수가 없다. 그런 조언대로 한 방 먹이면 문제가 해결되는 게 아니라 더 꼬이기만 할 것이요, 당장 때려치우면 그다음 재취업은 필자가 책임질 건가? 고로 택할 수 있는 조언의 결론은 하나다. 그 상사나 선배가 그래도 정신이 제대로 박힌 상식적 인물일 거라는 전제, 즉 '세상에 나쁜 상사는 없다'라는 전제 아래 질문자에게 합리적인 방법을 써보도록 권하는 길뿐이다.

그런데 긴긴 세월 수많은 밤을 새워가면서 수많은 질문자의 고민에 **세 나상 검법**으로 연구하고 연구해서 얻어진 답을 제공하다 보니 정말 놀라운 사실을 발견하게 되었다. 수많은 질문자가 '감사하다'라고 회신을 보내오는데 결론은 웬만한 문제에서 모두 그 방법이 해결책으로 적중했다는 사실이다. 그래서 효과가 검증된 검법으로서 요즘 젊은이들에게 직장 검법 50수 중 **쎄나쌍 검법**을 제1수로 강력히 권하는 바이다.

여기까지 설명해도, '아, 세상에 나쁜 상사가 왜 없어? 천지 삐까리로 쌓인 게 나쁜 상사인데!'라고 고개를 갸우뚱하는 독자가 또 있을지 몰라서 이 검법의 비밀을 완전히 털어놓겠다. 나이가 들어 꼰대가 되니 느는 것은 노파심뿐이다.

'세상에 나쁜 상사는 없다'라는 전제의 이 검법이 여러 갈등 상황에서 해법이 되는 비밀은, 아랫사람이 윗사람에게 인정받고 싶어 하는 만큼 윗사람도 마찬가지로 아랫사람에게 인정받고 싶어 하기 때문이다. 그것도 그냥 인정이 아니라 통 큰 상사, 아량이 큰 상사, 보스 기질을 지닌 멋진 상사 등으로 인정받고 싶어 한다. 그런데 평소에 이런 비밀을 잘 모르는 아랫사람들은 대체로 그런 기회를 잘 주지 않는다. 그래서 갈등이 생기는데 이때 아랫사람이 윗사람에게 사과하며 그런 기회를 주면 '아, 그렇게 걱정하지 마. 나 그렇게 속 좁은 인간 아니야. 앞으로는 잘 지내보자고.' - 십중팔구 이렇게 나온다. 특히 나쁜 상사이거나 속이 좁은 상사일수록 더 그렇게 나올 확률이 크기 때문에, 나쁜 상사가 세상에 천지삐까리로 쌓였어도 **쎄나쌍 검법**이 통하는 것이다.

끝으로, MBC에는 〈일요일 일요일 밤에〉, 〈내조의 여왕〉 등을 만든 김

민식이라는 PD가 있다. 필자가 참 존경하는 분이지만 사실은 일면식도 없다. 그런데 왜 그렇게 존경하는가? 그 이유는 이분이 한 잡지에 쓴 글 '굴하는 인생이 쿨한 인생이다'를 읽었기 때문이다. 글의 내용을 간략히 소개하면 이분이 유명 A급 탤런트를 잘 섭외하기로 소문이 났는데 그 비결은 바로 탤런트 앞에 무릎을 꿇는 것이라고 한다. 물론 첫 섭외에 성공하면 무릎을 꿇을 일이 없다. 그러나 꼭 필요한 탤런트인데도 이런저런 핑계를 대면서 출연을 거부할 때 망설임 없이 그 앞에 무릎을 꿇고 출연을 간청한다는 것이다. 그러면 웬만큼 깐깐한 탤런트도 섭외에 응한다는 것인데 문제는 동료 PD들이 이분한테 '야, 어떻게 PD가 탤런트한테 무릎을 꿇냐'고 비난한다는 것이다. 그런데 바로 거기에 대해 이분은 이렇게 이야기하고 있다.

"내가 바라는 원대한 목표가 있는데 무릎을 꿇는 게 왜 창피한 일이냐? 나는 내 작품의 완성도를 높이기 위해서라면 한 번이 아니라 수백 번도 꿇을 수 있다. 나에겐 굴하는 인생이 쿨한 인생이다."
– 김민식PD

이 얼마나 단호한 자기성찰이며 자기 확신인가? 여기에서 더 길게 말하지 않겠다. 나에게 분명한 목표가 있고 그 목표를 위해서 저 상사와의 갈등을 해결해야만 한다면 아무리 나를 괴롭히는 나쁜 상사라 하더라도,

'사실은 알고 보면 좋은 상사일 거야' 하면서 **쎄나쌍 검법**을 한번 써보라. 남녀노소를 막론하고 많은 직장인이 고민 상황에서 이 검법을 쓰지 못하는 이유는 정작 본인에게 분명한 목표가 없기 때문은 아닌지 생각해 볼 일이다. 그리고 자존심을 내세울 필요도 없다. 그 상사 앞에서 무릎을 꿇으라는 것도 아니며, 그 상사를 위해서 그렇게 하라는 것도 아니고 바로 나를 위해서 내 목표의 달성을 위해서 그렇게 하라는 것이다.

02

"

갑자기 설 상여가
두 배로 들어왔는데 어떻게 하죠?

"

의표 찌르기 검법을 써라

'중소기업에 다니는 청년입니다. 이번 설 상여를 받았는데 확인해 보니 제가 받아야 할 금액의 두 배가 들어 있네요. 제가 최근 야근을 많이 하기는 했지만 그래도 금액이 너무 많아서 혹시 착오가 아닐까, 대표님께 여쭤보려니 그 또한 혹시나 해서 망설여지는데요, 그냥 입 닫고 있자니 찜찜하고 그렇습니다. 어떻게 하면 좋을까요?'

이 질문은 필자에게 상담 의뢰가 들어온 게 아니라, 한 직장인 고민 카페에 올라온 질문을 발췌해서 방송했던 내용이다. 코로나 사태로, 들려오는 소식마다 힘든 이야기뿐인데 모처럼 보너스를 두 배로 받았다는 내용이어서 읽으면서도 기분이 좋았다. 그런데 질문 바로 밑에, 카페 회원들이 투표할 수 있도록 설문 조사를 달아 놓은 것이 있었는데 그 내용을 읽는 순간 좀 놀랐다. 설문 문항은

1. 대표님에게 가서 상여 잘못 나온 거 아닌지를 확인한다.
2. 모른 척하고 그냥 넘어간다.

두 가지였는데 결과는 응답자의 53.3%가 1번, 46.7%가 2번을 택함으로써 두 견해가 팽팽하게 거의 반반이었다. 여기에서 2번을 택한 사람들은 반드시 그런 것은 아니지만, 질문자가 말한 '혹시나 하고 주저하는' 심리를 지지하는 것이다. 즉 보너스가 잘못 나왔다 하더라도 가만히 있으면 모르고 넘어갈 것을, 공연히 가서 확인하면 '어 그렇네!' 하면서 회수해버릴지도 모른다는 불안 심리에 동조하는 것이다. 질문자는 다행히 양심적이어서 1번을 택했다.

그렇다면 필자가 놀란 이유는 무엇일까? 모른 척하고 그냥 넘어간다는, 다소 비양심적인 응답자가 46.7%에 이르는 것 때문이었을까? 물론 그 점도 놀라웠지만 진짜 이유는 따로 있었다. 첫째, 회사가 잘못해서 실

수로 상여를 두 배로 넣었다 하더라도 나중에 다 밝혀진다는 사실을 응답자들이 생각하지 못한다는 점이고, 둘째는 응답자의 선택지가 두 가지로만 되어 있었다는 점이다.

여기에서 첫째 부분은 달리 말하면 너무 눈앞의 이익만 생각한다는 뜻이고 둘째 부분은 최상의 답을 찾아내는 데 소홀했다는 뜻이다. 부연 설명하면, 얼마 지나지 않아 밝혀질 일이라면 거기에 맞는 해결책을 찾는 게 옳은 데도 귀찮게 생각한달까 멀리 내다보려 하지 않았다는 것이다. 더 큰 문제는 그다음 부분이다. 결론부터 말하면 이 문제에 대한 최상의 답은 따로 있다는 건데, 필자가 보기에 선택지 하나가 더 있어야 맞다. 그것은

3. 대표님께 설 상여를 두 배로 주셔서 감사하다고 말씀드리고, 일도 두 배로 잘하겠다고 말씀드린다.

이다. 잘 생각해보라. 회사가 잘못해서 실수로 상여를 두 배 넣었는데 직원이 모른 체하고 가만히 있다면 나중에 그 사실을 알게 되었을 때 대표가 어떤 생각을 할까? 필자가 굳이 말하지 않아도 상상이 될 것이다. 그러나 3번처럼 말한다면 그 말을 하는 직원을 눈앞에 두고 그 상여를 가차 없이 회수해 갈 대표님이 과연 몇이나 될까? 물론 있을 수도 있겠지만 필자의 경험으로는 상당히 드물 것이라고 본다.

그리고 더 중요한 것은 실제로 상여가 잘못 나왔을 확률이 극히 적다는 사실이다. 최근에 군소리 없이 여러 번 야근까지 하며 열심히 일하는 이분을 보고 대표님이 상여를 일부러 두 배로 넣은 것이다. 그러면 대표님은 왜 사전에 아무 말도 하지 않았을까? 이분이 깜짝 놀라는 모습을 보기 위한 '서프라이즈'가 첫째 의도이며 또 한 가지 중요한 의도가 더 있으니 그것은 바로 이런 상황에 어떻게 반응하는가를 지켜보는 것이다. 왜? 한번 키워보고 싶은 인재니까!

그 기준으로 보면 모른 척하고 넘어가는 것은 하책이며, 잘못 나온 게 아닌가를 의심해서 확인하는 것은 중책이고, 감사를 표하며 두 배로 더 열심히 일하겠다고 대표님의 의중을 앞질러 선제타격하는 것이 재치 만점이며 가장 현명한 상책이다.

이 질문에 대한 설문 문항으로 3번이 더 있어야 한다고 말했지만, 사실은 이 사례에 나오는 사장님도 서프라이즈로 상여를 두 배 넣으면서 예상한 반응은 1, 2번 둘 중 하나였을 것이며, 기대한 건 당연히 1번이었을 것이다. 바로 이때 그 기대를 뛰어넘는 반응을 보이는 것이, 상사의 신뢰를 얻는 비결이다.

물론 보통의 경우 1번으로만 처신해도 정직한 행동이며 훌륭한 직원이다. 그러나 조금 더 생각해보면 3번으로 갈 때 '설 상여 두 배'는 이분에게 돈의 액수를 넘어 '대표님의 신뢰'라는 메가톤급 결실을 가져다주게 되는데, 이것이 바로 **의표 찌르기 검법**이다.

다시 한번 강조하건대 **의표 찌르기 검법**의 핵심은 상대의 의도를 파악하고 그 예상을 훨씬 뛰어넘는 감동적 반응을 보이는 것이다. 고로 이 검법을 연마하려면 먼저 '버럭'을 버려야 한다. 상대의 행동이나 말에 경솔하게 곧바로 반응하지 말고 항상 그 의도에 대해서 진지하게 생각해야 한다. 그렇게 반복 훈련해서 이 검법에 대한 수련이 충분히 된 사람은 직장에서만이 아니라 아내에게, 부모에게, 자녀에게, 친구에게, 애인에게, 심지어 적에게까지도 - 언제 어디서든지 상대의 가슴을 쿵 하고 내려앉게 만들 수 있는 초절정 고수가 될 수 있다.

03

>
> "
>
> # 인사 안 하는 새내기한테 충고 한마디 한
> # 제가 '꼰대'인가요?
>
> "

옛날 검법을 써라

'경력 5년 차 직장인입니다. 일주일 전에 신입이 한 명 들어왔는데 출퇴근 때 인사를 안 합니다. 하루 이틀도 아니고 일주일씩이나 그러기에 다른 사람들한테도 물어봤더니 다들 인사를 받은 적 없다고 합니다. 그래서 그 신입을 조용히 불러서 인사하고 지내자고 충고했더니 '인사는 누구나 먼저 할 수 있는 거 아니냐'며 저보고 꼰대라고 해서 말문이 막혔습니다. 새내기한테 인사하라고 한마디 하면 꼰대인가요?'

이 질문도 역시 한 직장인 커뮤니티에 올라온 것을 발췌해서 방송했던 내용이다. 질문자가 이 질문을 게재했을 당시 여러 사람이 퍼 나르면서 화제를 일으키기도 했었다. 재미있는 점은 이 질문에 댓글이 수백 개가 달렸는데, 대체로 '꼰대 아니다'라는 의견이 많았지만, 그 반대, 즉 '꼰대가 맞다'라는 의견도 꽤 있었다는 것이다. 꼰대가 아니라는 이유로는 '인사는 직장 생활의 기본 예의이기 때문에 선배가 인사 안 하는 신입사원한테 충고해주는 게 당연하다'는 거였고, 꼰대가 맞다는 이유로는 '그 신입 말이 옳다, 즉 선배가 먼저 인사를 할 수도 있는 거 아니냐, 그러지 않고 일주일이나 두고 본 건 다분히 의도적이다'라는 것이었다.

그러나 필자는 이분이 선배로서 새내기한테 당연히 할 말을 했다고 본다. 더구나 다른 선배들은 모른 척하고 있는데 이분이 혼자 나선 건 용기 있는 행동인데, 다만 이분이 새내기를 불러서 이야기할 때 세 가지 면에서 좀 더 신중했으면 좋지 않았나 하는 생각이 든다.

첫째는 인사 안 하는 걸 괘씸하게 봤느냐 안타깝게 봤느냐 하는 것이다. 안타깝게 보고 타이르는 식으로 했으면 좋았을 텐데, 어딘지 괘씸하게 봤다고 느껴진다. 그러면 같은 말이라도 '당신, 왜 일주일씩이나 인사 안 하고 다녀? 신입사원이 기본이 안 되어 있잖아!' 이렇게 질책성으로 나갈 수 있는데, 그러면 노골적으로 불만을 표출하는 요즘 새내기의 속성이 튀어나와서 자기도 모르게 욱하고 반발했을 가능성이 크다.

둘째는 신입사원이 반발할 수도 있다는 생각을 아예 하지 않은 것이다. 그 생각을 했다면 장소나 시간에 좀 더 신경을 썼을 거라고 본다. 예를 들어 사무실에서 선배가 갑자기 '당신, 옥상으로 좀 올라와!' 이러면 어떤 생각이 들겠는가? 당연히 경계심부터 작동한다. 더구나 새내기가 좀 까칠한 성격이라면 옥상으로 가는 동안 눈치로, 인사 안 하는 문제를 꺼낼 것이라 예상해서 뭐라고 반격할지를 준비하게 된다. 이는 쥐도 막다른 골목에 처하면 고양이를 문다는 식인데, 그 결과가 '인사는 누가 해도 되는 거 아니냐'로 나온 거다.

그래서 이런 경우는 **역날 검법**을 썼더라면 좋았으리라 생각한다. 역날 검은 일본의 사무라이 영화 〈바람의 검심〉에 나오는 주인공 히무라 켄신이 살인을 계속하다가 문득 깨달은 바가 있어 '사람을 죽이지 않겠다'는 불살생의 원(願)을 세운 뒤 들고 다니는 검이다. 이분도 그런 역날 검을 썼으면 어땠을까? 즉 새내기가 선배한테서 차가운 살기(殺氣)를 느끼지 않도록 좋은 분위기를 만들면서 충고했다면 좋았을 거라는 것이다. 잠깐 보자고 부르기만 해도 일단 경계 태세로 돌입하는데 선배의 품속에서 언뜻 날카로운 칼날을 보았다면 방어 태세로 나갈 수밖에 없다. 선배가 쓰는 검은 불살생을 맹세한 역날 검이라는 사실을 미리 알게 했다면 결과는 많이 달랐을 것이다.

그러면 이 문제에서 **옛날 검법**의 핵심은 무엇인가? 그것은 간단하다. 좀 더 신경을 써서 사무실이 아닌 퇴근 후 식당 같은 데서 만나서 밥이라도 사주면서 고향은 어디냐부터 시작해서 '직장 생활 힘들지?' 하며 어느 정도 신뢰 관계를 만든 뒤에, 인사를 안 하면 조직에서 어떤 불이익이 있는지를 자상하게 이야기하는 것이다. 충고하면서 꼭 그렇게까지 해야 할까? 필자는 그렇다고 본다. 왜? 선배 본인을 위해서다. 충고했을 때 새내기가 기꺼이 받아줘야 선배도 기분이 좋고, 그 새내기가 사람들한테 인사를 잘해서 인정받는 모습을 볼 때 보람이 있을 것이며, 나중에 그 새내기가 이 선배의 든든한 우군이 될 수도 있기 때문이다. 일에서의 성취도 좋지만, 사람을 얻는 그런 게 직장 다니는 또 다른 맛 아닐까? 지피지기면 백전불태(知彼知己면 百戰不殆)라는 격언도 있는데, 가뜩이나 할 말 다 하는 요즘 새내기를 쉽게 생각하고 칼을 뽑았으니 좋은 일을 하고도 기분이 안 좋은 것이다.

앞에서 선배가 주의할 점이 세 가지라고 했는데 마지막은 무엇일까? 그것은 상대가 새내기든 후배이든, 누구한테 어떤 조언을 할 때는 아예 꼰대 소리 들을 각오를 하라는 거다. 왜? 시대가 그렇기 때문이다. 이와 관련한 참고 자료를 하나 살펴보면 취업 포털 사람인에서 2021년 7월에 설문 조사를 했는데, 성인 남녀 열 명 중에 네 명은 역꼰대가 있다는 결과가 나왔다. 역꼰대라는 건 정당한 지적이나 도움이 되는 조언을 해도 무조건 그건 구식이라고 단정하면서 본인 의견만 정답이라고 생각하는 유형을 말한다. 다른 말로는 '젊꼰'이라고도 한다.

같은 조사에서 역꼰대가 생기는 이유도 물어봤는데, '젊은 세대는 무조건 옳고, 나이 든 세대는 무조건 구식이다'라는 선입견이 있어서 그렇다는 응답이 46.9%로 1위를 차지했는데, 안타까운 현실이라고 본다. 사실 필자가 이 사례를 택해 방송한 이유 중에 한 가지는, 새내기가 일주일씩이나 인사를 전혀 안 하는데도 다른 선배들은 다 가만히 있었다는 사실 때문이었다. 요즘 세상이 왜 이렇게 개판이냐, 또는 요즘 젊은이들이 왜 이러냐고 개탄하는 기성세대가 많은데, 젊은이들이 왜 그러겠는가? 기성세대에게서 본받을 일이 적기도 하거니와 기성세대가 젊은이의 문제 행동을 봐도 입을 닫기 때문이다. 앞서 살아본 사람들이 꼰대 소리를 듣는 한이 있더라도 용기와 애정을 가지고 정말 아닌 건 아니라고 젊은이들에게 말해줘야 한다고 본다. 그게 어른들의 의무인데도 이걸 계속 피하는 한 세대 간의 소통은 점점 단절되고 세상은 더 퇴행할 것이다.

끝으로, 세상이 아무리 뒤집히고 변한다 해도 사람이 남과 더불어 살아야 하는 진리는 변하지 않음을 강조하고 싶다. 그렇기 때문에 주변 사람과의 관계가 좋아야 삶이 편안한데, 남과의 관계를 좋게 하는 그 출발점은 바로 인사를 잘하는 것이다. 그래서 필자는 그 신입사원한테 '인사는 사람의 마음을 여는 마스터 키다.'라는 말을 해주고 싶다.

04

"
극혐하는 선배가
저에게 카풀을 요청했어요

"

얼씨구나 검법을 써라

'경력 3년 차 직장인입니다. 평소 저를 많이 갈궈서 정말 싫어하는 선배가 얼마 전 음주 단속에 걸려서 3개월 면허 정지를 당했습니다. 그런데 그 선배가 저희 집에서 몇 분 거리에 사시는데 출근 시 카풀을 부탁하면서 갑자기 요즘 저한테 잘해줍니다. 회사가 외진 곳이라 비싼 돈 내고 택시를 타든지, 아니면 드문드문 다니는 버스를 타야 해서 출근에 애로가 많기는 합니다. 주변에서도 다 제가 카풀을 해줄 걸로 기대하고 있고요, 저는 정말 싫은데 어떻게 하면 좋을까요?'

이 질문도 역시 필자한테 직접 들어온 질문이 아니라 한 직장인 고민 카페에 올라온 질문이다. 그런데 내용이 특이할 뿐만 아니라 거기에 달린 회원들의 댓글도 특이하고 또 결론도 상당히 특이해서 방송 소재로 택했었다.

댓글과 결론이 어떻게 특이했던가? 거의 모든 댓글이 차를 두고 대중교통을 타고 다니라는 내용이었다. 예를 들면 '차가 고장 났다고 해라, 누가 차를 빌려달라고 해서 빌려줬다고 해라, 회사 근처에 원룸을 빌려서 당분간 살아라, 아침에 학원에 다니기 때문에 시간대가 안 맞는다고 해라, 운전미숙이라 안 된다고 해라.' 등이 있었고, '일단 태워주겠다고 한 뒤에 급출발, 급가속, 급브레이크 3단 콤보를 몇 번 해줘라, 그러면 자진 하차할 거다.' 이런 것도 있었는데, 마지막 댓글은 그냥 한번 웃자고 단 것으로 보인다. 어쨌든 주를 이루는 건 뭔가 핑계를 대고 카풀을 하지 말라는 것이고 카풀을 해주라는 의견은 단 한 개도 없었다. 그런네 필자는 이게 이분 고민에 대한 최선의 해결책인가 하는 데에 정말 많은 아쉬움이 있었고, 또 요즘 젊은이들이 이렇게까지 문제를 역발상 못 하나 하는 안타까운 생각이 들었다.

어떤 면에서 안타깝고 아쉬웠던가? 질문에 보면 회사가 외딴곳에 있어서 택시를 타면 교통비가 엄청 많이 나오고 또 버스는 드물어서 대중교통을 타는 데 애로가 많다고 했다. 즉 이분이 극혐 선배와의 카풀을 안 하기 위해 차를 두고 대중교통을 이용하려면 본인부터 시간이나 금전상

손실이 크다는 거다. 사고는 극혐 선배가 쳤는데 왜 이분이 그런 손해를 봐야 하는가? 그리고 예를 들어서 차가 고장 났다고 핑계를 대면 언제까지 그렇게 하라는 건가? 그 선배의 면허 정지가 풀릴 때쯤에야 내 차도 고쳐진다고 말하라는 건가? 차를 빌려줬다는 핑계도 그렇고 원룸을 빌리는 것도 마찬가지다. 모든 댓글이 언뜻 들으면 말이 되는 거 같지만 조금만 더 생각하면 이런 방식은 본인이 손해 보는 거고 또 문제를 오히려 더 복잡하게 만드는 것이다. 그보다는 정말 싫어서 카풀을 안 할 거라면 차라리 솔직하게 못 하겠다고 말하는 게 낫다.

그런데 질문자도 그렇게 생각했는지 이틀 만에 다시 글을 올렸는데 그냥 카풀 싫다고 통보를 했단다. 대단한 강단이다. 물론 카풀을 하고 말고는 엄연한 개인의 권리이기 때문에 다른 핑계 안 대고 정직하게 거절한 것은 떳떳한 자세이다. 그런데 문제는 그 글 끝에 '이제 앞으로는 더 심하게 갈굴 것 같아서 폰에 녹음 기능을 항상 켜놓고 있겠다.'라고 쓴 거다.

앞으로 그 선배가 갈굴 때 여차하면 갑질로 신고하겠다는 건데, 만약에 이 문제로 더 갈굼을 당하면 이분의 본질적 고민은 해결된 게 아니라 오히려 더 커진 게 아닌가? 그래서 참 안타까웠었는데 다시 이틀 뒤 글을 보니까 원래 질문은 그대로 둔 채로 카풀을 거절했다는 글은 내렸다. 그 이유는 상황이 달라져서 그랬다고 보는데, 잘은 몰라도 뭔가 반전이 있었던 게 아닌가 생각한다.

물론 이분이 그 뒤로는 이 문제와 관련한 글을 올린 게 없어서 함부로 단정해서 뭐라고 말할 수는 없지만 미뤄 짐작건대, 이분의 첫 질문 속에 반전의 힌트가 들어 있다고 본다. 즉 질문에 보면 주변에서는 다들 카풀을 해줄 거로 기대한다는 말을 굳이 썼는데, 이분이 그 선배는 싫지만 주변의 기대를 저버리는 것에는 상당한 부담을 느끼고 있다는 방증이다. 그러다 보니 거절해놓고도 맘이 편치 않은 차에 다른 동료나 선배들이 나서서 '매일 보는 사이인데, 서로 힘들게 그러지 마라.' 이렇게 현실적으로 설득하니까 그 조언을 받아들여서 마음을 바꾼 게 아닌가 하는 생각이 든다. 만약 그렇다면, 정말 잘한 처신이며 대단한 분이라고 생각된다. 속이 정말 좁은 사람이라면 아무리 주변에서 권유해도 자존심 때문에 일단 거부한 결정을 다시 바꾸기가 어렵기 때문이다.

어쨌든 이 질문을 읽으면서 직장 고민 상담자로서 정말 안타까웠던 점은 두 가지인데 첫째는 이 질문이 게재되고 나서 한참 뒤에야 필자가 검색해서 봤다는 사실이다. 즉 게재 즉시 이 질문을 읽었다면 선제적으로 조언을 했을 텐데 그러지 못한 점이 못내 아쉬웠다. 두 번째는 질문자가 카풀을 해주는 거로 결론은 난 것 같지만 아예 처음부터 그러지를 못했을까 하는 점이다.

그럼 게재 즉시 이 질문을 봤다면 어떤 조언을 했을까? 주저 없이 **얼씨구나 검법**을 쓰라고 권했을 것이다. 얼씨구나? 검법 이름이 좀 해괴한데? 글쎄, 얼른 들으면 그렇게 느낄지 모르지만, 작명 과정을 알고 나면 그렇게는 말 못 할 것이다. 이 검법의 핵심은 적진에 분란이 생겨 적을 이길 절호의 기회가 왔을 때 이를 놓치지 않고 바로 붙잡는 것이다. 사실 처음에는 이 검법 이름을 진화타겁(趁火打劫)으로 하려고 했었는데 그 말 자체에 개념이 묻어나지 않아서 '얼씨구나'로 바꾼 것이다. 진화타겁은 『손자병법』 중 승전계(勝戰計)의 제5계로서 쫓을 진(趁), 불 화(火), 때릴 타(打), 으를 겁(劫)으로, 풀이하면 '적이 위급한 상황에 처했을 때 출병하여 승리를 거둔다'는 계책이다. 특히 쉽사리 넘보기 힘든 상대와 싸울 때 적용되는 계략으로 그 상대가 내우외환을 겪어서 가장 취약한 때를 노리라는 것이다. 그러나 생각이 복잡한 사람들은 자칫 자존심이나 의리, 정의, 공명정대 등의 부차적 감정에 얽매여서 '어떻게 남의 불행을 내 기회로 삼나?'라며 그때를 놓치는 경우가 많은데, 그러지 말고 기회는 기회로서 기꺼이 반기며 얼른 잡으라는 뜻에서 **얼씨구나 검법**이 된 것이다.

이 검법을 이분 문제에 적용하면, 결론은 카풀 요청을 흔쾌히 받아들이라는 건데 그 이유는 세 가지이다.

첫째는 그 선배를 극복하기 위해서이다. 맨날 나를 괴롭히는 극혐 선배가 있다는 것은 얼마나 힘든 일인가? 아침에 출근할 때마다 그 선배와 마주칠 생각을 하면 상상도 하기 싫을 것이다. 그래서 그 선배를 극복해낼 방법을 이리저리 머리 싸매고 찾았을 텐데 조직에서 선배나 상사를 이긴다는 건 어려운 일이다. 그런데 어느 날 갑자기, 그야말로 이분이 전생에 나라를 구했는지는 모르겠지만 그런 기적이 일어난 것이다. 잘 모르긴 해도 그 선배의 갈굼에 지친 이분이 '에라, 술 먹고 차 몰다가 음주 단속에나 팍 걸려라!' 하고 소원을 빈 것은 아닐까? 어쨌든 음주 단속에 걸려서 코너에 몰린 그 선배가 무릎걸음으로 기어온 것이다. 카풀을 해달라고! 음주 단속에 걸려서 면허 정지를 먹어도 다른 사람의 차를 탈 수도 있는 문제다. 그런데 질문을 보면 이분이 아니면 도울 사람이 없으니 오호라, 그 선배가 그야말로 외통수에 딱 걸린 것이다.

잘 생각해보라. 평소에 나를 아주 많이 갈구며 괴롭히던 선배가 갑자기 무릎을 꿇고 나에게 다가와 카풀을 해달라고 애원하고 있다. 질문에도 보면 '갑자기 나한테 잘해준다'는 말이 있다. 정말 생각지도 않은 이유로 해서 강자와 약자의 입장이 하루아침에 뒤바뀐 것이다. 만일 그동안의 갈굼에 정말 한이 맺혀서 한번 복수를 하고 싶다면, 내 차를 타려고 갑자기 살살거리는 선배의 그 모습, 그리고 내 차를 타고 가면서 내 기분 맞춰주려고 살살대는 모습을 말없이 지켜보는 것이야말로 진짜 통쾌한 복수가 아닌가? 이 얼마나 기쁘고 반가운 일인가? 당연히 이 기회를 잡아야 한다.

둘째는, 주변으로부터 좋은 평판을 얻기 위해서이다. 이분이 그 선배한테 갈굼을 많이 당해서 힘들어하고 또 미워한다는 사실을 주변에서 왜 모르겠는가? 그런데도 이분이 그 선배와 카풀을 해준다면 주위에서 정말 놀랄 것이다. '야, 이거 봐라. 저 친구 그렇게 안 봤는데 포용력 갑이네. 정말 가슴이 바다같이 넓구만.' 이런 평을 얻게 될 것이다. 그러면 앞으로 카풀이 끝나도 그 선배는 절대 이분을 괴롭히지 못한다. 그러면 배은망덕한 놈으로 손가락질받을 게 뻔하기 때문이다.

셋째는 이분에게 주어진 기회의 문을 한껏 넓히기 위해서이다. 기회의 문을 넓히다니 이 무슨 말인가? 사람은 태어날 때 누구나 기회의 문을 지니고 태어난다. 그 문은 대부분 빌딩에서 흔히 볼 수 있는 자동문처럼 생겼다. 다만 완전히 닫힌 것이 아니라 반쯤 열린 상태로 모두에게 주어진다. 그런데 이 기회의 문은 특수 기능이 있어서 기회를 잡으면 잡을수록 점점 더 넓어지고 기회를 놓치면 놓칠수록 점점 더 좁아지는 속성이 있다. 우리가 살면서 주변을 돌아보면 '지지리도 일이 잘 안 되는 복 없는 사람'을 볼 수 있다. 이런 사람들은 어떤 사람일까? 자기에게 주어진 기회를 알아보지 못해서 속절없이 놓쳐 버리거나, 또는 자기감정을 이기지 못해 내가 굶어 죽으면 죽었지 그런 도움은 안 받는다고 기회를 스스로 걷어 차버리거나 게을러서 기회가 스쳐 지나가도 아예 모르는 그런 사람들이다. 따라서 이분이 기적처럼 다가온 이 기회를 놓치는 건 앞으로 올 기회의 문을 스스로 좁혀버리는 치명적 실수가 된다. 따라서 그동안의 행패를 생각하면 정말 밉지만 나를 위해서 **얼씨구나 검법**으로 카풀을 해주는 게 맞다.

끝으로, 이 검법의 이해를 돕기 위해 재미있는 이야기를 하나 소개하겠다.

　태평양 한가운데에서 배를 타고 가던 여객선이 폭풍에 난파당해서 가라앉고 말았다. 1000여 명의 승객이 다 죽고 오직 한 사람 아주 독실한 목사님이 살아남았는데 이 사람은 평소에도 기적을 믿는 사람이었다. 그래서 그는 이런 극한 상황에서는 예수님이 직접 자신을 구해주러 올 거라 믿고 절실하게 기도했다. 그런데 갑자기 지나가던 헬리콥터 한 대가 다가와서 밧줄을 던지는 게 아닌가? 목사님은 자기도 모르게 화가 났다. 절실한 상황이다 보니 기도빨이 올라서 이제 막 예수님이 나타날 것 같은 예감이 드는 순간에 헬리콥터가 이를 방해했기 때문이다. 그래서 그는 얼른 큰 소리로 '난 구하러 올 분이 따로 계시다' 하면서 헬리콥터를 보내버렸다. 그렇게 버티다가 결국 익사해서 하늘나라로 갔는데 예수님을 만났다. 그래서 화난 목소리로 '제 기도를 못 들으셨습니까?'라고 따졌더니 예수님이 말씀하시기를 '내가 바빠서 대신 헬기를 보냈는데 자네가 거부했다며?' 이러는 게 아닌가.

　이 이야기는 무엇에 관한 이야기일까? 기적에 관한 이야기인가? 아니다. 정답은 기회의 변장술에 관한 이야기이다. 앞에서 말한 것처럼 사람은 누구나 기회의 문을 다 지니고 태어나므로 기회도 비슷하게 주어진다. 물론 태어날 때부터 금수저를 물고 태어난 사람은 예외다. 여기에서 말하는 기회의 문은 보통 사람의 것을 말한다. 그런데 왜 어떤 사람은 기회를 잡아 성공하고 어떤 사람은 기회를 놓쳐 실패할까?

그것은 바로 기회란 친구가 변장하고 찾아오기 때문이다. 그것도 대충 하는 변장이 아니라 본모습을 알아보기 어려울 만큼 심하게 변장을 하고 찾아온다. 바로 여기에서 승패가 갈린다. 즉 그 변장을 꿰뚫어 보고 기회를 잡는 사람은 성공하는 것이요, 변장에 속아서 기회를 놓치는 사람은 실패하게 된다. 마찬가지로 이분에게 찾아온 기회도 변장을 심하게 했다. 평소에 마주치기만 해도 싫은 선배가 석 달씩이나 내 차를 같이 타고 다니겠다니 이 무슨 시련이란 말인가? 그러나 그 변장을 들춰내고 진실을 들여다보면 그건 시련이 아니라 예수님이 보낸 헬기와 같은 기회인 것이다.

따라서 어떤 시련이 닥쳤을 때 너무 성급하게 판단하지 말고, 이것이 변장한 기회인지 아닌지를 신중하게 탐색하는 습관을 들여야 하며, 기회로 판단되면 생긴 게 밉상이라도 **얼씨구나 검법**으로 꽉 붙잡아야 한다.

"

05

직원을 더 뽑지 않는 사장 때문에
신세 망쳤어요!

"

포유 검법을 써라

'중소 건축회사에 5년째 다니는 직장인입니다. 이전 회사에서 상사로 모시던 분이 창업할 때 저도 같이 나왔습니다. 지금은 전체 직원이 열 명 정도인데 제 위로 두 명의 임원이 있고 아래로 일곱 명이 일합니다. 그런데 문제는 사장님이 경리와 관리직 사원을 따로 두지 않고 직접 챙긴다는 겁니다. 그러다 보니 큰 현장이 걸렸을 때 리더 역할을 제때 하지 못해서 문제가 생깁니다. 저는 회사가 더 빨리 크는 걸 기대하고 동참한 건데 이러다간 신세 망칠 것 같습니다. 내근을 뽑자고 여러 번 말을 해도 듣지 않는데 어찌하면 좋을까요?'

이분의 고민은 회사가 더 빨리 클 수 있는데도 사장이 사람을 뽑지 않아 내근 업무에 발목이 잡히다 보니 성장이 느리고 결국은 본인도 큰 손해를 보고 있다는 것이다. 물론 필자도 창업하는 회사에 가서 일을 해봤기 때문에 이분 심정을 충분히 이해한다.

그러나 이 문제의 핵심은 이분과 오너가 가진 회사의 성장 속도를 보는 관점이 다르다는 데 있는데, 이게 사실은 대부분 작은 회사가 다 그렇다. 비유하자면 아랫사람들은 '아니, 물 들어올 때 팍팍 배 띄워야 하는 거 아냐? 돈 없으면 빚을 내서라도 조직에 투자해야 매출이 올라가지.' 이렇게 보는 거고, 오너는 '아니, 누구는 자갈 논 팔아서 장사하는 줄 알아? 사람만 뽑아놓고 매출 안 올라가면 어쩔 건데?' 이런 식으로 조심스럽게 본다. 이분이 일단 이런 오너의 심중을 헤아리는 것이 이 문제를 해결하는 첫 단서라고 본다.

오너의 마음을 헤아리는 게 해결의 단서가 되는 이유는 이분이 일단 오너와 같은 편이 되기 때문이다. 현재는 이분 질문으로 미뤄볼 때 둘이 같은 편이 아니고 반대편에 서 있다. 즉 이분은 오너를 보고 '아니 왜 이렇게 답답하게 회사를 운영하는 겁니까?' 이러고 있고, 오너는 이분을 보면서 '아니 사장은 아무나 하는 줄 알아? 내근직 뽑아서 일 맡기면 나도 편해. 알면서도 그러지 못하는 데에는 사정이 다 있는 거야.' 이러고 있다. 이렇게 서로 관점이 정반대로 다르면 대화가 되지 않는다. 그렇기 때문에 이 문제를 풀어나가려면 일단 사장의 마음을 헤아려야 하고, 그것도 어디까지 헤아려야 하느냐면 알면서도 그러지 못하는 속사정까지 생각해야 한다.

사장이 알면서도 선뜻 그러지 못하는 속사정은 세 가지 정도가 예상된다.

첫째는 고정비에 대한 부담이다. 지금 보면 사장부터 전 인력이 다 현장 기술 인력인데 달리 말하면 한 사람 한 사람이 다 돈을 벌어 오는 사람들이다. 이런 인력은 늘어나도 늘어난 만큼 소위 자기 밥값을 하는 사람들이다. 반면에 내근직은, 사장이 일단 고정비가 들어가는 소비 인력으로 보고 있다. 창업 초기부터 본인이 그런 역할을 직접 챙기다 보니 자기가 조금만 더 고생하면 인건비가 상당히 절감된다, 이런 생각을 쉽사리 버리지 못하는 거 같다.

둘째는 경리나 내근직을 뽑을 생각이 있지만, 막상 믿을 만한 인재가 없어서 못 뽑고 있을 수 있다. 중소기업에서는 아무래도 돈을 관리하는 일을 한 사람에게 전수 맡길 확률이 높은데 그러려면 가까운 친인척이나 이런 사람 가운데서 수소문 중일 텐데 마땅한 사람이 없는 거다.

셋째는 이분과 정반대로 생각하고 있을 수도 있다. 즉 이분은 '사장님이 내근 업무에 발목이 잡혀서 현장 프로젝트를 제대로 지휘하지 못하고 있다.' 이렇게 보고 있는데, 사장은 반대로 '아니, 내가 없어도 현장 일이 제대로 돌아가야 하는 거 아냐?' 이렇게 생각할 수도 있다는 거다. 이 말은 '자꾸 나한테 내근직을 뽑자고 할 게 아니라 지들이 알아서 현장을 돌리면 나는 내근 업무에만 전념할 수 있잖아.' 이렇게 생각한다는 거다. 물론 사장이 건설 전문 인력이라 건축회사를 창업한 거기 때문에 당연히 현장에 더 치중해서 매출을 늘리는 게 맞는데, 생각하기에 따라서는 10명이나 되는 고급 인력들이 도대체 왜 내가 없으면 일이 잘 안 돌아가는 거냐고 생각할 수도 있다.

그럼 이분은 어떻게 해야 할까? 결론은 **포유 검법**을 써야 한다. 포유는 당신을 위해서라는 뜻, 즉 'For You'를 우리말 발음 그대로 옮긴 것이다. 그런데 이분은 지금 거꾸로 **포미 검법**을 쓰고 있다. 즉 이분이 지금 안타까워하는 건 '내가 상사를 따라 나와서 창업에 동참한 건 회사를 팍팍 키워서 나도 빨리 성공하기 위한 거였다.' 이런 생각이 아주 강하다. 즉 지금 상황이 이분 욕망에 양이 차지 않는 거다.

그런데 그렇게만 생각하다 보면 이야기의 논조가 **포미 검법**이 되어버린다. 즉 '제가 바라는 건 이런 게 아닙니다, 경리나 사무 업무는 내근직 뽑아서 일 맡기고 사장님은 저하고 현장에 치중해서 회사를 좀 더 팍팍 키웁시다. 그래야 저도 한몫 잡을 거 아닙니까?' 이런 식으로 이야기가 전개된다는 건데, 그러면 사장이 받아들이는 데에 저항감이 있다.

그래서 **포유 검법**으로 나가야 하는데 이 검법의 핵심은 무엇인가? 그것은 세 가지이다.

첫째는 '회사를 팍팍 키워야 할 거 아닙니까?' 이렇게 말하지 말고, '지금처럼 내근 일 보면서 현장도 다 챙기시다가는 사장님 건강이 정말 걱정됩니다. 아무리 회사 키워도 사장님 건강 나빠지면 뭐 합니까? 내근은 따로 뽑아서 맡깁시다.' 이렇게 말해야 하고,

둘째는 내근직 둘을 뽑자고 할 게 아니라 '고정비 줄이기 위해서 두 가지 업무를 다 볼 수 있는 멀티 플레이어로 한 사람만 뽑읍시다.' 이게 좋다.

마지막 셋째는 그런 사람을 사장한테만 뽑으라고 재촉하지 말고 '제가 아는 사람 중에 정말 믿을 만한 인물이 있는데요. 한번 만나보시렵니까?' 이렇게 사람을 찾아서 추천하는 게 좋다. 이게 다 사장을 위해서, 사장이 바라는 대로 하는 말이니 사장이 받아들이기에 훨씬 부드럽다. 그러나 내용을 보면 '엎어치나 메치나 한 가지'로 형식은 **포유 검법**이지만 실은 **포미 검법**이다. 이런 발상의 전환을 생각하지 못하고 내 관점에서만 계속 사장을 다그치니 사장이 내근직을 뽑으려고 하다가도 얄미워서 망설이는 것이다.

끝으로, 이분한테는 영화 〈기생충〉에 나오는 '너는 계획이 다 있구나.' 라는 대사를 상기하라고 권하고 싶다. 사장이 직장을 다니다가 독립해서

회사를 차릴 정도의 사람이라면 필자가 보기에는 회사를 키울 계획이 다 있으리라고 본다. 다만 실행 순서나 속도에서 이분의 생각과 차이가 있는 거다. 이 점을 잊지 말기 바란다.

06

"

또라이 선배 때문에 그만둔 회사에서
다시 오라고 합니다

"

다홍치마 검법을 써라

'입사 1년 만에 직속 선배인 대리의 괴롭힘을 이기지 못해 사직한 뒤에 10개월째 백수 생활 중인 청년입니다. 그 대리에 대한 트라우마가 커서인지 적극적으로 시도하지 않다 보니 재취업이 잘 안 되고 있는데요, 며칠 전 저를 아껴주던 그 회사 팀장님이 갑자기 전화해서 그 대리를 내보냈다고 하면서 연봉도 올려줄 테니 다시 오라고 합니다. 가는 게 맞을까요?'

이 질문에 대한 결론은 일단 가는 게 맞다고 본다. 그렇게 생각하는 이유는 무엇보다 현실적으로 재취업이 잘 안 되고 있기 때문이다. 이분이 질문에서 재취업이 안 되는 이유를 본인이 적극적으로 시도하지 않았기 때문이라고 했는데, 이건 재취업 시도에 번번이 실패하는 이유를 방어적으로 표현한 핑계에 불과하다. 즉 이분이 재취업 시도 과정 중에 특히 면접에서 탈락하고 있을 확률이 높다고 보는데, 그 이유는 선배의 괴롭힘으로 인해서 1년 만에 그만뒀다는 사실 때문이다. 그런데 이 사실은 앞으로 다른 곳에 가서 입사 면접을 봐도 역시 핸디캡으로 작용할 가능성이 크기 때문에 오라는 곳으로 가는 게 맞다.

독자 중에는 이분을 괴롭힌 건 그 대리인데 그게 왜 면접에서 이분의 핸디캡이 되는 건지 이해가 안 되는 분이 있을 것이다. 그렇다. 이분을 괴롭혀서 그만두게 만든 그 대리가 나쁜 건 사실이다. 그렇지만 면접관들은 그렇게만 보지 않고 양비론으로 나갈 확률이 높은데, 회사가 달라도 상사는 상사 편을 드는 상사의 속성 때문에 그렇다. 즉 당사자가 직장 괴롭힘의 피해자임을 내세울 때 면접관들은 그 대리가 나쁘다고 생각하지만 동시에 이분에 대해서도 탐탁지 않게 생각한다. 예를 들면, '선배가 후배를 가르치려고 하다 보면 그럴 수도 있는 거지, 그만한 일을 못 참아 내면 어떻게 힘든 직장 생활 잘 해낼 수 있겠나.' 이런 식으로 본다. 그리고 이분이 면접에서 그 사실을 아예 숨기려고 해도 상당히 곧이곧대로인 이분 성격상 어딘지 부자연스러워서 감점 요인이 될 것이라고 본다. 그래서 재취업을 시도하기보다 오라는 곳으로 가는 게 낫다.

　그래서 이분한테는 **다홍치마 검법**을 쓰라고 권한다. 이 검법의 핵심
은 말 그대로 '어떤 선택을 할 때 기왕이면 다홍치마를 고르라'는 것이다.
즉 불투명한 곳에 가서 똑같이 고생할 바에는 차라리 내가 경험도 했고
또 나를 알아주는 사람이 있는 곳으로 가라는 것이다. 모르는 곳에 가서
도 왜 똑같은 고생을 하게 될까? 그 이유는 직장인들이 시쳇말로 즐겨 쓰
는 '또라이 질량 불변의 법칙' 때문이다. 즉 어디에 가도 나를 괴롭히는
문제 선배나 상사는 있다. 이분이 질문에서 트라우마 때문에 재취업을
적극적으로 시도하지 않았다고 한 말은 사실 그런 트라우마 때문에 인간
적 기업 문화를 지닌 순한 직장을 고르고 있다는 말로 들리는데, 찾기가
상당히 힘들 것이다. 왜냐면 기업은 어디나 이윤 추구가 제1목적이기 때
문에 상대적인 차이는 있을지라도 결국은 살벌하고 비정할 수밖에 없다.
늑대를 피하려다 호랑이를 만난다는 속담처럼 새로 들어간 직장에서 자
칫하면 그 대리보다 더한 선배를 만날 수도 있다. 그렇기 때문에 그 대리
가 나간 이전 회사로 가는 게 '기왕이면 다홍치마'가 되는 것이다.

　또 이분이 **다홍치마 검법**을 써야 하는 이유는 그 직장에 나를 알아주
는 팀장이 있기 때문이다. 이분이 회사를 나온 지 1년이 지났는데도 그런
연락을 받았다는 건 그곳에 있을 때 그 팀장이 이분을 눈여겨 봐뒀다는
뜻이고, 그 대리를 내보낸 데다가 연봉을 올려주겠다는 제안까지 한 걸

보면, 이분이 선배의 괴롭힘을 이기지 못한 약한 측면은 있어도 일은 제대로 했다는 뜻이다. 세상에 이렇게 나를 알아주는 사람이 있다는 건 굉장히 중요한 일이기 때문에 그런 사람을 놓치면 안 된다. 이런 사람을 다른 말로 하면 귀인(貴人)이라고 부르는데, 홍콩의 갑부로 유명한 리카싱은 "인생의 가장 큰 기회는 바로 귀인을 만나는 것이다."라고 했고 필자도 이 말에 전적으로 공감한다. 특히 필자나 이분처럼 세상을 곧이곧대로 사는 분들한테는 그런 귀인이 더욱 필요하다. 그래서 그 귀인이 기회를 주려고 부를 때 망설이지 말고 가라는 것이다.

끝으로, 이분이 한 가지 주의할 점이 있다. 그것은 그 회사로 가도 역시 '또라이 질량 불변의 법칙'을 생각해야 한다는 거다. '또라이 질량 불변의 법칙'이라는 게 문제 선배를 피해서 다른 곳으로 가면 그곳에도 역시 문제 선배가 있다는 그런 뜻인데, 다른 측면에서는 문제 선배를 내보내도 역시 그 대타가 다시 재등장한다는 뜻도 된다. 즉 팀장님이 그 대리를 내보냈다고 하니까 '아, 이제는 가면 나를 괴롭힐 사람이 없겠구나!' 이렇게 생각할지도 모르는데 실제로 가보면 천만의 말씀 만만의 콩떡일 확률이 높다. 그 대리보다 덜할지는 몰라도 역시 이분한테 가시 노릇을 하는 사람이 반드시 나올 거다. 그 점을 알고 가야 하고 특히 이번에는 이겨내야 한다. 물론 다시 불렀으니까 어느 정도는 팀장님이 흑기사 역할을 해 주겠지만, 그걸 오히려 더 고깝게 보는 사람이 있을 수도 있다. 정답은 이번에는 당사자가 그런 문제를 직접 풀어내야 하는 거고, 방법은 성공한 사람들도 다 그런 과정을 극복하고 그 자리에 올라갔다는 사실을 정확히 아는 것이다.

07

"

작업반장의 욕설식 말투 때문에
정말 못 해먹겠어요!

"

이판사판 천상용섬 검법을 써라

'아버지 지인의 소개로 들어온 공장에서 일하는 1년 차 직장인입니다. 그런데 반장님이 좀 친해지자 욕 비슷한 말투를 써서 힘이 듭니다. 가르쳐준 거를 잊어버리면 '너 새대가리냐.' 하고, 점심때 무심코 밥을 먼저 먹었더니 '쫄따구 xx가 어디서 수저를 먼저 들어.' 이런 식입니다. 그래도 계속 참았는데 며칠 전에는 참기 힘든 욕을 하길래 바로 폭발해서 크게 싸웠습니다. 그런데 미안하다고 사과하기는커녕 자기는 친근감의 표시로 그랬던 거라며 도리어 화를 내는데 이 말을 과연 믿어야 할까요, 지금은 그만두고픈 마음뿐입니다.'

반장이 말투를 욕 비슷하게 하는데 이걸 항의하자 반장이 '욕이 아니라 친근감의 표시다.' 이런다는 건데 이 질문만 가지고는 진실을 정확히 파악하기가 어렵다. 반장이 그렇게 말하는 순간의 말투나 표정, 주변 상황 등을 직접 봐야 정확한 판단이 가능한데, 물론 그 반장의 말대로 친근감의 표시일 수도 있다. 실제로 죽마고우 같은 친한 친구들 사이에 보면 이 자식 저 자식 하고 욕설로 대화를 하는데 실은 그게 친근감의 반어법적 표시인 경우도 많다. 그렇지만 그 반장의 경우는 '쫄따구 xx'까지 등장하는 건 아무래도 친근감을 빙자한 괴롭힘일 확률이 높다고 본다. 그런데 사실은 이 상황에서 반장의 욕설 투가 친근감의 표시냐 아니냐를 판정하는 건 중요한 문제가 아니다. 왜? 어느 쪽이 되었든 이분은 그런 욕설 투가 듣기 싫으니까!

그럼? 정작 중요한 건 그 욕설에 대응하는 이분의 태도다. 어떤 태도인가 하면 화나는 걸 참고 있다가 한꺼번에 폭발하듯 터트리는 건데, 사실은 대부분 사람이 그렇게 하는 경우가 많다. 그렇지만 대부분 사람이 그렇게 한다고 해서 이게 옳은 건 아니다. 일본의 정신과 의사 가타다 다마미라는 사람이 쓴 『화내는 올바른 방법』이라는 책에 보면 현명한 처신은 화내는 것과 분노를 폭발시키는 것을 혼동하지 않는 거라고 했는데 필자는 이 말에 깊이 공감한다. 그러니까 대부분 사람이 화를 내는 것과 분노를 폭발시키는 걸 혼동하기 때문에 '난 한번 터지면 앞뒤 가리지 않아. 그래서 참는 거야.' 식으로 분노 조심증이 있어서 화나는 일이 있어도 계속 참는데 그 때문에 스트레스가 착착 쌓여서 문제가 더 커진다.

고로 화나면 참지 말고 바로 화내는 것이 좋은데, 다만 화를 낼 때 수류 탄을 까듯이 분노를 폭발시키면 안 된다. 질문에 보면 실제로 이분이 폭발해서 반장에게 크게 화를 냈다는 대목이 나오는데 이것은 하수들이 쓰는 **이판사판 검법**이다. 즉 너도 죽고 나도 죽자는 식으로 칼을 마구 휘두르는 것이다. 절대로 그러면 안 된다. 왜 안 될까? 질문에도 나와 있듯이 반장이 오히려 역공하기 때문이다. 모르긴 해도 이분이 다시 한 번 이판사판을 벌리면 그때는 아마 반장이 하극상이라고 문제 삼아서 뭔가 공식 조처를 하려 할 것이다. 괴롭힌 사람은 꼰대 반장인데 왜 젊은이가 벌을 받거나 그만두어야 하겠는가?

그러면 어떻게 할 것인가? 이판사판이되 그것을 뛰어넘는 **이판사판 천상용섬 검법**을 써야 한다. 천상용섬(天翔龍閃)은 앞의 **역날 검법**에서 언급했듯이 일본 영화 〈바람의 검심〉 주인공인 히무라 켄신이 스승한테 전해 받은 비천어검류의 필살기 검법이다. 〈바람의 검심〉 최종편을 보면 켄신이 그의 실력으로는 숙명의 라이벌인 시시오를 이길 수 없다는 걸 알고 스승인 히코 세이쥬로에게 비천어검류의 필살기, 천상용섬을 가르쳐 달라고 한다. 스승이 이를 수락해서 필살기 전수가 시작되는데 죽을 각오를 하고 덤벼드는 켄신에게 스승은 매번 '너는 아직도 멀었다.'라는 말을 반복한다. 왜일까? 그것은 바로 켄신이 매번 죽기를 각오하고 **이판**

사판 검법으로만 나갔기 때문이다. '천상용섬'의 비밀은 목숨을 걸고 칼을 맞대는 그 생과 사의 갈림길에서 죽음을 두려워하지는 않되, 그러나 죽음보다 더 강한 생존 열망을 갖고 한 걸음을 내딛는 것이었다.

두 검법의 차이를 요약해서 정리하면 아래와 같다.

이판사판 검법 – 죽을 각오로 폭발하며 막말하는 것, 폭발 의도는 본인도 잘 모르지만 속으로 깽판 치고 죽어도 좋다, 즉 그만둬도 좋다고 생각한다.

이판사판 천상용섬 검법 – 죽을 각오로 따지되 목소리를 높이지 않으며 상대에게 분명히 경고하되 절대 막말하지 않는 것. 의도는 깽판 치고 죽는 게 아니라 오히려 떳떳하게 살아남는 것이다.

그런데 그 반장이 이분한테 다시 그런 욕설을 할까? 반드시 할 것이다. 필자가 천공이나 건진 법사는 아니지만, 이분에게 여기에 대해서 예언을 해주겠다. '그 반장은 앞으로 한 달 정도 뒤, 여러 직원이 모여서 큰 작업을 할 때, 이분에게 갑자기 큰소리로 욕설을 하면서 도발할 것이다.' 정말? 그렇다!

왜 한 달 뒤인가? 일단 이분이 **이판사판 검법**으로 달려들어서 반장도 깜짝 놀랐기 때문에 당분간은 도발하지 않을 것이다. 그러나 서로 싸우고 결론이 나지 않았다. 즉 그 싸움에서 반장이 이분을 완전히 제압하지 못했다. 그 때문에 한 달 정도가 되면 반장 자신이 아니라 주변에서 슬슬 부채질할 것이다. '어허, 김 반장! 요즘은 왜 이리 조용해? 지난번에 그 젊은 친구가 들이받는 통에 완전히 겁먹었구만. 에이, 사람이 소심해 가지고… 쯧쯧!' 이렇게 자극한다. 그러면 김 반장이 소위 가오를 보여주기 위해서 한번 도발을 시도할 텐데 그때는 바로 여럿이 모여서 큰 작업을 할 때이다.

왜? 이유는 세 가지. 첫째는 복잡한 작업을 할 때라야 새내기인 이분이 또 실수할 확률이 높고, 둘째는 여럿이 모여 있을 때 해야 자기 가오가 서고, 셋째는 여차하면 다른 선임들이 반장의 지원 세력이 되기 때문이다. 필자의 예언대로 이분이 실수했다고 치자. 반장이 어떻게 나올까? '야, 이xx야, 나사 또 잘못 끼웠잖아! 만날 가르쳐줘도 이런 식이니까 내가 너보고 새대가리라고 하는 거야! 너 그러고도 지난번엔 나한테 새대가리 소리 듣기 싫다고 달려들었지? 그게 싫으면 새대가리 짓을 하지를 말라고!' 이럴 것이다. 그것도 큰소리로!

그럼 이분은 어떻게 할 것인가? 앞에서 말한 것처럼 **이판사판 천상용섬 검법**으로 나가야 한다. 예상을 전혀 못 하고 있다가 갑자기 그런 욕설을 들으면 뚜껑이 열려서 이판사판으로 나가게 되지만 이미 한 달 전부터 이런 날이 올 걸 알고 기다렸다면 얼마든지 고수의 검법으로 대처할 수 있다.

구체적으로 예를 들어보면 핵심은 네 가지, 첫째 현장에서는 잘못했다고 사과할 것, 둘째, 반드시 그날 안으로 반장과 단둘이 있을 때 지나친 욕설 투 말은 정말 듣기 싫으니까 다시는 하지 말았으면 한다고 말하되 이번이 마지막 경고라고 할 것, 셋째, 절대 감정이 폭발해서 막말하지 말 것, 넷째는 사전 준비를 철저히 할 것이다. 여기에서 사전 준비를 철저히 하라는 건 녹취를 하라는 뜻이다. 녹취하는 이유는 반장을 물 먹이려는 게 아니라 혹시 반장이 그 자리에서 있었던 일을 부풀려서 '새내기가 건방지게 나와 둘만 있을 때 쌍욕을 하며 협박했다' 식으로 오히려 모함할 수도 있기 때문이다. 그럴 때 증거가 없으면 속수무책으로 당할 수도 있다. 그럴 때를 대비해서 녹취하라는 것이다.

그리고 왜 욕설이 있던 그 자리를 피해서 칼을 뽑아야 할까? 그 자리에서 칼을 뽑아 싸움을 벌이는 건 다른 구경꾼들이 바라는 바다. 그리고 반장이 밀린다고 생각되면 다른 반장이나 선임들이 합세해서 '어디서 건방지게 신입이 반장한테 대들어?' 하며 인해전술로 제압하려 할 것이다. 천상용섬은 일대일 대결에서 반드시 상대를 꺾는 필살기이지 패싸움에서 무대뽀로 쓰는 검법이 아님을 명심하라. 필살기를 맞고 나면 그 이후 반장은 끙끙거리면서도 욕설은 하지 못할 것이다. 왜? 어찌 보면 반장도 기름밥 먹는 사람의 순진한 면이 있고 또 칼에 고수는 아닌 거로 보이기 때문이다.

노파심에서 말하거니와 1년 차 새내기가 닳고 닳은 반장한테 그런 검법을 쓸 용기가 있을까 걱정되기도 한다. 그러나 질문에 보면 이미 **이판 사판 검법**으로 칼을 한 번 휘둘렀는데도 문제가 해결되지 않고 '지금은 그만두고픈 마음뿐입니다.'라고 한 걸 보면 고민은 현재 진행형이다. 아마도 아버지 지인의 소개로 들어간 곳이 아니라면 이미 사직했을지도 모른다. 그러나 아버지 얼굴을 생각하면 차마 그러지 못하는 것이다. 그렇다면 사표를 낼 용기로 **이판사판 천상용섬 검법**을 한번 써볼 만하지 않은가?

누군가는 '갑질 방지법에 호소하지 그러느냐?'고 할지도 모르겠다. 그러나 갑질 방지법이 생겼어도 아직 법은 멀고 주먹은 가까운 게 우리네 직장의 현실이다. 갑질 방지법이 제대로 작동하고 있다면 직장 고민 상담가인 필자는 진즉에 직업을 잃었을 것이다. 고로 만일의 사태를 대비해서 나를 지키기 위한 필살기를 알아둬야, 갑질하는 상급자에게 이판사판으로 달려든 뒤 본인이 오히려 역공당하는 그런 일을 당하지 않을 것이다.

08

"

사무실 내 화장실
방음이 안 되어서 신경 쓰여요

"

벙커 버스터 검법을 써라

'중소기업에 다니는 경력 1년 차 직장인입니다. 대표님 빼고 전 직원이 여섯 명인데 3개월 전에 여직원이 한 명 들어왔습니다. 대표님은 사무실을 따로 쓰고 나머지 전 직원이 한 사무실을 쓰는데, 문제는 사무실 안에 있는 화장실이 하나라는 겁니다. 남녀 구분은 되어 있지만, 방음이 전혀 안 되어서 여직원이 사용할 때마다 소리가 다 들리니 너무 민망하고 일에 집중이 안 됩니다. 오해할까 봐서 본인한테 말도 못 하고 스트레스만 쌓입니다.'

이 질문은 상당히 민감한 문제일 수도 있는데 가장 중요한 사항은 이분이 방향을 잘못 잡고 있다는 것이다. 즉 그 여직원이 오해할까 봐서 말도 못 하고 괴롭다는데 그 여직원한테 말하면 이 문제가 해결될 수 있을까? 필자는 해결되지 않는다고 본다.

그 이유는 첫째, 그 여직원이 돈을 내서 자비로 방음 공사를 할 수도 없을 것이요, 둘째, 사무실 밖에 어디에 화장실이 또 있는지 모르지만 그렇다고 밖에 있는 화장실을 쓰라고 할 수도 없는 노릇이다. 왜냐면 필시 화장실이 너무 멀리 있어서 사무실 내에 따로 화장실이 있는 것이라 보기 때문이다. 마지막 셋째는 그런 이야기를 그 여사원한테 하면 '그럼 남자가 화장실 쓸 때는 소리가 나지 않는 줄 아느냐?'로 나올 것이다. 즉 이분만 그런 고민이 있는 게 아니라 그 여사원도 마찬가지라는 것이다.

어쨌든 이 문제는 이분 혼자의 문제가 아니라, 사실은 전 직원 공동의 문제이다. 즉 사장 포함 여섯 명이라면 사장 빼고 나머지 다섯 명인데 이분 빼면 네 명이다. 아마 모르긴 해도 이분이 1년 차라는 걸 보면 네 명이 다 선배거나 직급자일 텐데 그들도 화장실에서 나는 여직원의 용변 소리를 듣고 일에 집중이 안 되기는 이분과 마찬가지일 것이다. 다만 비겁하게 말을 안 하고 있을 뿐이다.

그럼 어떻게 해야 할까? 정답은 **벙커 버스터 검법**을 써야 한다. '벙커 버스터(Bunker Buster)'는 방공호로 무장한 적군의 지하 기지를 뚫고 들어가 파괴하는 폭탄을 말한다. 방음이 안 되는 화장실 문제에 웬 벙커 버스터? 문제의 화장실을 부숴버리라는 말인가? 아니다. 사장실이라는 벙커를 깨트려야 한다는 말이다. 무슨 뜻인가?

이 문제가 오래 해결되지 않은 이유는 사장실이 따로 있기 때문이라는 뜻이다. 즉 사장도 오픈된 공간에서 직원들과 똑같이 일하고 있었다면 분명 여직원이 화장실을 사용할 때 소리를 듣게 될 것이고 그러면 신경 쓰여서 안 되겠다는 문제 상황을 진즉에 인지했을 것이다. 그러면 당연히 돈을 들여서 방음 시설 공사를 하지 않겠는가?

그런데 불행하게도 사장실이 따로 있다 보니 사장은 그런 현실을 아직 알지 못하는 것이다. 그렇다면 해결책은 그런 현실을 알도록 하는 수밖에 없는데 그 방법은 그런 문제가 있다고 말로 보고해서 사장이 직접 확인하도록 하든지, 아니면 그 여직원이 화장실에 갔을 때 '사장님, 잠깐만 나와보시죠.' 하고 불러내서 적나라하게 소리를 듣도록 하든지, 알아서 할 일이다.

다만 한 가지는 미리 할 일이 있는데 네 명의 남자 직원이 서로 흉금을 터놓고 이야기해서 화장실 소리 문제를 공유하는 것이다. 즉 그 소리를 듣고 어떤 상상을 한다는 게 문제가 아니라 일에 집중이 안 되기 때문에, 회사가 업무 효율 측면에서 큰 손실을 보는 게 문제라는 점을 공유하라는 것이다. 직원들이 일에 능률을 올리겠다는데 왜 돈을 안 들이겠는가?

만약에 사장이 이런 사정을 알고도 공사비 아끼려고 '왜 그런 소리 때문에 일에 집중이 안 돼? 허튼소리 하지 말고 그냥 일에 집중해!'라고 한다면 그 사장과 오래 일해봐야 비전 없으니 빨리 다른 직장을 알아보는 게 좋다.

이 **벙커 버스터 검법**은 한 회사를 구할 수도 있고 더 크게는 한 나라를 구할 수도 있다. 어째서 그런가? 회사가 망하는 것은 사장이 직원들이나 시장의 상황을 몰라서 엉뚱한 시책을 쓰기 때문이요, 나라가 망하는 것은 지도자가 백성들의 현실이나 어려움을 모르고 엉뚱한 정책을 쓰기 때문이다. 거꾸로 말하면 회사가 발전하려면 사장이 회사와 고객과 직원들의 현실을 정확히 알아야 하고, 나라가 발전하려면 지도자가 나라와 백성의 현실을 정확히 알아야 한다. 그러나 이 간단한 진리가 현실에서는 잘 통하지 않는다.

멀리 갈 것도 없이 목하 벌어지고 있는 소련의 우크라이나 침공을 보라. 온 세계가 비난하는 전쟁이요, 푸틴의 뜻대로 속전속결로 이기지도 못하고 엄청난 민간 사상자가 속출하고 있음에도 푸틴은 아랑곳없이 한 술 더 떠서 핵무기 사용 운운하면서 이 전쟁은 반드시 이겨야 한다고 주장하고 있다. 그가 왜 그런 고집을 부리겠는가? 여러 이유가 있겠지만 필자는 푸틴 주위에 견고한 벙커가 둘러쳐져 있기 때문이라고 본다. 이는 그가 진즉부터 소통이 되지 않는 단단한 벙커 속에 지냈다는 뜻이며,

평소에 그 벙커를 깨고자 한 사람이 아무도 없었다는 뜻이기도 하다. 누
군가가 평소에 죽기를 각오하고 **벙커 버스터 검법**을 썼더라면 이런 비
극은 생기지 않았을 것이다.

09

"
창업하는 회사에서 파격적 조건으로
오라고 하는데, 불안하네요

"

나나미 검법을 써라

'화학을 전공하고 중견기업 생산부에 근무하는 경력 6년 차 35세 직장인입니다. 제가 아는 선배의 형이 비슷한 회사를 창업하는데, 선배를 통해서 파격적 조건으로 이직 제의가 왔습니다. 그 형의 재정이 튼튼하고, 회사 건물도 자사 건물이며, 인맥도 좋다고 합니다. 성공하면 이익을 나누겠다고까지 하니 비전이 있는 것 같아서 옮길까 하는데, 주변에서는 지금 회사에서도 충분히 인정받고 있는데 굳이 새로 시작하는 회사로 가느냐고 만류해서 좀 망설여집니다. 어떻게 하면 좋을까요?'

이분이 현재 회사에서 충분히 인정을 받고 있는 데도 이직 제의에 관심을 보이는 건 질문에 나왔듯이 지금 받는 보수보다 상당히 높은 수준의 직급과 연봉을 그 선배가 제시했기 때문일 것이다. 더구나 앞으로 회사가 잘되면 이익을 공유하겠다는 제안까지도 받았으니 당연히 마음이 흔들린다.

그러나 한편 선뜻 이직을 결행하지 못하는 이유는 신생회사이기 때문에, 어딘지 앞날이 불투명해서일 것이다. 그럼 이 이직 제의는 과연 결정적 기회일까, 아닐까?

결론은 네 가지를 확인한 뒤 **나나미 검법**으로 마무리해야 한다. 검법에 대한 설명은 뒤로 미루고 네 가지 확인 사항부터 먼저 살펴보자.

첫째, 그 형의 재정이 튼튼하다는 것과 사업 전망이 밝은 것과는 전혀 별개이다. 물론 사업주에게 돈이 많으면 투자 여력이 크기 때문에 재정 압박을 덜 받을 수 있는 게 사실이지만 문제는 본인이 돈 많은 것과 그 돈을 신설하는 회사에 아낌없이 투자할 것인가는 별개의 문제라는 사실이다. 또 돈이 많다고 해서 반드시 좋은 상품이 개발되느냐 하면 그렇지만도 않다. 따라서 이 점을 잘 확인해야 한다.

둘째, 회사 건물이 자사 건물이라는 사실은 분명 장점이기는 하지만 이것도 사업주가 돈이 많다는 사실의 다른 표현일 뿐, 회사 성공의 충분조건은 아니다. 다 그렇지는 않지만 건물을 가진 사업주가 개인 자격으로는 자기 회사로부터 임대료를 꼬박꼬박 챙기는 경우도 허다하다.

셋째, 사장의 인맥이 좋다는 부분이 필자는 가장 우려된다. 물론 인맥이 좋은 건 사업 성공에 큰 장점이다. 그러나 필자의 경험으로 미뤄볼 때, 문제는 인맥을 먼저 내세우는 회사치고 상품이 완벽한 경우가 드물다는 것이다. 이 말은 자칫하면 본말이 전도될 수도 있다는 뜻인데, 가장 기본이 되는 것은 어디까지나 좋은 상품이다. 즉 상품이 좋으면서 인맥까지 좋으면 금상첨화이지만 상품이 그저 그런데 인맥에만 기대어 사업을 하려고 하면 오래가지 못한다. 왜냐면 이런 사업주일수록 자신의 제품을 보는 것이 아니라 인맥에 기대어 자신이 벌어들일 돈만 보고 사업을 벌이기 때문인데, 이 점을 특히 명심해야 한다.

네 번째로 확인해야 할 것은 장차 이익을 나누겠다는 약속을 문서로 해줄 수 있는지, 즉 스톡옵션을 받을 수 있는지를 확인해야 한다. '나중에 이익을 나누겠다.'라는 구두 약속만 믿는 것은 상당히 위험하다. 지금은 이분이 칼자루를 쥐었기 때문에 어떤 것이든 다 해주겠다고 말하지만, 나중에 회사가 잘되면 과연 칼자루를 누가 쥐게 될까? 나라가 세워지고 난 뒤 건국 공신들의 목숨이 위태로웠던 건 우리가 다 아는 역사적 사실이다. 말로 한 약속은 특히 그 내용이 화려할수록 더 지켜지기가 어려우므로 그야말로 뜬구름 같은 것이다. 그런데 오늘날에도 달콤한 말의 성찬에 넘어가서 일신의 운명을 그대로 오너에게 내맡기는 직장인들이 상당수 있다. 물론 오너를 믿는 건 미덕이다. 그러나 아무런 안전장치 없이 말로만의 약속을 믿는 것은 어리석은 처신이다.

이상 네 가지를 이해하였다면 마지막으로 이분이 해야 할 가장 중요한 일은 **나나미 검법**을 쓰는 것이다. 이 검법의 핵심은 사장을 직접 만나서 모든 사항을 확인하는 것이다. 이분은 지금 선배의 말만 믿고 운명을 걸어볼까 생각하는 중인데, 물론 사장 동생이 내 선배라는 사실은 분명 장점이다. 그러나 사장 동생의 말만 믿고 그리로 가는 것은 어리석은 처신이다.

일본인 여류 작가 시오노 나나미는 독학으로 로마 역사를 공부해서 역사적 야심작 『로마인 이야기』 열두 권을 집필한 것으로 유명하다. 그런데 그의 『로마인 이야기』 중에 보면 "로마는 황제와 기타로 구성되어 있다," 라는 말이 나오는데 이는 오너가 황제 경영을 하는 기업의 경우 그 조직 문화의 정곡을 찌른 말이기도 하다. 즉 오너가 황제 경영을 하는 회사는 오너와 기타로 구성되어 있으며 오너 동생도 '기타'에 속할 뿐이다.

실제로 이분이 그 회사로 갔고 예상대로 회사가 성공했다 치자. 다시 말하건대, 나라가 세워지면 건국 공신인 장수의 목숨이 위태로워지는 건 예로부터 잘 알려진 사실이다. 한신이 그랬고 오자서도 그랬으며 민무질 형제가 그랬고 심지어 아이아코카도 그랬다. 만일 그 사장이 변심해서 이분을 해고하려 할 때 이분 선배인 사장 동생이 아무리 이분을 지켜주려고 해도 소용없다. 최종 결정을 내리는 것은 어디까지나 사장이며 그 선배는 기타에 지나지 않기 때문이다. 고로 반드시 사장을 만나서 직접 확인해야 하는데 이것이 바로 **나나미 검법**의 핵심이다.

10

> **"**
>
> ## 일구이언(一口二言)하는
> ## 상사 때문에 힘듭니다
>
> **"**

척의척 검법을 써라

'건강기능식품 회사에 근무하는 35세 영업과장입니다. 요즘 코로나로 비대면 영업이 추세라 회사에서 본격적으로 콜센터를 신설하려고 합니다. 제가 오래 모신 임원이 저를 팀장으로 쓴다고 언질을 주었는데요, 다들 팀장을 하려 합니다. 그래서 회사에서 자격 요건을 과장 이상과 텔레마케터 자격증을 내걸었는데, 저는 그 자격증이 없습니다. 그러자 이사님이 같은 부서에 자격증은 있으나 아직 대리인 경력자를 발령낸다고 합니다. 둘 다 결격이 있지만, 임원에게 전권을 줬다는군요. 억울해서 이사님한테 직접 따졌더니 골치 아프다며 아예 자격을 모두 갖춘 제3의 인재를 영입할까 하십니다. 저에게 먼저 한 약속을 저버리고 일구이언하는 임원이 실망스러운데요, 어찌하면 좋을까요?'

이 질문은 '팀장 발령을 약속했다가 말을 바꾼 임원에게 실망이다.' 이런 고민인데 이분이 이 문제를 해결하기 위해서 먼저 알아야 할 중요한 점이 하나 있다. 그것은 바로 인사에 관한 상사의 속성이다. 상사라고 해서 다 그렇지는 않지만 대체로 세 가지 속성이 있다.

첫째는 불분명한 인사 문제에 있어서 나중에 발목이 잡힐 약속을 미리 잘 하지 않는다. 질문에서 보면 이분은 상사가 약속을 어겼다고 분개하지만, 앞부분에 보면 상사가 약속한 게 아니라 언질을 줬다고 했다. 아 다르고, 어 다르다는 말이 있듯이 약속과 언질은 같은 뜻이면서도 본질적인 뉘앙스는 다르다. 즉 약속은 확실하게 보장하는 것이고 언질은 그런 방향으로 갈 거라는 단서를 주는 것이다. 그러니까 임원분 관점에서는 정확히 말하면 언질을 준 것이지 약속을 한 건 아니다.

둘째는 높은 사람일수록 자신의 안위를 먼저 생각한다는 사실이다. 이분은 상사가 임원이니까 중역의 자존심이 있지 어떻게 한 입으로 두말을 하느냐 이건데 잘못 생각한 거다. 중역이기 때문에 그 자리를 잘 유지하기 위해서 오히려 더 그렇게 하는 거다. 즉 회사에서 내건 옵션을 충족시켜서 팀장을 발탁해야 하는데 하필이면 그런 사람이 없고 하나씩 결격사유가 있는 두 사람이 있다. 그러면 어떻게 될까? 아무런 해명이나 중간 과정 없이 일방적으로 이분을 발탁하면 직원들 사이에서 둘이 특수관계다 뭐다 해서 공정성이 의심받게 된다. 그래서 일단 둘을 물망에 올려놓고 회사 내 반응을 보고 있는 거다. 그런데 이분이 좀 경솔하게 일종의 사고를 치자 인사에 관한 세 번째 속성이 바로 발동한 것이다.

그러면 셋째 속성은 무엇이며 이분이 어떤 사고를 쳤다는 건가? 굳이 사고라고까지 말하기는 그렇지만 어쨌든 이분이 질문에서 임원한테 직접 따졌다고 했는데, 이 말로 미루어 심복인 자기를 안 쓰고 대리를 낙점한 처사에 대해서 강하게 항의했을 것이다. 그러면 수세에 몰린 임원 심정이 어떻겠는가? 그동안 어찌 보면 이분을 최종 낙점하기 위해서 근거를 만들어 가는 중이었을 수도 있기 때문에, '당신이 나를 그렇게 못 믿어?' 하는 반감이 생기면서 셋째 속성인 경쟁 붙이기가 발동한 거다. 즉 둘 중에 누가 더 나한테 열심히 고개 숙이는가를 보겠다는 심리와 더불어 그 사이 직원들의 여론이 어떻게 흘러가는가를 보기 위해 두 사람을 경쟁의 장으로 내던진 거다. 그러면서 두 사람이 이 경쟁에 완전 몰입하도록 일부러 자격을 다 갖춘 제3의 인물을 거론한 거다.

그러면 이분은 어떡해야 그 문제가 해결될까? 정답은 **척의척 검법**을 쓰는 것이다. 이 검법의 핵심은 '적의 적은 나의 동지'라는 명제다. 그럼 이 문제에서 팀장 희망자인 두 사람의 적은 누구일까? 그것은 바로 아직은 정체불명인 제3의 인물, 즉 임원이 데려오려는 외부 인력이다. 만약에 두 가지 조건을 다 갖춘 그 인물이 온다면 두 사람은 그야말로 닭 쫓던 강아지 꼴이 된다.

이런 불행한 사태를 방지하려면 그 대리와 즉각 만나서 머리를 맞대고 두 가지를 합의해야 한다. 첫째, '영업부 자체에서 사람을 키워야 한다, 즉 둘이 아니더라도 우리 직원 중에서 팀장을 뽑아야 한다.'라는 여론을 일으켜야 한다. 이 점은 얼마든지 내세울 수 있는 당위성이 있다. 둘째, 서로 비방하지 않아야 한다. 즉 주변의 동료나 임원한테 자신이 팀장이 되어야 하는 합당한 근거를 설파하는 데 주력해야지 상대가 팀장이 되면 안 되는 점을 가지고 공격하지 말라는 거다. 그러면 둘 다 결격이 있기 때문에 뭐 묻은 개가 뭐 묻은 개 나무라는 식이 되어버려서 둘 모두에게 여론이 안 좋게 돌아갈 것이다. 그러면 임원으로서는 전혀 의외의 제3의 인물을 발탁할 가능성이 커지는 거다.

그렇게 외부 인력의 개입을 차단해놓은 뒤에 그 대리한테 '그래도 내가 선임이니까 먼저 팀장으로 나가고 텔레마케팅 관리사는 바로 따겠다, 그러면 당신은 내 자리를 차고 들어오고 그러는 게 순리 아니냐.' 식으로 말하는 게 바로 **척의척 검법**의 핵심이며 그러면 상대가 수긍할 가능성이 크다고 본다.

독자들이 이 사례를 통해서 알아야 할 게 하나 더 있는데 그것은 바로 '인격은 직급에 비례하지 않는다'는 사실이다. 질문에 보면 '일구이언하는 원이 실망스럽다.'라고 했는데 이는 직급이 높을수록 인격도 비례해서 똑같이 높을 거라고 여기는 오해에서 비롯된 것이다. 중역이나 되는 분이 어떻게 한 입으로 두말을 하느냐 이건데, 사실은 많은 직장인이 오해하고 있는 점이다. 절대로 인격은 직급에 비례하지 않는다. 그 이유는 회사가 고위직을 성과로 뽑지 인품으로 뽑지 않기 때문이다. 이 점을 확실히 알고, 이분처럼 고위직의 인품이 뭐 저러냐고 스트레스 받는 일이 없기를 바란다. 그 임원도 인품에 상관없이 오로지 살아남기 위해서 일구이언하는 검법을 쓰는 것일 뿐이다.

제 2부

자랑질해대는
동료 정말
짜증 난다!

11

"

사수를 무시하는 막가파식
신입 때문에 스트레스받아요!

"

보초병 검법을 써라

'중소기업에서 일하는 대리입니다. 얼마 전에 신입이 한 명 들어왔는데 이 친구가 막가파입니다. 과장이 업무를 알려주라 해서 사수 노릇을 하는데요, 하루는 '이건 이렇게 하면 안 된다'고 했더니 '아니 이렇게 하는 게 낫죠, 왜 그렇게 합니까?'라고 하길래 '이건 우리 회사에서 일하는 방식이니까 따르는 게 어때요?'라고 했더니 '싫습니다. 그럼 직접 하세요.' 하고, 어제는 기안 업무 처리 방식을 가르쳤더니 '그건 구시대 방식입니다.' 하고 코웃음 치는 겁니다. 처음에 너무 잘해줘서 그런 거 같기도 한데, 제가 마음이 약해서 뭐라고 할 수도 없고 스트레스를 너무 받습니다.'

이 질문은 필자에게 직접 들어온 게 아니라 한 직장인 커뮤니티에 게재된 걸 발췌해서 방송했던 건데, 발췌한 이유는 질문에 달린 조언들이 재미있어서였다. 대표적인 것 몇 개를 살펴보면 – '합리적이면 받아주고 아니면 찍어 누르세요, 앞으로 회사 계속 다닐 거냐고 묻고 지적질하지 말라고 혼내세요, 과장한테 일러서 혼내주세요, 직장 내 괴롭힘으로 신고하세요, 앞으로는 말 섞지 말고 상종을 하지 마세요.' 등이 있었는데 이게 하나하나 별개로 보면 장난 같아서 영양가가 적은데 〈트랜스포머〉 영화에 나오는 합체 로봇처럼 전체를 하나로 합쳐서 보면 묘하게 그 속에 답이 있어서 재미있다.

우선 낱개로 봤을 때 영양가가 적다는 건 실효성이 없다는 뜻인데, 합리적이면 받아주고 아니면 찍어누르라는 건 앞부분은 맞는 말이지만, 찍어 누르라는 말이 강압적이면서 또 구체적으로 어떻게 하라는 건지 불분명하다. 또 회사 계속 다닐 거냐고 묻고 지적질하지 말라고 혼내주라는 건 회사 다닐 거면 무조건 내 말대로 하라는 협박 같아서 좋아 보이지 않고, 과장한테 일러서 혼내주라는 건 그러면 위에다 고자질하는 비겁한 선배로 낙인이 찍혀서 본인 권위가 무너지기 때문에 신입이 말을 더 안들을 거다.

직장 내 괴롭힘으로 신고하라는 건 웃자고 하는 얘기로 보이고, 말을 섞지 말고 상종하지 말라는 건 같이 일하는 사이에 현실적으로 어려운 일이다.

이처럼 처음에 읽을 때는 그 댓글들이 무의미하게 보였는데, 나중에 곰곰이 생각해보니 바로 이 여섯 개의 조언을 하나로 묶어서 치환하면 실행 가능한 해법이 된다는 걸 문득 깨달았다.

그 전체 과정을 보면, 첫째는 이분이 사수 노릇을 좀 더 합리적으로 할 필요가 있다. 즉 신입이 이런 방법이 좋지 왜 그런 방법으로 해야 하느냐고 할 때, 그냥 회사에서 하는 방법이니까 무조건 따르라고 한 건 잘못이라는 거다. 만약 신입의 말이 맞다면 '어 그렇네, 이번에는 우선 이걸로 하고 다음부터는 그런 식으로 하도록 내가 건의해 볼게.'라고 해야 하고, 신입의 말이 틀렸다면 틀린 이유를 설명해줘야 한다. 즉 합리적이면 들어주라는 댓글을 보면서 사수부터 합리적이야 한다는 생각이 든 것이다.

둘째는 그렇게 합리적으로 설명을 해줘도 아랑곳없이 막가파식으로 나온다면 바로 **보초병 검법**을 써야 한다. 이 검법은 말 그대로 새내기에게 보초병이 하는 수하(誰何 : 상대의 정체를 확인하는 것)를 하는 것이다. 즉 '당신이 이 회사에 다닐 마음이 있는 사람이냐'를 확인하는 것이다.

군에 다녀온 독자들은 다 알겠지만 그렇지 않은 분들을 위해 자세히 설명하면 수하는 군대에서 야간에 경계 작전 시 피아 식별을 위해 보초병(步哨兵)이 하는 행위를 뜻한다. 주간에는 밝은 환경이라는 특성상 육

안으로 피아 식별이 가능하지만, 야간에는 어두운 탓에 육안으로 피아 식별에 제한이 생긴다. 이를 위해 야간 경계 작전 시에는 상대가 아군인지 적군인지를 판별하기 위해 수하를 실시한다. 그 절차를 살펴보면,

1. 초병: "정지"
2. 초병: "손들어."
3. 초병: "움직이면 쏜다."
4. 초병: 암호!
5. 신원 미상의 인물: 암호 대답
6. 초병: "누구냐?"
7. 신원 미상의 인물: (자신의 신분)
8. 초병: "용무는?"
9. 신원 미상의 인물: (자신의 용무)
10. 초병: "신원 확인을 위해 몇 보 이동"
11. 신원 미상의 인물: (이동)
12. 초병: (신원 확인 완료 선언)

이 수하 과정에서 가장 중요한 점은 신원 미상의 인물이 수하에 불응하거나 암호를 모르면 적으로 간주하고 발포할 수 있다는 점이다. 군(軍)에서의 수하 과정은 길지만, 새내기에 대한 수하는 간단하다. 그리고 보

초병의 수하는 삼엄하지만, 이분의 수하는 반대로 포근해야 한다. 왜냐면 그 신입의 성격으로 봐서 이 선배에게 솔직하게 답하지 않을 확률이 높기 때문이다. 따라서 이 검법의 핵심은 그 신입이 솔직하게 답할 수 있도록 분위기를 잘 조성하는 것이다. 화나는 마음을 잠시 접어놓고 '내가 볼 때 당신은 어느 모로 보나 우리 회사보다 더 큰 회사에 다닐 사람 같은데 어떠냐' 식으로 살짝 띄워주면서 속마음을 끄집어내는 것이 비결이다.

이분이 **보초병 검법**을 써야 하는 이유는 그 신입의 태도가 너무 비정상적이기 때문이다. 새내기라 해도 기존 업무 방법에 문제를 제기할 수는 있지만, 사수한테 대놓고 당신이 직접 하세요, 이렇게 할 수는 없는 거다. 그리고 최대한 합리적으로 가르치는 데도 계속 막가파식으로 나온다면 그건 그 신입이 '나는 이런 작은 회사에 있을 사람이 아니다' 식으로 자만해서 마음이 떠난 상태일 확률이 높은데, 바로 그 지점을 확인하는 것이다.

그리고 확인 결과 다닐 마음이 없는 게 확인되면 어떻게 할 것인가? 앞에서 말한 보초병의 권한대로 하면 된다. 즉, 발포하는 것이다! 우리 회사에 다닐 마음도 없는 친구를 데리고 왜 공연히 힘 빼고 마음 상하고 할 것인가? 가차 없이 사살하는 게 상책이다. 물론 사살하란다고 해서 죽이라는 건 아니고 이 상황을 과장한테 보고하라는 뜻이다. 보고의 핵심은 '나한테 함부로 대한다'가 아니라 이 친구는 우리 회사에 다닐 의향이 없는 사람이기 때문에 더는 가르칠 필요가 없다고 하는 것이다. 그리고 만일을 대비해서 수하를 할 때는 녹취해두는 것이 좋다. 이런 또라이성 신입일수록 자기 말을 번복해서 '나는 이 회사 계속 다닐 건데 왜 그러느냐? 내가 언제 다닐 마음 없다고 했느냐?'라며 자신의 발언을 번복할 가능성도 있기 때문이다. 선배가 후배와의 대화를 녹취한다는 게 좀 쪽팔리는 일이기는 하지만 또라이 후배를 확실히 제압하기 위해서는 만사불여튼튼이 가장 좋다.

보초병 검법을 썼는데 만약에 그만둘 생각이 없고 계속 다닐 거라고 하면 그때는 어떻게 할까? 그래도 역시 과장한테 전체 상황을 보고하는 것은 똑같다. 다만 보고의 핵심은 사수를 바꿔 달라고 하는 수밖에 없다. 질문에 보면 이분 스스로 마음이 약해서 뭐라고 할 수도 없다고 했는데, 그런 상태면 이미 마음속으로 신입사원한테 손을 든 거라서 이분이 사수 역할을 제대로 하기는 글렀다고 본다. 그렇다면 모양새는 좀 구겨지지만, 깨끗이 물러서는 게 현명한 처신이다.

끝으로 이분한테 "열 길 물속은 알아도 한 길 사람 속은 모른다."라는 말을 해주고 싶다. 질문에 보면 처음부터 너무 잘해준 게 원인인 거 같다는 말이 나오는데, 뒤통수치는 상대를 만나서 곤경을 치르는 사람들을 보면 대부분 내가 해준 만큼 상대도 똑같이 해주겠지 하고 잘해주다가 당한다. 그리고 이분이 맘이 약해서 신입사원한테 뭐라고 할 수도 없다고 썼는데, 조직에서 '법 없이도 살 사람이다' 식의 평판은 그리 바람직한 게 아니다. 그런 평을 받을 바엔 차라리 작심하고 일만큼은 무섭게 처리해서 '아이구, 사람 좋은 거 같은데 일할 때 보면 너무 악바리야' 식의 평을 받도록 처신하는 게 현명하다.

12

"

팀 막내인데 잘 안 돌아가는
위기의 팀을 맡아서 걱정입니다

"

외인구단 검법을 써라

'중견기업 영업부에서 일하는 경력 5년 차 대리입니다. 최근에 우리 팀이
회사에서 존폐가 거론되는 처지인데 이번에 막내 격인 제가 팀장을 맡게 되
어서 고민이 많습니다. 존폐 압박을 받는 이유는 우리 팀의 영업이 원래 비
용을 많이 쓰는 구조인데 최근에 계속 실적이 좋지 않기 때문입니다. 사실은
저도 그렇게 실적이 좋지는 않은데 팀장이 되니까, 연차가 높은 선배들이 저
보고 회사에 목소리를 높여서 팀의 위상을 확립하라고 하는데 스트레스가
많습니다.'

이 질문이 내용은 간단해 보여도 답을 하기에는 변수가 많아서 아주 까다롭다. 그래서 보편타당한 정답을 제시한다기보다는 필자가 팀장을 맡았다면 이렇게 했을 거 같다는 하나의 경험적 가설로 답을 하고자 한다.

우선 이분이 지금 스트레스를 많이 받는 이유는 자신의 역할을 잘못 판단하고 있기 때문이라고 생각이 되는데 만약에 필자라면 회사의 팀장 발탁 의도를 정확히 파악해서 거기에 맞는 역할이 뭔가를 먼저 고민하겠다. 이게 무슨 뜻인가 하면 이분이 선배 팀원들이 하는 말을 액면 그대로 받아들이고 있다는 거다. 즉 선배들이 이구동성으로 회사에 목소리를 높여서 팀의 위상을 확보하라고 하니까 그렇게 하는 게 본인의 역할이라고 믿고 있다는 건데, 잘못 생각하고 있다. 팀의 위상을 높이라는 말은 '팀을 없앤다느니 하는 말이 사내에 돌지 않게 하라'는 뜻인데, 이분이 간부 회의 같은 데서 그렇게 해보려고 해도 잘 안 될 거다. 왜냐면 영업 회의에서 큰 목소리를 내는 사람은 실적이 좋은 팀장이기 때문이다. 실적이 계속 꼴찌인 팀장은 아마 발언 기회조차 잘 주어지지 않을 것이다. 때문에, 되지도 않을 일을 하려고 하지 말고 회사의 팀장 발탁 의도를 정확히 파악하는 게 먼저라고 본다.

그럼 회사의 팀장 발탁 의도는 무엇일까? 그것은 회사가 이분한테 이 팀을 살리라고 팀장 시킨 게 아니라 팀을 정리하는 게 맞는지 아닌지를 최종 판단하려고 맡겼다고 본다. 정상적인 인사라면 아무래도 경력이 있는 선배 중에서 팀장을 뽑지 왜 하필 막내한테 팀장을 맡기겠는가? 이분 실적이 탁월하다면 우수자 발탁 인사로 볼 수도 있지만, 질문에서 보면 실적이 그렇게 좋은 것도 아니라고 한다. 그렇다면 회사의 의도는 팀 내 서열을 모두 무시한 파격적 인사로 일종의 충격을 주려고 하는 것이다. 그렇게 해서 자극을 받은 팀원들이 다시 일어서면 팀을 살리는 거고 그래도 안 되면 정리 수순을 밟으려고 하는 게 분명해 보인다. 즉 이 팀에게는 마지막 찬스가 남은 거다.

그러면 이분은 구체적으로 어떻게 해야 할까? **외인구단 검법**을 쓰는 게 좋다. 선배들이 이현세의 만화 〈외인구단〉에 나온 문제아들과 비슷한 게 분명해 보이므로 좀 강경한 수단을 쓰는 거다. 선배들이 문제가 있다고 보는 이유는 막내인 이분한테 목소리를 높여서 팀의 위상을 높이라고 했기 때문이다. 자신들이 실적으로 증명해야 할 일을 말로만 떠드는 건데, 이런 경력자들을 가리켜서 열정이 식어버린 선임이라 하며 이런 사람들의 특징은 딱 세 가지다. 첫째는 아는 건 상당히 많지만, 실천이 없다는 거, 둘째는 생각하거나 말한 걸 행동한 것으로 착각하는 거, 마지막은 새롭게 뭘 해보자고 하면 '그거 옛날에 다 해본 거야' 식으로 나오는 것이다. 그 때문에 이런 사람들의 분위기를 돌려세우려면 상당히 센 자극을 줘야 한다.

외인구단 검법의 핵심은 세 가지다. 첫째는 지난 대선에서 유행했던

말로 분핵관을 찾아서 내쳐야 한다. 분핵관은 분위기를 망치는 핵심 관계자인데, 분위기가 안 좋아서 일이 잘 안 되는 팀에는 반드시 분핵관이 있다. 이런 사람은 '아, 우리 팀은 제갈공명이 와도 절대 안 돼.' 식으로 끝까지 분위기를 흐리기 때문에 그냥 두면 팀장 말이 먹히지 않는다. 때문에, 팀을 긴장시키기 위해서 과감하게 내쳐야 한다. 그다음 두 번째는 전체 팀을 모아놓고 필달 목표를 스스로 정하게 하는 거다. 우리 팀이 완전 바닥을 쳤지 않느냐 이제는 더 밀릴 곳이 없다. '선배들이 왕년의 실력을 한번 보여달라.' 이렇게 호소하면서 목표를 잡는데 대략 기간은 석 달 정도 주고 수치는 너무 높지 않게 그동안의 하락 추세를 확실하게 반전시키는 정도로 잡는 게 좋다. 물론 선배들이 더 의욕적으로 하겠다면 굳이 말릴 필요는 없으나 목표가 너무 높으면 실패 확률도 같이 높아진다.

그다음 셋째가 화룡점정인데, '이 목표를 달성한다면 선배님들이 요구하는 대로 회사에 목소리를 높여서 내 직을 걸고 팀을 유지하겠다, 그러나 달성하지 못하면 내가 앞장서서 팀을 해체하고 책임자인 나부터 사표쓰겠다.' 이렇게 폭탄선언을 하는 것이다. 필자의 경험에 의하면 이때 날짜를 석 달 뒤로 미리 써둔 백지 사표를 팀원들 앞에 팍 던지는 것이 효과가 크다. 그렇게 한 뒤에는 그야말로 매일매일 상황 점검하면서 정해진 목표 달성을 위해서 열심히 뛰면 되는데 그러면 소설 같지만, 변화가 일어날 가능성이 크다. 왜? 필자가 현역 시절에 그런 경험을 했기 때문이다. 중요한 것은 문제아 팀원들의 자존심을 얼마나 자극할 수 있느냐인데 막내인 이분이 실제로 **외인구단 검법**을 쓰기로 마음먹는 순간 그 자체로 이미 팀원들은 자극받는다.

　마지막으로 이렇게까지 했는데도 잘 안 되면 정말 미리 쓴 사표를 던져야 하느냐가 남는데 만에 하나 실패하면 사표를 던지는 게 좋다. 왜냐면 어차피 회사는 팀을 해체할까 말까 고민 중이었기 때문에 마지막 시도를 해보고 결론을 내준 거니까 비록 실패하더라도 실패로 보지 않을 거고, 이분이 약속대로 사표를 던져도 이 과정을 지켜본 윗분들이 붙잡고 놓아주지 않을 확률이 높다. 회사에서 그렇게 나온다면 팀원들에게 의향을 물어라. 그러면 '막내, 너만이라도 살아남아라!'고 할 가능성이 크다.

13

"

일은 못하면서 얼굴 예쁘다고
총애받는 동기가 불편해요

"

각자무치 검법을 써라

'중견기업에 계약직으로 다니는 여성 직장인입니다. 우리 팀에 저와 같은 계약직 동기가 한 명 있는데 이 친구가 외모는 아주 예쁜데 일은 저보다 못합니다. 그런데 문제는 팀장이 저보다 그 동기를 더 이뻐한다는 겁니다. 같은 부서 내 남자 직원들도 다 그렇습니다. 그 동기의 이전 직장에 알아봤더니 평판이 그리 좋지 않았습니다. 그런데도 동기는 저에게 쌀쌀맞게 대하는데요, 연말 재계약 때 나를 빼고 그 동기만 뽑을까 봐 걱정됩니다.'

이 질문은, 얼굴이 예쁘다고 해서 업무 능력을 제쳐놓고 그 동기를 더 예뻐하는 상사도 문제가 있지만, 한편으로는 이분 스스로 고민을 지나치게 확대해석해서 힘들어하는 측면도 있어 보인다. 즉 어찌 보면 그냥 넘어갈 수도 있는 문제인데 그 문제를 혼자서 상상으로 지나치게 부풀려서 키우고 있다는 건데, 심리학에서 말하는 일종의 망상성 인지와 비슷하다.

영어로는 패러노이드(Paranoid)라고 하는데, 명확한 근거 없이 상대를 부정적으로 평가하면서 증오하는 걸 말한다. 따라서 그 원인과 내용을 본인이 확실하게 깨닫는 게 이 고민에서 벗어나는 지름길로 보인다.

이분이 그렇게 망상성 인지를 하게 되는 원인에는 어떤 것이 있을까? 우선은 이분이 외모에 대한 콤플렉스가 좀 있는 것 같고, 그 반면에 자기 과시욕은 아주 강한 것 같다. 그러니까 외모가 좀 떨어지는 걸 업무 능력을 인정받는 것으로 보상을 받으려고 하는 건데, 스스로는 현실에서 그게 잘 안 되고 있다고 생각하는 것 같다. 그러니까 자기를 알아주지 않는 팀장과 남자 동료들을 미워하고 특히 자기를 가로막고 있는, 일은 잘 못하면서 얼굴만 예쁜 동기를 심하게 증오하고 있다. 그렇게 판단하는 이유는 그 동기의 이전 직장까지 연락해서 동기가 얼굴만 예쁘지 평판은 좋지 않다는 걸 확인했다는 사실 때문이다. 이 정도면 집착이 좀 심하다고 보는데, 조금이라도 이른 시간에 이런 망상을 스스로 깨부수는 것이 해결책이라고 본다.

그럼 망상을 깨부수려면 어떻게 해야 할까? **각자무치 검법**을 쓰는 게 좋다. 각자무치(角者無齒)는 글자 그대로 해석하면 '뿔이 있는 자는 이빨이 없다.'라는 뜻인데, 좀 더 풀어서 말하면 '날카로운 뿔이 있으면 날카로운 이빨이 없다.'라는 것이다. 한마디로 이 세상의 피조물은 좋은 것은 다 가지지 못한다는 뜻이다. 즉 쉽게 말하면 이것이 있으면 저것이 없고 저것이 있으면 이것이 없다는 것이다. 이분의 문제에 대입하면 그 동기에게는 예쁜 얼굴이 있는 대신 업무 능력이 없고 이분은 그 반대다. 물론 이분이 '나는 업무 능력보다 예쁜 얼굴을 갖는 게 소원이다.'라고 하면 할 말이 없지만, 그것은 인력으로 안 되는 일이다. 고로 **각자무치 검법**을 빨리 깨달아 자신감을 가지는 게 중요한데 이분이 각자무치를 깨닫지 못하는 이유는 네 가지 점을 놓치고 있어서이다.

첫째는 직장 상사의 생리 또는 속성을 정확히 모르고 있다. 이분은 팀장이 외모만 보고 그 동기를 더 예뻐한다고 괴로워하고 있는데, 예뻐하는 건 사실일 것이다. 그러나 예뻐하는 것이 곧 그 사람을 인정한다는 뜻은 아니다. 즉 외모가 예쁘다고 해서 그걸 기준으로 업무 능력까지 인정하지는 않는다. 예쁜 건 어디까지나 예쁜 거고 업무 능력에 대한 평가는 달리하는 것이 상사들의 속성이다. 이 점을 정확히 알아야지 자꾸 이뻐하는 것과 인정하는 걸 혼동하면 안 된다.

둘째는 본인 스스로 두 가지 스테레오 타입의 편견을 지니고 있는데 그걸 빨리 버려야 한다. 하나는 '얼굴이 예쁘면 머리는 나쁠 것이다.', 다른 하나는 '남자는 다 외모로만 여자를 평가한다'는 생각이다. 그런 식으로 일괄 묶어서 생각하다 보니까 얼굴이 예쁜 동기는 무조건 무능해 보이고 그 앞에 알랑대는 남자들은 더 미워지는 건데, 세상에는 안 그런 사람도 많이 있다.

셋째는 '혐오의 보복성'을 모르고 있다. 이게 무슨 말이냐 하면 누가 자신을 미워하면 똑같이 그걸 되갚아 주려고 하는 심리이다. 이분이 그 동기를 미워하는데 이전 회사에 확인까지 한 것으로 봐서 정도가 좀 심하다. 그런데 문제는 그 정도라면 당연히 그 동기도 눈치를 채고 이분을 역시 증오하게 된다는 사실이다. 질문에 나오는, 나를 쌀쌀맞게 대하는 태도가 바로 그것이다. 그런데 이분은 그 점을 모르고 있다. 그러면 이분한테 하나도 이로울 게 없다. 그럴수록 이분은 점점 더 팀장이나 동료들한테 퉁명스럽게 대할 거고 그러면 이분이 일은 잘하지만, 성격은 안 좋다는 평가를 받게 될 것이다.

넷째는 이분이 지나치게 자기 합리화를 하고 있는데 본인은 모르고 있다. 무슨 말인가 하면 질문 끝부분에 보면 올 연말에 재계약을 하게 되는데 일 잘하는 자기를 떨어트리고 얼굴이 예쁜 그 동기만 선택할까 봐 걱정이라는 말이 나온다. 이게 필자가 볼 때는 상당히 근거가 취약한 예측이다. 앞에서 말한 것처럼 조직에서 상사가 사람을 쓰는 기준은 뭐니뭐니해도 업무 능력이다. 물론 외모도 능력이라는 말이 있지만 그렇다고 해서 실제로 일 더 잘하는 이분을 떨어트리고 얼굴이 예쁜 동기만 뽑을 상사는 없다고 본다. 이분이 태도만 밝게 가지면 필자는 당연히 이분이 뽑힐 것으로 생각한다. 물론 둘 다 뽑힐 수도 있다. 그런데 왜 자꾸 예쁜 동기만 뽑힐 것이라는 그런 최악의 상황을 상상하느냐 하면 그렇게 생각해야 내가 지닌 그 동기와 팀장에 대한 증오가 정당화되기 때문이다. 즉 자신이 억울한 피해자가 될지도 모른다고 상상하면서 자기 증오를 합리화하고 있는 건데, 빨리 이 심리를 버려야 한다. 불필요한 증오는 내 마음부터 먼저 갉아먹기 때문에 계속 그러면 본인만 점점 더 힘들다.

각자무치 검법의 핵심은 남에게 있는 것보다 나에게 있는 걸 먼저 보는 것이다. 그러나 사람들은 나에게 있는 것은 생각하지 않고 나에게 없는 것을 먼저 생각하며 그것을 지닌 사람과 비교해서 자신을 불행하다고 생각한다. 그 동기가 얼굴이 예쁘다면 이분은 그 대신 뛰어난 업무 능력을 지니고 있는데 어떻게 보면 그 동기는 이분의 그 뛰어난 실력을 부러워하고 있을지도 모른다. 사람이 혼자서 좋은 것을 다 가질 수는 없다는 사실을 깨달아야 한다.

끝으로 필자가 **각자무치 검법**을 절절히 깨닫게 된 사연을 이야기하겠다. 필자의 고향에 가면 친구 중에 돈이 아주 많은 부자가 한 명 있다. 어느 날 술을 마시다가 이 친구한테 '야, 나도 너처럼 부자였으면 좋겠다.' 했더니 이 친구가 '야, 나는 너처럼 내 이름 단 책 한 권 써봤으면 소원이 없겠다.' 이러는 게 아닌가? 바로 그 순간, 사람이 남과 비교하며 불행하게 사는 이유는 나에게 있는 걸 먼저 보지 않고 남에게 있는 걸 먼저 보기 때문이라는 사실을 절절히 깨달았다.

14

"

대학 졸업 후 2년째 취업 안 되는데
포장마차라도 할까요?

"

마라도나 검법을 써라

'대학 졸업하고 2년째인데 취업을 못 하고 있습니다. 서류를 내는 곳마다 떨어져서 이제는 지칩니다. 부모님 신세를 지는 것도 하루 이틀이지 너무 죄송해서 포장마차라도 해볼까 하는데 어떻게 생각하십니까?'

이 질문은 교보문고에서 저자 특강을 하는데 강의 끝 질의응답 시간에 한 청년이 손을 들고 던졌던 질문이다. 질문이 아주 짧으면서도 여러 가지 암시를 포함하고 있는 내용인데 일단 부모님께 미안해서 무엇이든지 해보겠다는 그 용기는 칭찬했다. 그리고 어떤 포장마차를 할 것인가를 물으니 라면을 주 종목으로 해보겠다고 한다. 왜 라면을 주 종목으로 하려고 하느냐를 다시 물으니 그게 특별한 기술 없이도 가능해서 그렇다고 한다. 이 말을 듣고 나자 그 청년의 생각에 동의해줄 수가 없었다.

왜 그랬을까? 그것은 바로 라면집을 하겠다는 생각을 **라도나 검법**으로 했기 때문이다. 이 검법의 핵심은 아주 간단하다. 어떤 일을 하고자 할 때 그 뒤에 '~라도', '~나'를 붙여서 생각하는 거다. '이거라도 해볼까 아니면 저거라도 해볼까, 또 이거 하다가 안 되면 저거나 해볼까' 하는 식이다. 즉 '다른 일을 할 때 반드시 이 일을 하겠다'라는 이유나 의지가 약한 것을 말한다. 이 검법의 이름은 필자가 지었지만, 그 연원은 필자의 고대 사범대 스승이신 교육철학자 故 김정환 교수님에게서 나온 것이다. 스승님은 기회 있을 때마다 선생을 할 사람은 절대로 '라도나 교사'가 되지 말라고 강조했다. 즉 '나는 다른 일도 얼마든지 할 수 있지만, 반드시 교사를 직업으로 해야 하겠다.'라는 사람이 교직으로 가야 한다는 것이다. 그러지 않고 교사자격증은 있으니 '고시 공부를 해보다가 안 되면 교사라도 하면 되지.'라거나 '이 직장 저 직장 해보다가 신통치 않으면 교사나 하지.' 이런 사람은 교사를 택하면 안 된다는 것이다. 필자는 스승의

견해에 전적으로 공감하는데 세상을 살아보니 교직만이 아니라 다른 일도 마찬가지였다. 특히 자영업의 경우 어떤 종목을 택할 것인가는 절대 '라도나'로 하면 안 된다. 우리 사회 은퇴자들이 자영업을 하다가 실패하는 경우가 많은데 그 이유는 여러 가지가 있겠지만 그중에는 그 종목을 **라도나 검법**으로 택한 사람들도 많을 것이다. '누가 하는 것 보니까 족발집이 잘되던데 나도 족발집이나 해볼까?' 이런 생각이라면 출발부터 잘못된 것이다.

필자가 직장 고민 상담이 전문이다 보니 자영업에 관한 조언을 구하는 질문자는 극히 드물지만 그래도 간혹 자영업 종목을 물어오는 분이 있는데 그때 필자는 바로 **마라도나 검법**을 쓰라고 권한다. 마라도나는 아르헨티나의 유명한 축구선수 이름을 딴 게 아니라 '**라도나 검법**을 쓰지 말라'는 뜻에서 '하지 말라는 뜻'의 '마(Don't)!'를 붙여서 지은 이름인데, 이 검법의 핵심은 간단하다. 본인이 그 업종을 해보고자 하는 이유를 '돈 벌기 위해서'라는 말은 빼고 세 가지 이상 적어보는 것이다. 그 세 가지 이상이 누가 봐도 타당하고 맞는 거라면 그때는 그 종목을 하면 된다. '돈 벌기 위해서'를 빼는 이유는 그 어떤 종목이든 쓰지 않아도 다 아는 기본 이유이기 때문이다.

포장마차에서 라면을 끓여보고자 하는 그 청년에게 **마라도나 검법**을 적용한다면 '첫째, 라면을 정말 좋아해서 라면을 끓이고 있으면 행복하다. 둘째 라면을 워낙 많이 끓이다 보니 특히 짬뽕 라면은 국내에서 제일 잘 끓일 수 있다. 셋째 짬뽕 라면을 끓일 때 첨가하는 재료 중 정말 저렴한 것을 찾았기 때문에 가성비가 갑이다. 넷째 이 맛있는 짬뽕 라면을 혼자 먹기 아까우니 저렴한 가격으로 최대한 많은 고객에게 제공하고 싶다. 그래서 다른 곳에서 다른 일 하러 오라고 해도 나는 라면집을 하고 싶다.' 그러면 필자는 한번 도전해보라고 강력히 권할 수 있다.

그러나 그게 아니라면, 즉 라면 끓이는 게 쉬워 보여서 해보고자 하는 거라면, 또 이웃집 누가 라면 포장마차를 하는데 돈을 잘 버는 거 같아서라면, 필자는 말리고 싶다. 아무리 포장마차라 해도 엄연한 사업이다. 즉 월급쟁이와 전혀 다르다. 초기 투자 비용 다 들어가고, 장을 벌여도 손님이 안 오면 망하는 거다. 취직이 안 된다고 해서 함부로 택할 수 있는 쉬운 길이 결코 아니다.

15

"

대표님이 나를 괜히 오해하는 것 같아
걱정이에요

"

불위즉위 검법을 써라

'중견기업에 다니는 2개월 차 새내기입니다. 오늘 복도에서 동기와 둘이 걸어가다가 면접 이후 처음으로 대표님을 만났습니다. 그런데 저한테만 "요즘 힘들지? 그래도 딴 생각하면 안 돼."라고 하셔서 "네."라고 대답했더니 어깨를 툭 치며 묘하게 웃으셨습니다. 사무직인데도 수습 기간이라 공장에서 자재 나르는 일 등을 체험하는 중인데요, 제가 사수한테 지나가는 말로 힘들다고 했지만 그만둘 생각은 없는데 대표님이 저를 안 좋게 보시는 것 같아 걱정입니다.'

이분의 주장은 '동기하고 둘이 사장과 마주쳤는데 자기한테만 안 좋은 뉘앙스의 말을 했다.' 이건데 필자는 이분의 생각이 틀렸다고 본다. 물론 필자가 그 대표님한테 직접 물어봐서 팩트 체크를 하지 않는 이상 대표의 생각을 100% 알아맞히기는 어렵지만, 필자의 경험에 의하면 95% 정도는 이분이 잘못 생각하고 있다고 확신한다. 그 근거는 세 가지인데,

첫째는 대표가 이분한테만 힘드냐고 질문했다는 부분이다. 필자가 볼 때 이건 이분 생각이 그런 거지 사실은 대표가 두 사람 모두에게 물어본 것이다. 다만 복도에서 스쳐 지나가는 상황을 생각해보면 대표가 물리적 측면에서 이분 쪽으로 지나갔기 때문에 질문을 이분한테 한 것이고, 만약에 그 동기 쪽으로 스쳐 지나갔다면 틀림없이 그 동기한테 같은 질문을 던졌을 거다. 물론 이렇게 둘 모두에게 물어본다는 뜻을 정확히 하려면 대표가 '요즘 힘들어들 한다며?' 식으로 복수형으로 물어보는 건데 어느 대표가 그런 데까지 신경 쓰겠는가? 단수형이지만 두 새내기 모두한테 말을 건넨 것으로 본다.

둘째는 이분이 걱정하는 이유가 얼마 전에 사수한테 힘들다고 이야기한 적이 있는데 사장이 그걸 보고받고 그러는 게 아닌가 한다는 건데, 지나친 확대해석이다. 사수가 그런 사항까지 일일이 미주알고주알 보고할 리도 없지만, 그런 보고를 안 받아도 사장은 신입사원들이 OJT(On-the-Job-Training: 직장 내 교육훈련) 중에서도 특히 생산 공장 현장 체험 때 육체적으로 힘들어한다는 사실을 이미 알고 있다. 그렇기 때문

에 복도에서 이분과 그 동기가 아니라 다른 신입사원을 만났어도 사장은 '요즘 힘들지'라고 질문했을 것이다. 그리고 이번 기수만이 아니라 앞 기수 때나, 앞 기수의 앞 기수 때도 똑같았을 거고, 또 중요한 건 이분만이 아니라 그 동기도 자기 사수한테 힘들다고 말했을 확률이 높다.

셋째는 가장 중요한 건데 사장이 어깨를 툭 치고 갔다는 부분이다. 만약에 사장이 이분을 안 좋게 보고 있다면 격려성 제스처로 어깨를 툭 쳤겠는가? 사장이 신입사원 어깨를 툭 친 거는 당연히 격려가 맞다. 또 묘하게 웃었다는 부분도 그렇다. 사장님이 할 말이 있으면 두 달짜리 새내기한테 대놓고 말로 하지 뭐하러 묘한 웃음으로 사인을 주겠는가? 본인이 힘들다고 한 말을 사장이 안다고 생각하니까 자꾸 안 좋은 방향으로 상상을 확대하는 것이 문제다.

그럼 이분은 어떻게 해야 할까? **불위즉위 검법**을 써야 한다. 검법 이름은 멋있지만, 핵심은 아무것도 없다. 즉 가만히 있으면 된다. 불위즉위(不爲則爲) – '아무것도 하지 않음이 곧 나의 할 일'이라는 말은 선(禪)으로 유명한 경허 스님이 한 말이다. 무엇인가를 하는 것이 오히려 참선에 해가 되니 진실로 가만히 있는 것이 오히려 낫다는 뜻인데 이분의 고민도 실체가 없으니 군이 따로 취할 행동은 없다고 본다.

상상력을 통제해야 한다. 수많은 직장인의 고민을 듣다 보면 이분처럼 실체가 없는데도 혼자 상상력으로 고민하는 경우거나 아니면 문제는 있지만 그렇게까지 걱정할 일은 아닌데 과대 포장해서 걱정하는 일이 많다. 왜 그럴까? 우리 상상력은 풍선처럼 부풀어 나는 속성이 있기 때문이다. 간단한 예를 들어보면, 친한 친구한테 돈 좀 빌려줄 수 있느냐고 메시지를 보냈는데 1시간이 지나도 답이 없다. 그러면 '아니 이 친구가 좀 어려운 부탁을 했다고 내 메시지를 씹어?' 하면서 화를 내고 답장 독촉 메시지를 다시 보냈는데 또 회신이 없으면 이번에는 '오냐. 나한테 아주 등을 돌리겠다 이거지?' 하고 씩씩거린다. 실제로 그 친구는 사우나 하느라고 메시지를 아직 보지도 못했는데 말이다.

이분의 경우도 없는 문제를 혼자 상상력으로 부풀리지 말고 본인이 그 회사에 들어와서 정말 열심히 하고 있다면 당당하게 있으면 된다. **불위즉위 검법**을 쓰지 않고 못 참아서 사수한테 가서 혹시 '제가 힘들다고 한 말을 사장님께 보고하셨습니까?'라고 물어보면 어떤 일이 벌어질까? 그러면 사장이 어깨 친 이야기는 천리만리 어디로 가버리고 사수가 이분한테 '나를 고자질이나 하는 사람으로 보느냐, 당신이 나를 어떻게 보고 그런 말을 하느냐?'라고 왕창 화내는 일이 벌어질 것이다. 그러면 뭐라고 변명해도 주워 담기 힘들다. 사실 이분 같은 새내기가 아니라 경험이 많은 직장인이나 어른들도 비극적 상상력을 자주 키우는 일이 많은데, 주의할 일이다.

16

"

사직 의사를 번복하고 싶은데
괜찮을까요?

"

차타구전 검법을 써라

'의류 벤더 회사에 다니는 6개월 차 새내기 직장인입니다. 연봉은 비교적 높으나 업무 강도가 너무 세고 또 일이 적성에도 안 맞는 것 같아서 고민하다가 며칠 전에 팀장님을 건너뛰어서 본부장님(상무)께 사직 의사를 밝혔습니다. 그런데 잘 아는 대학 선배와 면담을 해보니 제가 너무 성급하게 사직 의사를 밝힌 것 같습니다. 그래서 다시 철회하고 싶은데요, 본부장님은 아직 다른 말씀이 없으시지만, 그만둔다는 소문이 파다하게 돌아서 어찌해야 할지 난감합니다.'

이 질문을 읽고 나니까 요즘 젊은 직장인들 사이에 회자하는 퇴준생, 비계인, 중규직 이런 단어들이 생각난다. 퇴준생은 처음에는 퇴사를 준비 중인 직장인이라는 뜻으로 쓰이다가 요즘은 입사하자마자부터 이직을 결심하고 퇴사를 준비하는 직장인을 지칭하게 되었는데, 이 질문의 주인공이 그런 경우다. 비계인은 비정규직, 계약직, 인턴의 머리글자를 따서 만든 용어인데, 정규직에 대비되는 개념이다. 그러니까 직장을 여러 번 옮겨도 정규직으로 갈아타지 못하고 계속 비정규직으로 떠도는 인생을 자조적으로 비계인이라고 부르는 건데, 실제로 한국 고용정보원 통계를 보면 첫 직장이 비정규직일 경우 10년이 지나도 역시 비정규인 직장인의 비율이 40%에 이른다고 한다. 중규직은 2007년에 생겨난 법으로 인해서 계약직 2년을 한 뒤에 신분이 보장되는 무기 계약직으로 전환이 된 사람들을 일컫는 말이다. 이게 신분은 정규직이지만 실제로는 정규직의 6~70%에 불과한 처우를 받기 때문에 반쪽짜리 정규직이다. 그래서 중규직이라고 자조하는 것이다. 심지어 취업을 포기한 취포생 중에 주변에 말로만 이력서를 냈다고 거짓말하는 아가리 취준생이라는 말까지 있다. 우리나라 청년 일자리가 현저하게 부족한 현실에서 생겨난 말들인데, 이분하고 면담한 그 대학 선배가 이런 현실을 정확히 지적한 뒤에 그러니까 '일단 직장은 그대로 다니면서 원하는 일자리를 찾아라' 이렇게 설득해서 사직을 번복시킨 거 같다. 한마디로 오징어 게임에 나오는 대사처럼 '나와보면 더 지옥'이라는 거다.

그런데 질문자는 왜 사직 의사를 팀장을 건너뛰어서 본부장한테 직접 말했을까? 필자의 추측으로는 팀장한테 말하면 강하게 만류할 거고 그러면 많이 시달릴 게 뻔하니까 아예 그러지 못하도록 본부장한테 직보했다고 본다. 달리 말하면 사직하기로 결심은 했지만, 마음 한편에서는 본인도 스스로 확신은 없었던 거다. 그러니까 동료나 선배가 강하게 붙잡으면 주저앉을 거 같으니까 아예 높은 분한테 가서 그만둔다고 저질러버린 건데 좀 경솔했다. 왜냐면 대학 선배의 적나라한 설명을 듣고 결국 번복했으니까 말이다.

그런데 문제는 그래놓고도 또 경솔한 판단을 하고 있다. 즉 그만둔다는 소문이 나서 사직 의사를 번복하는 게 힘들다는 생각은 경솔한 거다. 소문은 아무리 많이 났어도 상관없다. 누구나 다 가슴에 사표를 품고 사니까. 이분은 본부장이 아무런 말씀이 없다고 했는데 이분한테 아무 말이 없는 거지 팀장하고는 벌써 이야기했을 거고, 실제로 이분의 문제는 본부장이 아닌 팀장 손에 달려 있다고 본다.

이분이 새내기라서 조직의 생리를 아직 잘 모르는 것 같은데, 내가 본부장한테 직접 이야기했다고 해서 본부장도 마찬가지로 나한테 직접 이야기하지 않는다. 당연히 팀장을 불러서 '팀원 관리 잘해라, 왜 팀장을 빼고 나한테 직접 오냐.' 이런 이야기했을 거고, 그다음에는 붙잡는 게 좋으냐 아니냐를 물었을 거고, 팀장이 일단 '글쎄요.'라고 하자 그럼 결론은 당신이 알아서 판단해라 이랬을 가능성이 크다. 그래서 지금 팀장도 조용한 건 이 건을 어떻게 처리할 것이냐를 놓고 고심 중이라고 본다.

그럼 이분은 어떻게 해야 할까? **차타구전 검법**을 써야 한다. 이 검법의 핵심은 말 그대로 차타구전(借他口傳) - 본인 입이 아닌 남(팀장)의 입을 빌려서 문제를 해결하는 것이다. 결자해지니 뭐니 하면서 사직 의사 철회까지 또 본인이 본부장한테 직접 갔다가는 앞으로의 직장 생활이 순탄치 않을 것이다. 그리고 이 검법을 쓸 때 명심할 점은 두 가지이다.

첫째 앞에 설명했듯이, 사직 의사는 본부장한테 먼저 밝혔지만, 번복 의사는 반드시 팀장한테 먼저 말해야 하고, 둘째는 팀장을 건너뛰어서 본부장한테 직접 간 것에 대해서 팀장한테 사과해야 한다. 복잡하게 생각할 것 없이 '팀장님이 만류하면 제 결심이 흔들릴 거 같아서 본부장님한테 직접 갔습니다.'라고 하면 된다. 그다음에 사직 의사 번복 이유를 설명할 때 대학 선배 이야기는 안 하는 게 좋다. 자칫하면 사직 의사는 직접 본부장한테 밝히고 또 거기에 대한 면담은 대학 선배한테 했으니까 팀장은 두 번이나 무시당한 기분이 들 수 있다. 그냥 '나중에 깊이 생각해보니 제 생각이 짧았습니다.' 이렇게 말하면 본인도 그런 시절이 있었던 팀장이 충분히 이해해줄 거라고 본다.

그리고 어차피 새로 뽑은 신입이 나가면 그 위에 있는 상사들도 좋은 평가를 못 받기 때문에 처음에는 누구한테 먼저 말했느니 안 했느니 따지겠지만 속으로는 번복 의사를 반길 것이다.

많은 직장인이 어떤 일을 함에 있어 순서를 어기는 실수를 저질러서 생긴 고민을 보내온다. 직장 생활을 순조롭게 하려면 무슨 일이든 수순 (手順)을 중시하라고 권한다. 이분도 사직 의사를 밝히기 전에 그 대학 선배와의 면담을 먼저 하는 게 순서였으며 사직 의사를 밝히는 것도 팀장한테 먼저 밝히는 게 순서였다. 그 순서가 뒤바뀌니까 이런 일이 생기는 건데, 바둑에서도 살 수 있는 말이 수순을 어기면 죽어버리듯이 인생사도 그렇다. 특히 무슨 사항을 어디에 알릴 때 누구한테 먼저 알려야 하느냐를 잘 판단해야 한다.

17

"

같은 빌딩 내 회사로 이직하려는데 지금 사장 만날까 두렵습니다!

"

복불복 검법을 써라

'작은 광고 회사에서 웹 디자이너로 일하는 25세 직장인입니다. 같은 건물 다른 층에 같은 직종의 다른 회사가 있어서 디자이너끼리는 서로 알고 지냅 니다. 지난달 그 회사 사무실에 잠깐 들렀다가 직장을 옮길 생각이 없느냐고 하면서 연봉 인상을 제안하는데 얼떨결에 수락하고 말았습니다. 지금 회사 사장님도 참 좋은 분이라 솔직하게 말 못 하고 당분간 집에서 그냥 쉬고 싶 다고 핑계를 댔는데, 아무리 조심해도 마주칠 확률이 높아서 걱정입니다.'

이분 질문을 읽고 나니까 요즘은 거의 사라져 버린 양심이라는 단어가 새삼 떠올랐다. 즉 이분이 연봉을 올려준다는 말에 덜컥 이직을 결정하고 사장한테는 '집에서 쉬고 싶다.'라고 거짓말을 했는데, 사실 요즘 같은 세상에 내가 내 마음대로 이직하는데 뭐가 문제냐, '배 째라'로 나오면 딱히 할 말이 없다. 그런데도 이전 사장을 만나는 게 두렵다고 하는 걸 보면, 그래도 양심이 있는 분이라고 보는데, 안타깝게도 양심이 있는 만큼 생각이 깊지는 않은 거 같다. 이분은 지금 세 가지를 잘못 알고 있다.

첫째, 본인이 퇴사한다고 통보하면 다 끝나는 거로 알고 있는데 잘못이다. 이분 입장에서는 끝난 것이었다면 좋겠지만, 사장이 보기에 이건 너무 뜬금없다는 생각이 들 것이다. 더구나 퇴사 이유가 갑자기 집에서 그냥 쉬고 싶다고 하니 더 이해가 안 된다. 결국, 사장은 필유곡절이라는 걸 직감적으로 느끼고 지금 2차 면담을 준비 중일 거다. 즉 끝난 이야기가 아니라는 거다.

둘째는 이분이 질문에서 말한 지금 회사 사장님도 참 좋은 분이라 솔직하게 말 못 하고 '당분간 집에서 그냥 쉬고 싶다고 핑계를 댔다.'라는 부분이다. 이 말로 미뤄 짐작건대 사장이 평소에 이분을 많이 아꼈다는 걸 느낄 수 있다. 물론 연봉을 많이 주지 않은 건 불찰이지만 어쨌든 이분도 사장의 마음만은 고마워하는 것 같다. 그렇다면 그런 사장한테 금방 드러날 이런 거짓말을 하는 건 도리가 아니다. 사장을 위한다고 거짓말하는 게 사실은 사장을 두 번 죽이는 거다.

셋째는 옮겨가는 회사 사무실이 같은 건물이라 조심해서 다녀도 마주칠 확률이 높아서 걱정이라고 했는데, 잘못 알고 있는 거다. 필자가 볼 때는 확률이 높은 게 아니라 확률 백 퍼센트이고, 마주치는 게 아니라 사장이 직접 사무실로 찾아올 확률이 높다. 이분을 만나러 오는 게 아니라 사장을 만나러 오는 것이다. 이분 실력이 좋다는 건 주변의 동종 사무실에 많이 알려진 사실 같은데, 그렇다면 지금 회사 사장도 연봉 문제의 현실화를 어느 정도 생각하고 있었을 것이다. 그런데 미처 행동으로 옮기기 전에 갑자기 경쟁 회사 사장이 선수를 친 거고, 이분은 별생각 없이 수락한 뒤 거짓말로 둘러댄 거다. 사장이 이 사실을 알고 나면 분명 뒤통수를 맞았다고 생각하지 않을까? 그러면 찾아와서 서로 같은 일 하면서 남의 사무실 사정 뻔히 다 아는데 이런 식으로 사람 빼내 가면 어떡하냐고 항의할 것이다. 물론 사장이 연봉 인상 타이밍을 놓친 게 잘못이기 때문에 남 탓 해봐야 소용없지만, 어쨌든 한 번은 스파크가 튈 것으로 본다.

그럼 이분은 어떻게 하는 것이 좋을까? 지금 이분이 아무리 연봉을 높여서 가더라도 뭔가 이건 아니다 하는 찜찜함이 있는 건데, 그게 바로 앞에서 말한 양심의 가책이다. 그리고 이 양심의 가책을 바로 잡고자 한다면 이분 앞에는 두 가지 길이 있다. 첫째는 사장한테 있는 사실 그대로 말하는 것이다. 앞에서 필자가 사장이 2차 면담을 준비 중일 거라고 했는데, 틀림없이 한 번 더 불러서 면담할 거라고 보며 그때 있는 그대로 말하면 된다. '사실은 요기 이웃에 있는 회사로 가게 되었습니다. 저를 아끼는 사장님을 떠나는 건 죄송하지만 그쪽에서 연봉을 대폭 올려준다고 하니 저도 며칠 고민하다가 어렵게 결정을 내렸습니다. 지난번 집에서 쉰다고 말씀드린 건 차마 거기로 옮긴다고 말씀드리기가 미안해서 그랬는데 이해 바랍니다.' 그러면 사장이 한마디 상의도 없이 그럴 수 있느냐고 화를 많이 내겠지만, 어쨌든 들을 소리 듣고 나서 옮겨가면, 이후에 마주칠까 봐 조바심내거나 거짓말에 대한 미안함은 없어질 것이다.

'그러면 된 거 아닌가? 솔직하게 말하는 것 외에 또 무슨 길이 있다는 말인가?' 이렇게 생각하는 분은 아직 하수(下手)다. 조금만 더 생각하면 분명 다른 길이 있다. 필자가 볼 때 그게 가장 좋은 해결책이라고 보는데 바로 **복불복 검법**을 쓰는 것이다. 이 검법의 핵심은 솔직하게 말하는 위에 지금 사장한테 붙잡을 기회까지 주는 것이다. 어떻게?

'그동안 사장님이 저를 알아주고 아껴주신 건 고맙고요, 저도 존경하는 사장님 밑에서 오래 일하고 싶습니다. 그렇지만 저쪽에서 그렇게 연봉을 대폭 올려준다고 하니 이걸 어떻게 마다할 수 있습니까? 그러지 마시고 차라리 이번 기회에 사장님이 결단을 내려서 그만큼 연봉을 올려주십시오. 그러면 저도 존경하는 사장님 밑에서 오래 일할 수 있어서 좋겠습니다. 사실 제가 그만큼의 밥값을 하는 건 사실이잖습니까?' 이렇게 말하면 된다. 그런 뒤에 못 올려주겠다고 하면 그냥 가고, 올려준다면 이번엔 가기로 했던 그쪽에, 너무 성급하게 결정했었다, 미안하다고 통보하고 눌러앉으면 된다. 사장이 이분 요구를 안 들어줘도 솔직하게 말했으니 좋고, 요구를 들어준다면 연봉도 오르고 사장과의 의리도 지킬 수 있으니 얼마나 좋은가? 이것이 **복불복 검법**의 핵심이다.

끝으로 이분한테, 늦었다고 생각할 때가 가장 이른 때라는 말과 동시에 전화위복(轉禍爲福)이라는 말을 기억하라고 권하고 싶다. 이분이 별생각 없이 옆 사무실에 놀러 갔다가 연봉 더 준다는 말에 덜컥수로 이직을 결정한 것과 그 뒤에 사장한테 거짓말로 둘러댄 건 일단 잘못이다. 그러나 그 잘못을 깨닫고 늦게라도 솔직하게 이야기해서 바로 잡는다면 어쨌든 연봉도 올라가고 또 세상 사는 도리에 대해서도 중요한 점을 깨닫는 전화위복의 계기가 된다. 그 반대로 '그냥 뭉개고 가도 어떻게 되겠지.' 하는 건 당장은 편할지 몰라도 절대로 현명한 직장인의 처신이 아니며 이분 예상대로 얼굴 마주칠 때마다 스트레스받을 거다.

"

18

자랑질해대는 동료가
너무 짜증납니다

"

측은지심 검법을 써라

'중소기업에서 고객관리 업무를 하는 20대 여성 직장인입니다. 저는 제가 할 일만 소리 없이 완벽하게 하는 스타일이라 고객 불만도 조용히 해결하는데요, 곁에서 경리를 보는 동료 한 명은 정반대입니다. 업무 성격상 대표님과 통화가 잦은데 유난히 큰 소리로 말하고, 사모님과 딸의 자동차 보험료, 세금 정산 등 해준 걸 일일이 직원 단톡방에 올려서 자랑합니다. 전무, 상무, 과장은 웃기만 하는데 저는 참아주자니 스트레스가 너무 많습니다.'

필자가 보기에는 이분 생각이 좀 경솔한 면이 있어 보이는데, 그런 면에서 이 문제는 이분 스스로 몇 가지 측면에서 먼저 자신을 정비할 필요가 있다고 본다. 그런 뒤에 합당한 검법을 써야 효과가 난다. 자신을 정비할 요소는 세 가지라고 본다.

첫째는 자신의 욕구에 좀 더 솔직해지는 게 좋다. 이게 무슨 말인가 하면, 이분이 나는 조용히 일만 한다고 표현했지만, 사실 그 내면으로 들어가보면 그런 자신을 남들이 알아주기를 바라는 마음이 강하게 느껴진다. 그런데 조직에서는 조용히 있으면 남들이 알아주지 않는다. 때문에, 자랑질까지는 아니더라도 내가 하는 일을 일정 부분 사무실 내에서 디스플레이할 필요가 있다. 고객 불만 처리 보고서 같은 걸 만들어서 중요한 내용은 사장만이 아니라 전 직원이 공유하도록 하는 게 좋다. 이런 내용을 공유하는 건 회사 발전을 위해서 아주 중요한 부분인 동시에 다른 사람들이 나를 알아줄 핵심 자료다. 이렇게 하면 자신의 위상이 올라가기 때문에 쓸데없는 동료의 자랑질에 신경을 덜 쓸 수 있다. 지금은 그런 요소가 없기 때문에 일은 내가 더 하는데, 주목은 그 동료가 받는다는 불만이 가득한 것이다.

둘째는 회사 일 말고 본인이 추구하는 어떤 과제나 목표를 따로 가지는 게 좋다고 본다. 외국어 회화든지 자격증이든지 뭔가 평소에 해보고 싶었던 일이 있다면 그걸 하라는 거다. 그러면 하루하루 자신이 목표로 하는 지점에 가까워지면서 성취감을 느낄 수 있기 때문에, 동료의 유치한 자랑질에 그렇게 상처받을 틈이 없을 것이다. 그런 게 없이 오로지 회사 일에만 집중하다 보니까 동료의 자랑질에 일일이 신경이 쓰인다. 자랑질하는 동료는 그대로 계속하라고 두고 자신만의 목표를 세운 뒤에 거기에서 성취감을 찾는 게 좋다.

셋째는 실질과 기분을 구분하라고 권한다. 다시 말하면 동료의 자랑질이 기분은 나쁘지만, 실질적으로 나한테 어떤 피해를 주는 건 아니라는 거다. 즉 그 자랑질 때문에 내 업무가 잘 풀리지 않는다거나 사장이나 상사가 나를 나쁘게 평한다거나 그러면 그건 큰 문제다. 그렇지만 질문 내용으로 볼 때 그런 상황은 아니니 이점을 정확히 아는 게 좋은데 행복한 직장 생활을 하려면 반드시 알아야 할 매우 중요한 사항이다.

자, 이렇게 세 가지를 먼저 정비하고 나서 그다음 단계는 **측은지심 검법**을 쓰는 게 좋다고 본다. 측은지심(惻隱之心)은 남을 가엽게 여기는 마음이다. 누구를 가엽게 여기라는 말인가? 당연히 자랑질하는 그 동료를 가엽게 여기라는 말이다. 왜?

첫째, 자랑질이나 잘난 척하는 사람의 마음속에는 기본적으로 열등감이 숨어 있기 때문이다. 그 동료가 지닌 열등감의 실체가 어떤 건지 이 질문만 가지고는 알 수 없지만, 자존감이 좀 약한 사람이라고 짐작된다. 왜냐면 사장과 통화할 때 일부러 남 들으라고 큰 소리로 통화하는 건 회사니까 그렇다 치더라도, 사장 사모님이나 딸의 자동차세나 보험금 내주는 일까지 직원 단톡방에서 자랑하는 건 어딘지 이상하다. 이분은 '그 동료가 별 걸 다 자랑하니까 스트레스 받는다.' 이건데, 그걸 뒤집어서 '오죽하면 그런 걸 다 자랑할까.' 이렇게 생각하면 사실은 측은한 일이다. 여기에서 중요한 점은 측은하게 여기란다고 해서 상대를 비하하는 마음, 즉 '왜 그렇게 사니' 식으로 얕보는 마음을 지니라는 게 아니다. 쉽게 말하면 그 동료를 애정의 눈으로 바라보는 측은지심이어야 한다.

측은지심 검법을 써야 하는 두 번째 이유는 이분이 그 동료의 자랑질에 대한 동력을 제공하는 측면이 있기 때문이다. 풀어서 말하면 이분이 그 동료가 자랑질을 지속하도록 만드는 에너지를 계속 제공하고 있다는 건데, 그게 뭐냐면 바로 이분이 스트레스 받는 모습이다. 어떤 일을 지속하는 데는 거기에 따르는 재미가 있어야 하는데, 그 동료는 본인이 자랑질할 때마다 이분이 스트레스를 크게 받으니까 그게 재미있는 거다. 질문에 보면 전무, 상무, 과장은 웃기만 한다고 했다. 그분들은 직급이 위고 경력이 있다 보니까 사모님이나 딸의 심부름한 것까지 단톡방에 올리는 걸 보고 어이가 없어서 그냥 웃고 마는 거다. 측은한 마음을 지니면 아마 이분도 그분들처럼 그렇게 웃고 지나갈 수 있을 것이며 그러면 그 동료는 상당히 김이 샐 것이다.

측은지심 검법을 써야 하는 세 번째 이유는 사람은 각자 저 잘난 맛에 살기 때문이다. 달리 말하면 사람은 저마다 개성이 다르고 그 개성에 따라 행동하는 방식도 다른데 거기에 우열은 없다. 좀 쉽게 말하면 이분과 그 경리분의 개성과 스타일이 어찌 보면 정반대인데 이분은 이걸 우열로 파악하는 경향이 있어 보인다. 즉 이분은 자기 일을 완벽하게 하면서도 결과에 대해서는 떠벌리지 않는 스타일이고, 동료는 조그만 일도 동네방네 자랑하는 스타일인데 이분이 그런 동료를 열등하게 보고 있다. 달리 말하면 꼭 그렇게 살아야 하나 이런 멸시감을 지니고 있다는 건데, 그 동료는 그 점을 너무 잘 알고 있기 때문에 '그래 네가 그렇게 잘났어?' 하는 반발 심리로 계속 자랑질하며 자극하는 거다. 고로 이분이 그런 멸시감을 버리고 어쨌든 따뜻한 눈으로 바라본다면 분명히 상대도 달라질 것이다.

보이는 곳에서 기도하라. 성서에는 "보이지 않는 곳에서 기도하라. 그러면 은밀한 것도 다 보시는 아버지가 갚아주실 것이다." 이렇게 나와 있지만, 회사는 교회가 아니며 상사는 하느님이 아니다. 고로 조직에서는 내가 열심히 일만 하면 남이 알아주겠지 하는 생각은 순진한 것이다. 맨 앞에서 말한 것처럼 고객 상담 일일 보고서를 만들든지 해서 내가 한 일을 그날, 그날 조직에서 정확히 알도록 하는 것이 현명한 처신이다.

19

"

팀장이 연고자만 띄워주는데,
팀장한테 한번 어필할까 고민 중입니다

"

허허실실 검법을 써라

'경력 6년 차 여성 직장인입니다. 저희 팀에 입사 동기 남자 직원이 한 명 있는데 현 직급으로 제가 1년 먼저 승진했습니다. 그리고 최근 인사고과도 팀 내에서 또 제가 더 좋게 나왔습니다. 그런데 문제는 요즘 팀장이 이 친구를 일부러 많이 추켜세웁니다. 비슷한 일을 해도 제가 하면 조금도 언급을 안 하고 그 친구가 하면 대단하다고 큰 소리로 칭찬합니다. 팀장이 그 친구와 대학 선후배인데 술도 자주 하고 친해서 그러는 건데요, 그런 일이 여러 번 반복되다 보니 은근히 화가 나서 한번 팀장한테 어필할까 고민 중입니다.'

이 문제는 조금 거창하게 말하면, 요즘 우리 사회에서 많이 거론되는 공정의 문제와 비슷하다. 즉 '같은 일을 해도 내가 한 건 전혀 언급하지 않으면서 동기가 한 건 많이 띄워주는데 이게 불공정하다, 그래서 화가 난다, 이 불공정성을 한번 어필하려 한다!' 이런 고민이다. 필자가 볼 때 이분 고민은 당연한 측면이 있다. 상사에게 인정받고 싶은 건 모든 직장인의 공통된 욕구이기 때문에 상사가 편파적으로 처신하면 팀원은 당연히 화가 난다. 그렇지만 한 발 물러서서 생각하면 또 그렇게 화만 낼 일은 아닐 수도 있다.

한 발 물러서서 보라는 건 앞에 '일은 못 하면서 얼굴 이쁘다고 총애받는 동기 불편하다.'라는 고민을 설명하는 부분에서도 나왔듯이 실질과 기분의 문제를 구별해서 생각하라는 뜻이다.

풀어서 설명하면 팀장이 그 동기를 띄워주는 건 기분의 문제이지 실질의 문제가 아니라는 것이다. 더 쉽게 말하면 팀장이 그 친구를 띄워주는 건 말이지 문서가 아니라는 거다. 즉 이분이 최근 인사고과가 그 동기보다 더 잘 나왔다고 하지 않았는가? 그 말은 아무리 팀장이 말로 그 동기를 띄워도 실질적으로는 이분을 더 인정하고 있다는 증거다. 물론 똑같은 일을 해도 동기에 대해서만 칭찬할 때 듣는 이분은 기분이 나쁘겠지만 어쨌든 팀장이 실질적으로 이분한테 불이익을 준 건 없다는 거다. 이 점을 생각하는 게 좋고 이 문제에 대처하는 이분의 처신은 '상, 중, 하' 세 가지가 있다.

가장 안 좋은 하책은 이분이 질문에서 말한 대로 팀장한테 가서 어필하는 거다. 이게 왜 하책인지는 굳이 설명 안 해도 독자들이 알겠지만, 두 가지 면에서 그렇다. 첫째는 딱 봐도 좀 유치하게 느껴진다. 이분이 팀장한테 찾아가서 어필하는 장면을 한번 상상해보라. 뭐라고 할 것인가? '아니 저 친구는 왕창 칭찬하면서 나는 왜 칭찬하지 않는 겁니까' 대강 이럴 텐데 어딘지 애들 투정 같은 느낌이 들지 않는가? 하고 싶은 말은 해서 속 시원할지 몰라도 이분 평판에 득이 될 게 없어 보이고, 두 번째는 그 결과가 안 좋을 거라는 사실이다. 이분이 '어필하고 싶다'라는 건 필자가, 원래 질문을 방송용으로 순화한 표현이고 사실 원본에서는 '들이받고 싶다' 이렇게 표현했다. 그러면 들이받힌 팀장이 가만히 있을까? 언제가 될지는 몰라도 반드시 후환이 있을 것이다.

중책은 앞에서 잠깐 언급한 대로 한 발 물러서서 지켜보는 것이다. 팀장이 동기만 칭찬할 때 듣는 이분의 기분은 나쁘지만, 어쨌든 팀장이 실질적인 측면에서 이분한테 불이익을 주지는 않는 한 가만히 두고 지켜보는 거다. 그리고 필자가 보기에 그 팀장은 그리 나쁜 사람이 아닌 것 같다. 왜냐면 팀장과 그 동기가 선후배 사이이고 지금도 술을 자주 마시는 편이라고 했기 때문이다. 즉 그러면 둘이 술 마시면서 동기가 무슨 말을 하겠는가? 혀 꼬부라진 소리로 '선배님, 저도 그 친구만큼 잘하는 놈이라고요, 그 친구만 먼저 승진하고 이번에 인사고과도 또 잘 받았는데 이럴 수 있는 겁니까? 저도 잘할 수 있다고요.' 이렇게 하소연할 확률이 높다. 그러면 팀장이 '아 알아, 알았다고.' 이렇게 답한 뒤에 거기에 대한 증명으로 칭찬을 크게 하는 거다. 팀장이 사심이 있다면 후배 말을 듣고 이분을 나쁘게 평할 수도 있는데 질문으로 미뤄 볼 때 그렇게는 하지 않고 있다. 그 말은 팀장이 중심을 잡고 있다는 뜻이다. 이 점을 생각해서 이분은 아무것도 모르는 척 지켜보는 것, 이게 중책이다.

그럼 필자가 생각하는 가장 좋은 상책은 무엇일까? **허허실실 검법**을 쓰는 것이다. 이 검법의 핵심은 허허실실(虛虛實實) - 아니다! 여기에서의 허허실실은 순우리말이다. 즉 허허하고 웃고 또 실실거리며 웃는 게 이 검법의 전부이다. 그러나 말은 쉽지만 깊이는 심오하다. 허허하고 웃는 건 팀장이 그 동기만 큰 소리로 칭찬해주는 것에 크게 마음 두지 않는다는 뜻이요, 실실거리며 웃는 건 팀장이 그렇게 처신하는 내막을 알고 있다는 뜻이다.

다만 여기에서 팀장의 마음을 알아주는 건 좋지만 마냥 실실거리며 웃기만 하면 자칫 비웃는 것으로 오해를 받을 수도 있으므로 팀장한테 일정 액션을 하는 게 좋다고 본다. 이분이 여성이다 보니까 그 남자 동기처럼 팀장과 술자리나 이런 걸 가질 기회가 적은 거 같은데, 그러면 술이 아니라 간혹 밥이라도 같이 먹으면서 그 남자 동기를 이분이 오히려 먼저 두둔하는 게 좋다고 본다. '저보다 승진은 뒤처졌지만 사실 알고 보면 그 친구 성실하고 착한 친구예요.' 이 정도로 말하면 된다. 남들이 옆에서 보기에는 '아니 저 친구는 쓸개도 없나? 팀장이 자기를 제쳐두고 그 친구만 칭찬하는데 왜 바보처럼 먼저 가서 지도 그 친구를 칭찬해?' 이렇게 생각하겠지만 그 쓸개 없음이 이 검법이 노리는 것이다.

왜냐면 그렇게 하는 것이 이분에게 실리가 크기 때문이다. 생각해보라. 이분은 스트레스가 쌓이고 쌓이다가 드디어 폭발 일보 직전에 이르러서 지금 팀장을 들이받고 싶어 한다. 물론 행동으로 옮기기는 어렵겠지만, 중요한 것은 그런 마음을 가지면 실제로 들이받지 않아도 팀장이 분위기를 다 느낀다는 사실이다. 그러면 앞으로 팀장이 이분을 싫어할 가능성도 있는데, 팀장하고 적이 되는 건 여러모로 안 좋은 일이다. 그 가능성을 없애기 위해서 '날 들이받을 태세군' 하는 팀장의 예상을 뒤엎고 그 친구를 칭찬함으로써 겉보기에는 실없어 보여도 속으로는 내 실리를 찾는 게 이 검법의 핵심이다.

허허실실 검법의 이해를 돕기 위해 우스개를 하나 소개하겠다.

한 마을에 천 원짜리와 만 원짜리 지폐를 구분하지 못하는 어리바리한 삼돌이가 있었다. 누군가가 천 원짜리와 만 원짜리를 같이 내밀면 삼돌이는 얼른 천 원짜리를 집어 들고 좋아서 춤을 췄다. 사람들이

"거 참 희한한 놈이네."

하며 계속 실험을 해도 결과는 마찬가지였다. 그래서 이 소문이 인근에 퍼지자 사람들이 심심찮게 찾아와 삼돌이의 바보짓을 보고는 즐거워했다.

하루는 조카가 사람들 앞에 놀림감이 되는 걸 보다 못한 삼돌이의 삼촌이 찾아와서 크게 야단을 쳤다.

"야, 이놈아 아무리 멍청해도 유분수지, 어떻게 만 원짜리를 두고 천 원짜리를 집어 들어? 이 밥통 같은 놈아!"

그러자 삼돌이가 갑자기 낯빛을 고치더니 삼촌 귀에 대고 속삭였다.

"그럼 지가 만 원짜리를 집어 들면, 삼촌이 날마다 돈을 내밀어 줄끼여?"

삼돌이의 내공은 정말 놀랍지 않은가? 그렇지 않다고? 왜? 아하, 돈을 못 버는 한이 있더라도 난 그렇게 비굴하게는 살지 않겠다고? 좋다! 그러나 그렇게 생각한다면 필자가 권하는 **허허실실 검법**을 아직 터득하지 못한 것이다. 왜? 이 이야기를 소개한 이유는 독자들에게 삼돌이처럼 살라고 하는 것이 아니라 그 삼촌처럼 행동하지 말라는 거다. 무슨 말이냐고? 이 우스개에서 우리가 주목해야 할 것은 삼돌이가 아니라 그 삼촌이라는 말이다! 삼촌이 생각이 깊고 현명한 사람이었다면 자기 조카가 왜 그런 바보짓을 하는지 진즉에 알아보고 남들이 '가서 조카 좀 말리라'고 할 때 허허 웃으며 실실 쪼개면 되는 것이다. 그러나 삼돌이의 깊은 내공을 몰라보고 자기만 잘난 줄 알아서 한달음에 달려가 들이받았다가 본전도 못 찾고 오히려 역공당해서 망신만 당했다.

이쯤이면 '아하' 하고 알 것이다. 이분이 질문에서 팀장한테 가서 한번 들이받겠다고 하는 건 바로 그 삼촌처럼 망신을 당하러 가겠다는 말과 같다. 팀장이 웬만한 내공이 있어서 다 알아서 하고 있으므로, 즉 내가 승진도 먼저 하고 인사고과도 잘 나오고 있으므로 공연히 평지풍파 일으키지 말고 **허허실실 검법**으로 편하게 웃으며 지내라!

20

"

대학원 다니며 알바 뛰고
석사 논문도 쓰려니 힘듭니다

"

뭐시중헌디 검법을 써라

'낮에 대학원 다니면서 남는 시간에 일도 하는 직장인입니다. 석사 과정을
마치고 지금은 논문 작성 중입니다. 직장은 계약 기간이 두 달 남았고 올해
임용고시를 보기 위해 주말에는 학원에 다니기 시작했습니다. 그런데 최근
에 일터에 나가면 의욕이 없어서 만사가 귀찮습니다. 2년간 일한 직장을 잘
마무리하고 싶은데 지금 심신이 너무 피곤합니다.'

이분에게는 한마디로 번 아웃 현상이 왔다고 생각된다. 그런데 이 문제는 이분이, 자신이 하는 세 가지 일을 각각 어떻게 바라보느냐에 해결책이 달려 있다고 본다. 조금 어렵게 말하면 세 가지 일 중에 어떤 게 상수(常數)고 어떤 것이 변수(變數)냐 이걸 정확히 구분하는 게 근본적 문제 해결책인데, 현재는 그게 좀 잘못 구분되어 있다는 느낌이 든다.

무엇이 잘못 구분되어 있을까? 이분의 질문으로 미뤄보면 석사 논문과 임용고시는 피할 수 없는 상수로 놓고 계약 기간이 끝에 다다른 직장 업무를 변수로 보는 건데 잘못이다. 즉 직장에 나가면 만사가 귀찮아서 일이 잘 안 되는데 이 직장 문제를 어떻게 조율하면 의욕을 가지고 잘할 수 있겠느냐 이걸 물어 온 건데, 필자가 보기에는 앞에 말한 두 가지 과제를 상수로 놓고 보는 한 해결책은 없지 않을까 하는 생각이 든다. 결론부터 말하면 직장 문제를 변수가 아닌 상수로 보고 그 대신 석사 논문과 임용고시라는 두 가지 일을 변수로 보는, 관점의 전환이 있어야 한다.

왜 그런가 하면 현재 번 아웃 현상의 원인이 직장 업무에 있는 게 아니라 다른 두 가지 일 때문이라는 뜻이다. 이분이 낮에 대학원 다니면서 저녁에 일하고 석사 과정을 마친 뒤에는 논문을 쓰면서 임용고시 준비를 하는 걸 보면 상당히 능력 있고 열심히 사는 분으로 보이는데, 사람이 아무리 능력이 뛰어나고 열정적이고 체력이 좋다 하더라도 누구에게나 한계는 있다. 이분이 질문해 온 것은 계약 기간 두 달 남은 직장 생활을 잘 마무리하고 싶은데 의욕이 없어서 문제라고 했지만, 필자가 보기에 문제는 직장 생활이 아니라 논문 작성과 임용고시 준비라는 두 가지 큰일이 겹친 데에서 오는 지나친 스트레스가 원인이다. 그렇다면 이 문제를 해결하는 데에는 직장 업무를 어떻게 조율할 것이냐가 아니라 이 두 가지 과제를 어떻게 조율할 것이냐, 이게 열쇠다.

그럼 이분은 어떻게 하는 것이 좋을까? 이 두 가지 과제에 대한 취사선택은 극히 개인적인 문제이기 때문에 오로지 본인만이 최종 결정할 수 있는 사항이라서 일단 보편적인 정답은 없다. 다만 '필자라면 어떻게 할 것인가?'라는 가정 아래 조언한다면 답은 **뭐시즁헌디 검법**에 있다. 이 검법의 핵심은 여러 일이 한꺼번에 겹칠 때 어느 일부터 먼저 할 것이냐를 정하는 데 있으며 그 비결은 급한 일보다 중요한 일을 먼저 하는 것이다. 그런데 사람들은 통상 이를 거꾸로 한다. 즉 급한 일을 먼저 하느라 정작 소중한 일을 뒤로 미룬다. 그래서 삶이 힘들어지는 것이다. 어떤 일이 시급하게 해야 할 필요성이 있다고 해도 그게 내 인생에서 그렇게 중요한 일이냐는 문제와는 반드시 일치하지 않는다. 그 때문에 내 인생을 알차게 살려면 긴급한 일보다 중요한 일을 먼저 하는 게 좋다.

그럼 **뭐시즁헌디 검법**으로 처리한다면 이분은 어떻게 해야 할까? 결론부터 말하면 임용고시를 먼저 준비하고 석사 논문은 뒤로 미뤄야 한다. 이분이 석사 과정을 한 것이 중단없이 전공 공부를 계속하겠다는 의도였다면 지금 준비할 것은 석사 논문과 동시에 박사 과정 시험일 것이다. 그런데 박사 과정 준비에 대한 언급이 없는 거로 봐서 거기에 뜻이 있는 건 아니다.

그렇다면 임용고시를 봐서 교직으로 가는 게 인생의 가장 중요한 목표라고 보는데, 이분은 지금 막 석사 과정을 마쳤기 때문에, 이어서 논문 쓰는 것을 급하게 생각하고 있다. 그러나 아무리 석사 논문이 급하더라도 그것이 인생의 제1목표인 임용고시에는 아무런 도움이 되지 않는 것이다. 물론 이분이 교직 비전공자라서 교육대학원을 졸업해야 임용고시를 볼 자격이 생기는 경우라면 당연히 논문을 먼저 써야 한다. 그러나 낮에 일반대학원을 다닌 걸 보면 그 경우는 아니다. 그렇다면 결론은, 급하기는 하지만 당장 중요한 것이 아닌 석사 논문은 뒤로 미루고, 학원에 등록까지 했으니 임용고시 공부에만 전력해야 한다.

그렇게 하지 않고 지금처럼 알바하면서 논문 쓰고 임용고시 학원까지 다닌다면 아마 모르긴 해도 하루하루가 지옥 같을 것이며 해가 뜨는지 지는지 알 수 없을 것이다. 그런 상태로 어떻게 목표를 이루겠는가? 반드시 **뭐시중헌디 검법**으로 급한 것과 중요한 것을 분별한 뒤에 중요한 것을 먼저 해야 한다.

보통 사람은 매일 매일 살아가면서 중요한 것보다 급한 일을 먼저 하는 경우가 많은데, 그러지 말아야 한다. 생의 마지막 순간에 이르러서 자기 삶을 후회하는 사람은 누구일까? 바로 중요한 것보다 급한 일을 먼저 하면서 살았던 사람이다.

제 3부

너무 꼼꼼한
신임 팀장
정말 쪼잔하다!

21

"

신입인데 인턴 때 해본 일이라
의욕이 나지 않아요

"

마라톤 검법을 써라

'대기업에서 인턴으로 반년 일하고 신입 정규직으로 뽑힌 직장인입니다.
그런데 인턴을 거치지 않은 동기들과 같이 일을 배우다 보니 경쟁심이 없어
서 의욕이 덜하고 업무에 대한 집중도가 느슨해져서 실수도 하고 그럽니다.
어떻게 하면 의욕을 갖고 일에 몰입할 수 있을까요?'

이 질문은 어떻게 보면 좀 건방진 질문이기도 하고 또 어떻게 보면 좀 애교스런 질문이기도 한데, 이 고민은 이분이 사회 초년생이다 보니까 뭔가를 착각한 데서 생겼다고 본다. 그리고 이 문제는 최근 우리나라 기업의 인턴사원 채용 현황과도 관계가 있다. 2020년 10월 5일에 구인 구직 플랫폼인 '사람인'에서 386개 기업을 대상으로 조사해서 발표한 자료를 보면 인턴 채용 비율이 2019년에 47.2%였는데 2020년은 54.9%로 7.7%가 증가했다. 그런데 문제는 이들 인턴 중에서 정규직으로 전환된 비율은 2019년 70.2%에서 2020년은 56.7%로 오히려 13.5%가 줄었다. 이처럼 인턴 채용 규모는 늘어난 반면 정규직 선발 비율이 더 축소됐다는 것은 그야말로 정규직 전환이 아주 좁은 문이 되었다는 뜻인데, 이분도 그런 좁은 문을 통과한 사람이다 보니 자부심이 강한 것을 넘어서 자칫 교만으로 가는 게 아닌가 싶기도 하다.

그런 데다 앞에서 설명한 조사에서 기업이 인턴을 정규직으로 전환시킬 때 가장 중요한 요소로 꼽은 것을 살펴보면, 직무 적합성이 34.2%로 1위였고 성실함이 그다음으로 21.2%였다. 이 데이터로만 보면 인성보다는 일단 업무 적응 능력이 빠른 인턴을 가장 먼저 정규직으로 뽑는다는 뜻이다. 그러다 보니 이분처럼 인턴을 마치고 정규직으로 전환된 사람은 상황 적응 능력이 뛰어난 데다 회사 업무 경험을 몇 달 먼저 했기 때문에 아무런 사전 경험이 없이 들어온 신입 동기들과는 여러 면에서 차이가 크게 날 수밖에 없다. 그러나 아무리 그렇다 하더라도 이분은 두 가지 면에서 상황을 잘못 인식하고 있다.

　첫째, 업무 수행 능력의 비교 기준을 잘못 설정했다. 이분이 아무것도 모르는 신입 동기들과 자신을 비교해서 업무 능력에 너무 차이가 나니까 경쟁 심리가 느슨해진다고 했는데, 잘못이다. 필자가 대기업의 연수 담당자에게 이 상황을 물어봤더니 이분이 신입과 동기인 건 맞지만 조직에서는 그렇게만 보지는 않는다고 한다. 즉 신입을 뽑아서 신임 연수를 시킬 때 이분처럼 인턴을 거친 사람만 별도로 반을 짜기가 복잡하니까 필수 과정은 같이 가르치지만 그렇다고 해서 완전한 새내기로는 보지 않는다는 것이다. 이 말은 동기들과의 경쟁에서 두드러지더라도 위에서는 이분이 그렇게 뛰어나다고 보는 게 아니라 먼저 인턴을 거쳤으니까 당연하게 여긴다는 거다. 그러니까 '내가 동기 중에 타의 추종을 불허하는 완전 1등이다.' 이런 생각은 이분의 오판이다.

　둘째, 반년 동안 인턴 경험을 먼저 한 걸 이분은 대단한 메리트로 여기고 있는데 상황에 따라 그 반대일 수도 있다. 즉 인턴 경험이 자칫하면 핸디캡이 될 수도 있다는 건데, 이분이 동기들과 비교해서 일이 쉽다 보니까 느슨해지고 실수도 한다고 했다. 그런데 가만히 생각해보자. 위에서 볼 때 진짜 신입이 실수하면 '새내기니까 그럴 수 있지.'라고 봐주지만, 이분이 실수하면 '아니 반년씩이나 인턴을 했다는 친구가 왜 저래?'

하고 아주 안 좋게 볼 수도 있다. 이 점을 안다면 사실은 느슨하니, 의욕이 없니, 실수하네, 이런 말 할 겨를이 없고 더욱 분발해야 하는 게 맞다.

그럼 이분은 어떻게 해야 할까? **마라톤 검법**을 써야 한다. 이 검법의 핵심은 말 그대로 직장을 단거리 경주가 아닌 장거리 마라톤으로 보는 것이다. 이분이 다른 동기들보다 반년 정도 먼저 회사 업무를 경험한 것이 신입 상황에서는 상당히 큰 이득이 된다. 백 미터 달리기로 친다면 한 10미터 정도 앞에서 출발하는 것과 같다. 상당히 큰 이점이다. 그러나 직장 생활은 그렇게 짧은 순간에 승부가 나는 단거리 경주가 아니라 마라톤과 같은 장거리 경주다. 그렇게 본다면 42.195킬로미터를 달리는 데 10미터 앞에서 출발하는 건 사실상 최종 승부에는 아무런 영향을 미치지 못한다.

마라톤 검법을 쓴다면 이분은 두 가지를 명심해야 한다. 첫째, 업무 능력의 비교 기준을 새내기 동기생에 두지 말고 이분보다 앞서 들어온 선배들한테 둬야 한다. 아마 모르긴 해도 선배들한테로 눈을 돌려보면 이분은 시쳇말로 아직 젖비린내가 날지도 모른다. 마음을 비우고 더욱 분발해야 한다. 둘째, 길고 넓게 보아야 한다. 앞에 말한 것과 같이 선배를 기준으로 보면 아직 한참 뒤처져 있을 뿐만 아니라, 선배를 따라잡는다고 해서 또 끝이 아니다. 부서에서 인정받는 인재가 되고 보면 다른 부서에는 더 뛰어난 인재가 있고 회사에서 잘 나가는 인재가 되어서 세상에 나가보면 강호에는 더 뛰어난 고수들이 수두룩하다. 이분이 다니는 곳이 대기업이라고 하니 장차 국제 무대로까지도 나갈 수 있는데 그렇게 해보라. 한마디로 이 세상에는 걷는 사람 위에 뛰는 사람 있고, 뛰는 사람 위에 나는 사람 있으며, 나는 사람 위에 붙어 가는 사람이 있다는 사실을 깨닫게 된다.

자부심과 자만심을 잘 구분해야 한다. 요즘 같은 취업난 시대에 대기업 인턴사원에서 이제 막 정규직 사원으로 전환되었으니 자부심을 가지는 건 좋은데 그게 지나쳐서 '나만 잘났다' 하는 자만심으로 번지면, 우물 안 개구리가 되어서 본인에게 득 될 게 없고 오히려 독이 된다는 사실을 깨달아야 한다. 김광석의 노래처럼 그야말로 이제 다시 시작이다, 젊은 날의 꿈이여!

22

"

신분증 사본과 서명을 내라는데
사용처는 안 알려줍니다

"

취용 검법을 써라

'고등학교 졸업하고 중소기업에 다니는 2년 차 직장인입니다. 우리 회사에서는 상사가 가끔 이상한 지시를 하는데요, 거래처와의 업무 추진에 필요하다고 저와 몇 선배한테 신분증 사본과 백지에 서명한 것을 내라고 하는 겁니다. 자세한 내막은 알 필요 없다고 하면서 절대로 불법적인 일에는 쓰이지 않는다고 합니다. 사실 그동안 문제가 된 적은 없습니다. 그렇지만 어딘지 찜찜해서 저는 싫은데요, 혼자만 거부하기가 곤란해서 고민입니다.'

이 질문을 처음 받았을 때는 언뜻 이해가 잘 되지 않아서 그 상사한테 자세한 내막을 알려달라고 요청한 뒤에 설명을 들은 후 '아, 그렇구나.' 하고 충분히 이해가 됐을 때 신분증 사본과 서명을 내주라고 했고, 도대체 어디에 쓰이는지, 상담하는 나도 궁금하니까 좀 알려달라고 했는데, 회신이 없었다. 그렇다면 상사에게 물어보지를 못했든지 아니면 아마 물어봤어도 '뭘 그렇게 꼬치꼬치 캐묻느냐.'라고 해서 답을 못 들은 거 같다. 그래서 '세상에는 참 별별 일이 다 있구나.' 하는 생각이 들었다. 어쨌거나 이 상황에서 이 문제를 해결하는 방법은 상, 중, 하, 세 가지 길이 있다고 본다.

하책은 선배들과 합심하는 거다. 이분이 처음에 그런 요구를 들었을 때 섣불리 물어보지도 못하고 설명을 듣지도 못한 채로 찜찜하면서도 순순히 따른 것은 다른 선배들이 아무 말 없이 지시에 따랐기 때문일 것이다. 즉 '다른 직원들은 군소리 없이 지시에 따르는데 왜 유독 후임인 너만 까칠하게 구느냐!' 이런 식으로 찍힐까 봐서 지시에 불응할 수가 없었을 거다.

상황이 그렇다면 그런 지시를 받은 선배들과 다 같이 공동으로 항의하는 게 좋은 방법일 거 같다. 혼자서 거부하면 이분 걱정대로 조직에서 찍힐지 모르지만 여럿이 단체로 밀고 나가면 그럴 염려는 없을 거 아닌가? 사실은 이게 상책이 될 수도 있는데, 현실적인 가능성 측면 때문에 하책이라고 본다. 즉 질문의 뉘앙스로 봐서 그 상사가 휘하 직원을 완전히 장악하고 있다는 느낌이 드는데, 이런 상황에서 단체로 반발하려면 이분이 선배들을 하나로 뭉치게 해서 그들을 리드해야 하는데 20대 초반인 이분이 그럴 위치에 있지 않다고 본다. 상황이 그렇다면 자칫 말만 꺼낸 뒤 호응은 못 얻고 혼자만 상사에게 불이익을 당할 확률이 높아서 하책이다.

중책은 갈 곳을 먼저 알아놓고 끝까지 한번 사용처를 따지는 거다. 사실 이분이 그런 지시가 사리에 맞지 않는 거라는 걸 알면서도 거부하지 못하는 이유는 혹시나 밉보이면 직장을 잃을까 봐서 그러는 걸 거다. 사실 이런 지시는 일종의 갑질에 해당할 수도 있기 때문에 신고할 수도 있다. 그러나 역시 마찬가지로 질문의 뉘앙스로 보면 회사나 상사가 그런 법적 절차를 인정해서 어떤 조처를 받아들이고 그럴 분위기가 아닌 것 같다.

그럴 수 있는 곳이라면 아예 그런 지시를 하지도 않았을 거다. 말해봐야 소용없고 혼자만 힘들어지고 결국에는 쫓겨나게 될 거라는 걸 이분이 직감적으로 느끼기 때문에 이러지도 저러지도 못하고 울며 겨자 먹기로 지시를 따르고 있는 건데 그렇다면 방법은 할 수만 있다면 직장을 옮기는 게 가장 좋다고 본다.

이 방법도 사실은 상책일 수 있는데 이직 부분에 대해서는 전혀 언급이 없는 거로 봐서 이직할 생각이 없든지 아니면 달리 갈 곳이 없는 상황인 것 같아서 역시 중책이라고 본다.

그럼 상책은 무엇일까? **처용 검법**을 쓰는 거다. 이 검법의 핵심은 상사가 거부하기 힘든 누군가를 내세우는 것이다. 처용은 『삼국유사』의 설화에 나오는 인물로 통일 신라 시대 용왕의 아들로 인간 세계에서 결혼해 살았다고 한다.

그런데 어느 날 밖에 나가 놀다 들어와 보니 역신(疫神 : 전염병을 옮기는 귀신)이 아내를 범하고 있었다. 그러자 처용이 '본래 내 것이 아니거늘 가져간들 어찌하리.' 하고 춤을 추니 역신이 처용의 그 큰 통에 '헐!' 하고 놀라서 절하며 '앞으로는 당신의 형상이 있는 곳에는 얼씬도 하지 않겠소.' 이랬다. 그 뒤로 사람들이 액막이로 처용 가면을 집에 걸어 두었다는 것인데 바로 이 기술을 사용하는 것이 **처용 검법**이다.

구체적 방법은 아주 간단하게 집안 어른 핑계를 대는 게 좋다고 본다. 예를 들면, '저는 얼마든지 서명을 해드리고 싶은데 우리 집안 가훈이 함부로 도장 찍어주지 말자는 거라서 안 됩니다. 우리 아버지가 괜찮다는 친구 말만 듣고 도장을 찍어줬다가 큰 빚을 떠안는 바람에 빚 갚느라고 한참 고생했습니다. 그래서 그 이후로 함부로 도장 찍어주지 말자는 게 가훈이 되었는데 지난번에 제가 깜빡하고 이유도 모르면서 서명을 해줬다고 말했다가 집안에서 아주 난리가 났습니다. 한 번 더 그러면 쫓아낸다고 합니다.' – 이렇게 말하면 아무리 막무가내인 상사도 더는 요구할 수 없을 거다.

이 검법은 생각하기에 따라서 쓰임새가 다양하다. 예를 들어 직장 동료가 갑자기 돈을 빌려달라고 할 때 거절하고 싶지만 거절하자니 의리가 상할 것 같고 그래서 곤란할 때가 있다. 이런 경우 **차용 검법**이 유용하다. 즉 '나는 정말 당장 빚을 내서라도 돈을 마련해주고 싶다. 그러나 우리 마나님이 얼마나 사나운지 잘 알지 않느냐? 아마 돈 빌려준 거 알면 이혼하자고 할 거다. 그러니 내 처지를 좀 이해해라.' 이렇게 하면 된다. 좀 유치한가?

필자가 현역으로 있을 때 우수 사원 해외여행 시상을 한 적이 있다. 그런데 여행사 선정 기안 문서를 가지고 결재를 받는데 전무가 특정 여행사를 선정하라고 은근히 압력을 넣는 거다. 이런 경우 참 난감한데 말 한마디로 간단히 해결했다. 즉 '이번에 회장님이 임원 중 누가 어떤 여행사를 지지하는지 몰래 보고하라고 특별 지시 하셨는데요, 그러면 이 여행사로 결정하고 회장님한테는 전무님 추천이라고 보고하겠습니다!' 이랬더니 '아아, 그러지 말고 김 이사가 정한 원안대로 하세요!' 이러는 거다. 사실은 회장한테 그런 지시를 받은 적 없었는데, 여행사 선정에 관한 고

위직들의 청탁이 하도 심해서 **처용 검법**으로 칼을 쓴 것이다. 여러분도

이를 잘 알아두면 언젠가 써먹을 날이 있으리라!

23

"

퇴근길에 같은 전철을 타는
팀장의 수다 정말 미치겠습니다

"

우보 검법을 써라

'보름 전에 지금 회사로 이직한 경력 2년 차 여성 직장인입니다. 회사는 모든 게 맘에 드는데, 좀 엉뚱한 문제로 인해 괴롭습니다. 며칠 전 퇴근길 전철에서 팀장님을 만났는데 알고 보니 40분 정도 같은 방향입니다. 팀장님도 같은 여성이라 그런지 전철 안에서 회사 이야기를 계속하는데 정말 피곤합니다. 학원 다닌다고 말하고 피해도 괜찮을까요?'

본인은 전철에서 조용히 쉬고 싶은데 팀장이 계속 말을 걸어서 고민이라는 건데 일단 이분이 상황을 너무 성급하게 판단하는 게 아닌가 하는 생각이 든다. 이분이 이직한 지 보름 정도 되었는데 그동안은 팀장님과 같은 전철 타는 걸 몰랐다가 불과 며칠 전에 알았다는 거다. 그렇다면 이 일이 앞으로 계속 이어질 일인지 아닌지를 판단하기에는 아직 이른 시기라고 본다. 달리 말하면 회사를 옮긴 지 얼마 안 되었기 때문에 팀장님이 호의로 회사 사람이나 일, 또는 조직에 대한 이런저런 정보를 알려주고 있는 게 아닌가 하는 생각이 든다. 사실 팀장 관점에서 보면, 들어온 지 얼마 안 된 팀원을 전철에서 만났는데 아무 말 없이 침묵만 지키는 건 그것도 이상하지 않은가? 그래서 좀 더 두고 판단하는 게 좋다고 본다. 앞으로 계속 이어질 일인지 아닌지를 판단하는 기준은 시간과 영양가를 기준으로 판단하면 된다.

첫째, 시간으로 판단한다. 일단 일주일 내내 전철만 타는 경우, 그치지 않고 말을 한다면 앞으로 지속할 확률이 높다고 본다. 둘째, 영양가는 대화 내용을 뜻하는데, 지금 회사에서 일하는 데 정말 유용한 정보를 계속 말한다면 일주일 정도는 참고 들어줄 가치가 있다. 왜냐면 그런 내용은 얼마 안 가서 끝이 있을 테니까 말이다. 그러나 남의 험담이나 회사에 대한 불만 사항 등으로까지 이어진다면 그건 앞으로 계속 이어질 확률이 높다. 그때는 이분도 대책을 마련하는 것이 현명하다고 보는데, 그 길은 상, 중, 하, 세 가지 방책이 있다.

하책은 이분이 질문에서 언급한 대로 학원에 다닌다고 하고 퇴근길에 팀장을 피하는 거다. 이게 언뜻 생각하면 가장 쉬우면서 확실한 방법 같지만, 문제는 거짓말이라는 건데, 아무리 입단속을 해도 얼마 지나지 않아서 학원 다닌다고 거짓말한 게 드러날 수밖에 없다. 그러면 팀장이 알았을 때 상당히 기분 나빠 할 것이고, 또 이분에 대한 신뢰에 흠이 갈 것이다. 처음에 학원 다닌다고 할 때 팀장이 '언제까지 어느 학원에 다니는데?'라고 물어볼 확률도 높다. 그러면 답이 곤란해진다. 그리고 이 방책은 근본적으로 이분이 손해를 본다는 사실이 문제다. 즉 제시간에 퇴근해서 제때 오는 전철을 타고 집에 가는 게 당연한 권리인데 학원 다닌다고 했으니 계속 팀장과는 다른 다음 전철을 타야 할 거 아닌가? 이런 식으로 퇴근길에 일부러 팀장을 피하려고 하면 시간 더 들고 스트레스를 더 받을 거 같다. 그래서, 하책이다.

중책은 좀 유치한 방법일지 모르겠으나 출퇴근 시에 이어폰을 사용하는 거다. 특히 퇴근 때 사무실에서부터 이어폰을 끼고 나서는 건데 실제로 외국어 회화를 듣거나 음악을 들어도 된다. 팀장이 물어보면 간단하게 '회화 공부해요.'라고 답하면 된다. 그러면 아무리 팀장이 수다 떨기를 좋아하는 사람이라고 해도 이어폰을 끼고 뭔가 열심히 듣는 사람한테 일부러 이어폰을 벗으라고 하면서까지 수다를 떨기는 어려울 거 아닌가? 문제는 그러면 팀장이 뭔가 갑자기 대화를 차단당한 느낌을 받을 거라는 거다. 회화 공부를 한다니까 더 할 말은 없겠지만, 아무래도 뭔가 찜찜한 느낌을 받을 거 같다. 달리 말하면 대화 차단이라는 목적은 달성되지만 이직한 회사에서 시작부터 팀장과의 사이가 뭔가 좀 팍팍해지는 느낌, 그런 게 걱정된다.

그럼 가장 좋은 상책은 무엇인가? **우보 검법**을 쓰는 것이다. 이 검법의 핵심은 그야말로 우보(牛步) – 소걸음처럼 뚜벅뚜벅 천천히 행동하는 것이다. 우리말에 "급히 먹는 밥이 목멘다."라는 속담이 있는데, 요즘은 모든 게 스피드가 생명인 시대이다 보니 사람들이 기다리는 걸 잘 못한다. 배송도 총알, 미팅도 번개 식으로 뭐든지 팽팽 돌아가는 그런 세상인데, 아무리 그래도 사람 관계는 그렇게 인스턴트식으로 이뤄지지 않는다. 하루 이틀 겪어보고 섣불리 사람을 판단하면 실수할 확률이 높다. 예를 들어 전철에서 대뜸 이어폰을 꺼내 들고 팀장과의 대화를 원천 차단하는 건, '내 이야기를 아예 듣지 않으려고 작정했군.' 하는 불필요한 오해를 불러일으킬 소지가 있다. 그렇다면 시간을 가지고 그런 생각을 안할 수 있는 정도의 친밀감을 먼저 만드는 게 우선이라고 본다.

그리고 그 방법은 그리 특별할 게 없다. 서먹한 사람과 관계가 친밀해지는 데는 아무래도 밥 같이 먹는 것보다 좋은 게 없다. 한 달 정도 지난 뒤에 적당한 기회를 골라 '팀장님, 점심 한번 사겠습니다!' 해서 만나기 바란다. 그러면 팀장도 틀림없이 '나도 한번 살게' 이래서 며칠 내로 밥을 두 번 먹게 될 거다. 그러면 이런저런 말들을 교환하면서 상당히 친밀해질 텐데, 두 번째 밥자리에서 일어설 때쯤 이어폰 보여주면서 '아, 팀장님, 제가 요즘 출퇴근길에 듣는 게 좀 있어서 공부 좀 해야 하니까 팀장님 오해하지 마세요!' 이렇게 말하면 충분하다고 본다.

　물론 젊은 직장인들은 그렇게까지 신경 쓰면서 살기 싫다고 할지도 모르겠는데, 만약에 그렇다면 그냥 중책을 택하라. 그러나 별로 현명한 처신은 아니라고 본다. 성공은 남과 차별화하는 데 있으니, 남들이 빨리빨리 쉬운 길로 갈 때 뚜벅뚜벅 좀 천천히 남을 배려해가면서 가는 것도, 괜찮은 방법이다. 빨리빨리 가는 것을 일컬어 말처럼 달린다고 하여 마보(馬步)라 하고, 느리게 천천히 가는 것을 일컬어 소처럼 걷는다고 하여 우보(牛步)라 하는데, 예부터 사람들은 마보십리(馬步十里) 우보천리(牛步千里)라 했다. 즉 말처럼 달리면 십 리도 못 가서 지치고 소처럼 뚜벅뚜벅 걸으면 천 리를 갈 수 있다는 뜻이다.

　그런데 이 말을 그야말로 마보와 우보의 스피드 차이로만 이해하는 젊은이들이 있다. 이 말은 그런 뜻도 있지만, 더 중요한 뜻은 '세상에는 재능이 부족해 실패하는 사람보다 인내가 부족해 실패하는 사람이 더 많다'는 사실을 암시하고 있다. 새로 이직해간 직장에서 팀장을 불과 보름 만에 파악한 것처럼 치부해서 학원에 다닌다는 거짓말로 피하려 하는 것은, 필자가 꼰대라서 그런지 모르겠으나 너무 경솔한 처신이다. 사람이 사람을 파악할 때는 모쪼록 **수보 검법**으로 했으면 하는 바람에서 이 사례를 책에 실은 것이다.

"

24

이직했는데 기존 직원이
까칠하게 굴어요!

"

당산대형 검법을 써라

'중건기업에서 3년 일하고 중소기업으로 이직한 지 3개월 된 직장인입니다. 와서 여러 과제를 해결했더니 사장님으로부터 신임을 많이 받고 있습니다. 그런데 이곳에 여러 직원 중 4년 전부터 다닌 직원 하나가 있는데 실력이 모자라고 근태도 좀 불성실한데 선배 티는 어찌나 많이 내는지 힘이 듭니다. 아예 저한테 대놓고 '잘난 체하지 말라' 식으로 스트레스를 줍니다. 사장님한테 왜 내보내지 않느냐고 따졌더니 '그냥 서로 잘 지내라'고 합니다. 어떻게 하면 좋을까요?'

이분에게는 우선 '어느 조직에나 가시는 있다.'라는 말을 해주고 싶고 그다음에는 이분만이 아니라 직장 문제로 고민하는 모든 분에게 '어떻게' 보다 '왜'를 먼저 생각하라고 권한다. 일은 못하면서 선배 티는 너무 내는 동료를 어떻게 하면 좋을까요? 이렇게 물어왔는데 실력 문제는 일단 제 쳐놓고 그 동료가 왜 그렇게 선배 티를 내면서 이분을 괴롭히는지 그 점을 먼저 생각하는 게 좋다. 질문 내용만 가지고 정확한 실상을 다 알 수는 없으나 그 동료가 그러는 이유는 대략 네 가지 정도로 짐작된다.

첫째는 이분이 그 회사에 들어가서 여러 과제를 해결해서 사장한테 각별한 신임을 받고 있기 때문이다. 그것도 오랜 시간이 걸리지 않고 입사 3개월 만에 그런 업적을 보여줘서 총애를 받는다는 건데, 그게 첫째 이유다. 왜냐면 그동안 그 문제를 해결하지 못하고 있던 기존 직원들은 이분 때문에 당연히 위축되게 되는데 그 반작용으로 이분을 시기하는 거다.

둘째는 이분이 그 동료보다 연봉을 더 많이 받아서 그럴 것이다. 중견 기업 경력자를 중소기업에서 데려오려면 연봉 테이블 자체가 수준이 다르기 때문에 직급은 몰라도 연봉은 기존 직원보다 더 많아질 수밖에 없다. 물론 연봉을 밝히지 않는 게 원칙이지만 작은 회사의 경우 낮말은 새가 듣고 밤말은 쥐가 듣는 식으로 다 알게 된다. 그러면 비슷한 경력의 기존 직원들은 불만이 생긴다.

셋째는 일에 대한 부분이다. 중소기업이 크면서 더 큰 회사에서 일한 경력자를 뽑는 이유는 기존 업무에 문제가 있다기보다 새로운 분야가 생겨서 그런 경우가 많다. 이를테면 매출이 늘면서 전산화 작업이나 해외 진출 같은 부분이 신규로 생기는 거다. 그러면 기존 직원 중에는 그 분야를 잘 아는 사람이 없으니까 경력자를 뽑게 되는데 바로 여기에서 갈등이 생긴다. 즉 기존 직원들이 '니들이 게 맛을 알아?' 식으로 생각한다는 건데 알기 쉽게 말하면 '전산이나 외국어는 당신이 더 잘하지만, 기존 제품에 대해서는 우리가 더 잘 안다!'라는 대립각이 생기는 거다.

넷째는 그 동료가 경력이 4년 차고 이분은 경력이 3년 차라는 게 이유인 것 같다. 사실 회사는 이분의 경력 기간을 보고 뽑은 게 아니라 능력을 보고 뽑은 건데 그래도 그 동료는 '어쨌든 내가 경력은 1년 더 많은 선배다.' 이렇게 생각해서 자꾸 선배 티를 내려고 하는 것이다.

그러면 이분은 어떻게 해야 할까? 정답은 **당산대형 검법**을 쓰는 것이다. 당산대형(唐山大兄)? 그럼 이소룡이처럼 '아뵤~!' 하며 그 까칠한 친구를 실컷 두들겨 패주라고? 당연히 아니다! 이 검법의 핵심은 - 이소룡이 아니라 大兄(큰형님)에 있다.

앞에서 어느 조직에나 가시는 있다고 했는데 마찬가지로 어느 조직에나 큰형님(大兄)이 있다. 큰형님은 그 조직의 권력자나 책임자와는 결이 다른데 대체로 승진은 팍팍 못 해도 경력이 오래됐으며, 사람이 좋아서 적이 없고 또 입바른 소리를 잘하는 그런 사람을 말한다. 큰형님이라고 해서 꼭 남자인 것만은 아니다. 여성 조직에서는 흔히 왕언니라고 불린다. 이런 큰형님이나 왕언니의 특징은 그 조직 사람들이 그 앞에서는 한 수 접고 들어간다는 것이다. 즉 손익 계산을 떠나 그의 말을 대체로 수긍하고 받아들인다. 고로 이 큰형님을 빨리 파악해서 그 사람과 가까워지는 것이 새로 이직해간 조직에서 기존 멤버들과 친해지는 지름길이며 이 검법의 핵심이다.

이 책의 맨 끝에 소개하는 **동류파 검법**을 읽어보면 알겠지만 사실 직장인은 어느 직장에 있거나 – 열심히 일하고 그 대가로 월급을 받아 가족을 부양하며 살아가는 – 다 같은 처지를 지닌 사람들이다. 그런데 '조직의 가시'들은 그 속에서도 굳이 '서로 다름'에 집중해서 그걸 강조하고 편을 가르는 데에서 재미를 찾는다. 반면 큰형님들은 대범하게 '같음'을 중시해서 포용하는 데에서 재미를 찾는다. 따라서 큰형님에게 인정받아 놓으면, 필요할 때 흑기사 역할을 해주므로 조직의 가시를 크게 걱정할 필요가 없다. 아무리 가시라 해도 큰형님 말은 듣기 때문에 통제가 가능한 것이다.

이분은 사장이 인정해주는 것에 기대서 힘을 쓰려고 하는 것 같은데 번지수를 잘못 짚었다. 왜냐면 이분이 어려움을 느끼는 건 비공식 조직의 문제인데, 공식적 보스인 사장은 비공식 조직 일에 잘 개입하려 들지 않는다. 질문에도 나오듯이 그저 '서로 잘 지내라' 정도로만 말한다. 비공식 조직의 일은 비공식 보직의 보스인 큰형님에게 말하는 게 훨씬 더 빠르다.

예를 들어서 내 인생 스토리나, 내가 잘났다고 하는 것도 내 입으로 말하면 자랑이요 교만이 된다. 그러나 큰형님이 '야, 이번에 온 그 친구 대단한 친구더라!' 이렇게 한마디 하면 별 저항감 없이 다 수긍한다. 이분이 사장에게 그 가시의 처결을 거론한 것도 큰 실수다. 자칫 그 말이 새어나가서 가시 본인 귀에 들어가면 가시가 펄쩍 뛰며 그거 보라고 반발하는 것은 물론이요, 큰형님이 들어서 '그 친구 못 쓰겠구만!' 이 한마디를 한다면 회복 불능의 상처를 입게 된다. 그래서 **당산대형 검법**이 필요한 것이다.

큰 회사에서 작은 회사로 옮겨서 텃세를 당하는 사람들이 알아야 할 중요한 사항이 있다. 그것은 기존 사람들의 텃세가 먼저가 아니라 들어가는 사람의 우월감이 먼저인 경우가 많다는 것이다. '아니, 나는 절대 그런 적 없다'고 할 분도 있을 것이다. 그러나 필자의 말은 사실이다. 대체로 이분 사례에서 보듯이 어떤 회사가 새로운 경력자를 영입하는 이유는 기존 직원들의 역량으로는 해결되지 않는 문제가 있기 때문이다. 이때 이 문제를 해결할 인재를 따로 만나서 하는 오너의 말이 문제다. 뭐라고 하기에?

"우리 회사는 직원들이 대부분 열심이기는 한데 우물 안 개구리라 문제가 많아요. 그런데도 회사가 아주 작을 때 처음부터 같이 일했기 때문에 내보낼 수도 없고 그래요. 그러다 보니 조직이 능력주의보다 온정주의로 흐르는 경향이 강해요. 이번에 김 차장이 들어오게 되면 맡은 일도 잘해야 하지만, 그 뭐냐, 큰 회사들이 지닌 성과주의 조직 문화를 우리 회사에도 단단히 심어줘야 해요. 내 기대가 많소이다."

이렇게 말한다. 이것은 내가 오너의 오른팔 노릇을 할 때 직접 현장에서 수도 없이 목격한 사실이다. 그 말을 듣고 오는 사람의 마음속에 어떤 감정이 일어나겠는가? 저 아프리카 오지에 문명을 전파하러 가는 선구자 같은 사명감이 생기는데, 바로 이를 조심하라는 것이다.

마지막으로 이 검법의 이해를 돕기 위해 영화 〈대부(代父) 2〉 이야기를 잠깐 하겠다.

〈대부 2〉는 젊은 주인공 마이클 꼴레오네(알 파치노 扮)가 꼴레오네 패밀리의 확고한 보스로 자리 잡아가는 과정을 그린 영화인데 중간에 우여곡절을 많이 겪는다. 그 우여곡절 중 하나가 패밀리에서 같이 일하던 프랭키 펜탄젤리(마이클 가조 扮)가 배신한 것이다. 보스의 지시로 살인을 저지른 일 등을 수사 당국에 털어놓은 건데 영화가 시작되고 2시간 34분 03초 지점에 보면 이걸 뒤집는 장면이 나온다. 상원 청문위원회에서 펜탄젤리가 증언하는 장면인데 방청석으로 한 노인이 들어오고 펜탄젤리와 눈이 마주친다. 그리고 이후 위원들이 '꼴레오네의 조직원 맞느냐?'라고 질문하자 능청스럽게 '무슨 말인지 모르겠다.'라며 증언을 뒤엎어 버린다. 법정이 동요하며 청문회는 난장판이 되어버리는데 이때 위원장이 묻는다.

"거기 마이클 꼴레오네 씨의 곁에 앉은 분은 누구입니까?"
변호사가 답한다.

"증인 프랭키 펜탄젤리의 형님입니다."
"그럼 그분한테 몇 가지 묻겠습니다."
"안 됩니다. 이분은 영어를 모르며 이 법정과는 아무런 상관이 없는 사람입니다. 그냥 시실리 팔레르모에서 동생을 보기 위해 온 사람일 뿐입니다."

그냥 뒤에 앉아 있기만 해도 영향을 주는 큰형님을 이용해서 증언하지 못하게 막은 거다. 마이클 꼴레오네가 **당산대형 검법**을 역으로 쓴 것인데 과연 마피아 보스다운 고수의 실력이다.

혹시 펜탄젤리가 증언을 뒤집은 이유는, 자기가 끝까지 증언을 강행하면 형님이 꼴레오네에게 복수를 당하지 않을까 두려워서이지 형님의 카리스마 때문에 그런 건 아니라고 하는 분이 있을지도 모르겠다. 그러나 아무리 영화를 두 번, 세 번 다시 봐도 그 위원회 방청석으로 들어오는 노인의 표정은 겁먹은 얼굴이 아니라 '아니, 어떻게 네가 꼴레오네에게 그런 식으로 대할 수 있느냐'라는 분노가 가득한 얼굴이다. 영화에서 그 형님은 한마디도 하지 않는다. 즉 대사가 없다. 그러나 그 짧은 순간에 그가 뿜어내는 大兄으로서의 카리스마는 대단했었다. 그래서 꼴레오네의 이 전략을 **당산대형 검법**으로 보는 것이다.

25

"

너무 꼼꼼한 신임 팀장,
진짜 쪼잔해요

"

삼손 검법을 써라

'자동차 부품 제조업 기획실에 근무하는 직장 경력 3년 차 대리입니다. 2주 전 새로 온 팀장이 최소 비용을 너무 따져서 업무 결재가 많이 늦습니다. 게다가 이면지 한 장도 아끼게 합니다. 입사하면서부터 2년 동안 모셨던 이전 팀장님은 신속한 일 처리가 기획의 생명이라고 항상 강조해서 그게 몸에 배었고 사무용품도 새 걸로 팍팍 사주셨는데, 지금은 너무 답답합니다. 관련 부서에서조차 업무 처리가 늦다고 저한테 뭐라고 해서 스트레스가 많이 쌓입니다.'

이 질문을 읽고는 세 가지가 생각났다. 하나는 '새로 온 그 팀장님은 이분을 어떻게 보고 있을까?' 하는 점과 다른 하나는 '타 부서에서 뭐라고 할 때 이분은 답변을 어떻게 할까?' 하는 것이다.

잘 모르긴 해도 그 팀장님은 '아니 저 친구는 일을 왜 이렇게 덜렁대면서 속성으로 하는 거야. 실수하기 딱 좋네!' 이러고 있을 가능성이 크고, 타 부서에서 왜 이렇게 늦느냐고 할 때 이분은 '아, 우리 팀장님이 너무 꼼꼼해서 결재를 늦게 하는데 낸들 어쩌라고요? 저도 답답합니다.' 이런 식으로 팀장을 흉보고 있을 거다.

마지막은 좀 생뚱맞지만, 식당을 하는 요리사인 필자의 지인이 생각났다. 요리사인 친구가 생각난 이유는 평소 그의 지론이 재미있어서였는데, 그의 말에 의하면 식당에 손님이 왔을 때 음식을 시키는 스타일이 대략 세 가지로 나뉜다고 한다. 첫째는 빨리 되는 음식을 찾는 손님, 둘째는 가격이 저렴한 음식을 찾는 손님, 셋째는 제일 잘 팔리는 음식을 찾는 손님인데 재미있는 건 이 세 손님이, 주문하는 포인트는 달라도 한 가지 공통점이 있다고 한다.

그게 무어냐면 바로 음식이 맛있어야 한다는 것이다. 그러니까 손님은 자기 성향에 맞춰서 싼 것, 빨리 되는 것, 가장 많이 팔리는 것이라고 주문할 뿐이지 예를 들어서 '싸기만 하면 맛이 없어도 된다.'라는 그런 뜻은 아니라는 거다. 그리고 더 재미있는 건 이럴 때 지인은 자기가 제일 잘하는 음식을 추천하면서도 설명은 각각 '네, 이게 가장 빨리 되는 메뉴입니다.'라거나 '네, 이게 우리 집에서 가장 인기 있는 메뉴입니다.'라고 같은 음식이라도 손님 취향에 맞게 설명해준다는 거다. 사실 상사한테 결재를 받는 것도 이와 비슷하다.

결재받을 때 가장 중요한 건 두 가지인데, 첫째는 팀장이 내 취향에 맞춰주지는 않는다는 거다. 식당에 와서 음식을 주문하는 손님처럼 팀장들도 각각의 취향에 따라서 일을 빨리하는 걸 좋아하는 사람, 좀 느려도 신중하게 하는 걸 좋아하는 사람, 비용에 중점을 두는 사람 등등 다 다른데, 일단 팀원이 거기에 맞춰서 일을 추진해야지 팀장이 내 취향에 맞춰주기를 바라는 건 잘못이다. 두 번째는 팀장이 어떤 취향으로 일을 시키더라도 일의 완성도는 최상을 바란다는 사실이다. 그러니까 신속하게 하라던 전 팀장이나 신중하게 하라는 지금 팀장이나 강조하는 측면은 달라도 업무의 완성도는 똑같이 요구한다는 건데 그걸 아는 게 중요하다.

그럼 이분은 구체적으로 어떻게 하는 것이 좋을까? 정답은 **삼손 검법**을 써야 한다는 것이다. 이 검법의 핵심은 그야말로 삼손인데 삼손은 '손이 세 개'라는 뜻이다. 손이 세 개? 그럼 왼손, 오른손, 효자손? 역시 아니다. 정답은 겸손, 겸손 또 겸손 그래서 삼손이다. 이분에게 겸손이 하나둘도 아니라 세 개씩이나 있어야 하는 이유는 다음과 같다.

첫째는 함부로 팀장을 평가할 생각부터 하지 말고 겸손하게 좋은 점부터 보라는 것이다. 전 팀장이 일을 빨리하는 게 장점이었다면, 신임 팀장이 최소 비용을 따지면서 일을 신중하게 하는 것도 역시 장점이다. 이걸 잘못 생각해서 전 팀장을 기준으로 비교해서 너무 꼼꼼하다, 답답하다 식으로 비난하는 건 직설적으로 말하면 건방진 처신이다. 빨리 하든 느리게 하든 중요한 건 정해진 납기를 어기지 않는 것과 일의 완성도가 떨어지지 않는 것이다. 아마 모르긴 해도 신임 팀장은 어떤 사안을 결재할 때 거의 마감 시한 직전에 해주는 일이 잦을 거다. 필자도 젊은 현역 시절에 그런 상사를 모신 적이 있는데, 결재 서류 가져가라고 해서 들어가 보면 비용을 여러 번 검토하느라고 머리가 거의 산발이 되어 있을 때가 많았다. 적당히 해도 되는데 본인 성격상 머리를 쥐어뜯으며 여러 번 들여다봐야 직성이 풀리기 때문이었다.

둘째는 팀장의 조직 파악 속도를 생각하라는 것이다. 조직 파악 속도라는 건 업무와 사람에 대한 파악을 말하는데, 아무리 유능한 사람이라도 새로운 팀을 맡아서 그 부서의 업무와 구성원을 완전히 파악하는 데 2주로는 시간이 부족하다. 이분이 전 팀장을 기준으로 신임 팀장을 평가하면서 불만인 이유는 전 팀장이 이분의 신속 정확성을 많이 인정해줬기 때문일 것이다. 모르긴 해도 이번에 새로 온 팀장도 이분이 일을 상당히 빨리 처리하면서도 실수가 없이 완벽하게 한다는 사실을 확실하게 파악하면 그때는 대하는 게 많이 달라질 거다. 그 시간이 그렇게 오래 걸리지 않을 거기 때문에 초기에 섣불리 팀장 눈 밖에 나지 않도록 겸손한 자세로 기다리는 게 현명한 처신이라고 본다.

셋째는 그럴 가능성은 적다고 보지만 팀장이 최소 비용을 강조한다고 해서 어떤 안을 수립할 때 홧김에 너무 싼 것에만 치중하지 말라는 뜻이다. 그러면 자칫 싼 게 비지떡이 되어서 비용은 덜 들지만 일의 효율성이 떨어지는 결과가 생길 수 있다. 앞에 식당 손님 예를 든 것처럼 가격이 싸도 맛은 좋아야 하는 거다. 그러니까 최소 비용이라는 건 효율성을 해치지 않는 선의 최소 비용이라는 점을 명심해야 한다. 팀장을 우습게 보고 마음이 교만해져서 '그래, 싼 걸 찾아서 올려라, 이거지' 하고 싼 것으로 도배하다가는 팀장한테 큰코다칠 수 있다.

조직에서 인사 이동이 있을 때 팀장 교체를 맞이하는 팀원들이 **삼손검법**을 써야 하는 중요한 이유는 다음의 세 가지가 더 있다.

첫째는 시쳇말로 '부장은 나이롱뽕으로 딴 게' 아니기 때문이다. 뜻을 풀자면 상사의 자리는 도박으로 딴 게 아니다. 더 쉽게 말하면 그 자리는 운이 좋아 올라간 게 아니다. 즉 그만큼 노력을 하고 일을 경험해서 올라갔다는 뜻이다. 그렇기 때문에 신임 상사를 함부로 이러니저러니 내 기준으로 평가하는 건 교만이다. 특히 부임한 지 며칠도 안 되었는데 전임 상사와 비교하면서 이러쿵저러쿵 비난하는 건 큰 실수다. 일단 겸손한 자세로 맞이하고 충분한 시간을 기다려서 객관적으로 평가하는 게 현명한 처신이다.

둘째는 대부분 직장인이 부서장이 바뀌면 '구관이 명관'이라고 평을 하는 경우가 많은데 이런 현상은 반복된다는 사실이다. 왜 이런 현상이 일어나는가 하면 구관이 명관이라고 평하는 근원적인 이유가 실력이 아니라 익숙함에 있기 때문이다. 즉 전 팀장이 좋았다, 나와 호흡이 맞았다, 이런 평가는 결국, 냉정한 객관적 평가가 아니라 익숙함에서 오는 주관적 평가라는 것이다. 고로 지금 새로 온 팀장도 시간이 흐르면 당연히 익숙해지면서 구관이 된다는 사실을 잊지 말아야 한다.

마지막 셋째는 가장 중요한 건데, 팀장을 보지 말고 그를 발령낸 그 위의 의도를 볼 줄 알아야 한다. 직장인 중에 소위 '우리 사장은 눈이 삐었냐? 어떻게 저런 사람을 팀장으로 발령내냐.'라고 분개하는 분들이 많은데 절대로 잊지 말아야 할 것은 눈이 삔 사장은 드물다는 것이다. 즉 어떤 간부를 어떤 자리에 앉힐 때는 이것저것 다 생각해보고 앉히는데 그 '이것저것'이 아랫사람이 생각하는 것과는 콘텐츠가 상당히 다르다.

이분이 질문한 경우를 간단히 예로 들면, 전 팀장이 너무 신속하게 일을 처리하는 바람에 더 싼 비용으로 더 효율적으로 할 수 있는 프로젝트에 비용을 과다하게 들였기 때문에 지금처럼 꼼꼼한 팀장으로 교체했을 수도 있다는 것이다. 이런 점을 모르고 쪼잔하다느니, 이면지도 아껴 쓰라고 한다느니 함부로 입을 놀리는 건 그야말로 교만이 하늘을 찌르는 처신이다. 신중하게, 겸손하게, 팀장 발령 의도를 살펴라. **삼손 검법**의 경지가 거기에까지 이르면 반드시 위에서 '어, 저런 고수가 저 팀에 있었어?' 하고 주목할 것이다.

   마지막으로 하나 더, 신임 팀장이 이면지 한 장도 아껴 쓰라는 건 굳이 이면지를 아껴 쓰라는 뜻이 아니라 그런 정신으로 비용을 절감하라는 뜻이다. 그런데도 '우리 사장은 종이 한 장도 아껴 쓰라며 쩨쩨하게 군다'고 불평하는 직장인이 너무 많다. 달을 가리키면 달을 봐야지 왜 손가락을 보는가?

26

"

직설적으로 말하는
선배 때문에 상처받습니다

"

리처드 기어 검법을 써라

'대기업에서 경력 1년 되어가는 직장인입니다. 제 위에 2년 선배인 대리님이 사수인데 말을 너무 함부로 해서 괴롭습니다. 제가 업무 실수가 좀 잦기는 하지만 그걸로 남 앞에서 망신 주기 일쑤이고 며칠 전에는 '내 직장 생활에 너처럼 문제아 후배는 처음 본다'는 말까지 해서 자존심이 많이 상합니다. 저도 나름 대학을 미국에서 나온 사람인데, 정말 스트레스 쌓여서 회사를 그만두고 싶은데 어떻게 하면 좋겠습니까?'

이런 선배들 꽤 많은 직장에 대부분 다 있다. 그런 사람들을 유심히 살펴보면 성격이 좀 단순하면서 묘한 자부심 같은 걸 지닌 경우가 많다. 예를 들면 '나는 할 말은 바로 한다', '나는 쩨쩨하게 굴지 않는다', '나는 뒤끝이 없다' 이런 식인데 한마디로 나는 화통한 성격이라는 걸 자랑으로 내세운다. 그런 성격을 자랑으로 내세우다 보니 그걸 자기 장점으로 여겨서, 듣는 남이 괴롭다고 해도 좀처럼 바꿀 생각을 안 하고 사실 바꾸려 해도 잘 되지도 않는다. 왜냐면 타고난 본성이기 때문이다. 어쨌든 이런 선배나 상사를 만나면 가장 먼저 해야 할 일은 그 사람의 본심을 파악하는 것이다.

이런 부류의 사람은 세 가지 종류가 있다.

첫째는 그렇게 직설적으로 싫은 소리를 하는 이유가 후배가 잘못한 점을 확실하게 가르쳐 주려고 일부러 강하게 피드백하는 경우인데 선의로 그렇게 하는 경우다. 일종의 충격요법이라고 할까, 여러 번 말해도 같은 실수를 반복할 때, 남들 앞에서 망신을 주는 말을 해서 다시는 그런 실수나 행동을 하지 않도록 만들려는 것이다.

둘째는 타고난 성격이 그런 사람들이 있다. 흔히 말하는 다혈질적 성격인데 앞뒤 생각 없이 일단 큰소리부터 내지르고 보는 사람이 있다. 최악의 경우는, 필자의 경험에 의하면 그렇게 내지른 소리의 내용을 30분도 채 안 되어서 잊어버리는 경우도 봤다. 설마? 진짜다. 필자도 처음에는 민망하니까 일부러 기억이 안 나는 척하는 거겠지 하고 의심했는데, '정말로 내가 뭐라고 소리 질렀느냐?'라고 애걸하면서 묻는데 두 손 두 발 다 들었던 적이 있다.

셋째는 비아냥대는 스타일이다. 이게 가장 안 좋은 케이스인데, 좋게 말해도 될 걸 가지고 상대방에게 상처를 주려고 일부러 꼬아서 아프게 말하는 거다.

이 셋을 구분하는 방법은 다음과 같다.

첫째 경우는 당장 직감적으로 느낌이 온다. 목소리를 크게 해서 심하게 야단을 쳐도 어딘지 그 속에 애정이 들어 있다는 걸 알 수 있다. 비유하자면 돌도 안 지난 아기를 어른이 귀엽다고 볼을 살짝 꼬집는 것과 비슷한데 말 못 하는 갓난아기도 울지 않는다. 그러나 심술로 아프라고 꼬집으면 금방 앙하고 운다. 사실 직장에서 이런 경우는 남들 앞에서 창피하기는 하지만 스트레스를 받을 필요가 없다. 왜? 나를 위해서 큰소리를 내는 것이므로 오히려 고맙게 생각해야 한다.

둘째 경우는 그 사람이 평소에 윗사람이나 동료를 대하는 스타일을 보면 알 수 있다. 즉 자기 윗사람한테도 직설적으로 말하는 사람이라면 성격이 다혈질인 게 분명하다. 이런 사람들은 크게 악의가 없고 또 뒤끝도 없는 게 특징이다. 그렇기 때문에 이런 사람들이 내지르는 피드백에 대해서는 아무리 목소리가 크고 직설적이라 해도 마음에 상처를 받을 필요가 없다. 본인도 부지불식간에 하는 행동이며, 큰소리 지르고 나서는 금방 잊어버리기 때문이다. 상대가 잊어버린 걸 나 혼자 끌어안고 고민할 필요는 없다.

세 번째 스타일은 한마디로 표현하면 '남의 불행이 나의 행복인 사람들'이다. 이걸 심리학 용어로 샤덴프로이데(Schadenfreude)라고 하는데, 우리말로는 '쌤통 심리' 정도로 번역하면 맞을 거다. 남이 고통받는 걸 즐기는 좀 비뚤어진 심리인데, 사실 사람은 누구나 일정 부분 그런 측면이 있다. 유명한 사람이나 부자가 잘못을 저질러서 고통을 받으면 나하고는 상관없는 일이지만 이상하게 거기에서 위안을 느끼는 경우가 있는데 그런 심리가 다 있다는 방증이다. 문제는 그런 성향이 너무 강해서 후배가 실수하는 걸 보고 필요 이상으로 강하게 직설적으로 피드백해서 망신을 주면서 괴롭힌다는 거다.

그럼 이분은 어떻게 하면 좋을까? 정답은 **리처드 기어 검법**을 쓰는 것이다. 이 검법의 핵심은 영화 〈사관과 신사(An Officer and a Gentleman)〉에 나오는 주인공 리처드 기어처럼 하는 것이다. 구체적으로는 세 가지 - 첫째는 겁먹지 않는 것, 둘째는 욱하지 않고 내 갈 길 가는 것, 셋째는 정녕 못 참겠으면 들이받는 것이다. 이 검법을 이해하는 길은 실제로 영화를 보는 것이 가장 빠르다. 일단 간략하게 소개하면 해군 조종사가 되기 위해 조종사관후보생학교에 들어간 잭(Zack, 리처드 기어 扮)을 탈락시킨다고 전담 조교 폴리(Foley, 루이스 고셋 주니어 扮,

이 영화로 아카데미 남우조연상 수상) 상사가 정말 심한 말로 계속 괴롭히는 건데 이를 다 극복하고 결국 장교가 되는 과정을 그린 영화다.

영화를 보면 시작하고 11분 6초가 되는 지점에 잭이 입소자들과 함께 폴리를 만나는 첫 장면이 나오는데, 둘의 만남은 '정렬! 정렬하라고, 이 굼벵이들아!(Fall in! I said fall in, you slimy worms!)'라는 폴리 상사의 고함(shout)으로 시작된다. 다짜고짜 굼벵이라니! 그렇게 시작된 훈련이 날마다 이어지는데, 만일 독자들이 영화를 실제로 본다면 특히 23분 57초 지점에서 폴리 상사가 훈련병들에게 뭐라고 하는지 유심히 들어보기 바란다. 뭐라고 하는가? '의심의 여지없이 너희는 내가 맡아본 훈련생 중에서 가장 어리바리한 놈들이야!(You are without a doubt, the most pathetic class I've ever been assigned to!)'라고 한다. '어? 이거 영화 말고 어디서 봤는데?' 그렇다. 이분의 질문에 나오는 말이다. 바로 그 선배가 한 말 – '내 직장 생활에 너처럼 문제아 후배는 처음 본다.' – 정확히 일치하지는 않지만 메어치나 엎어치나 그게 그거로, 결국 같은 말이다. 그리고 중요한 건 영화가 끝날 때쯤 즉 잭이 소위 계급장을 달고 기지를 떠나는 장면에서 다음 기수가 들어오는데 바로 폴리 상사가 고함을 지른다. 뭐라고? 그렇다! 바로 '정렬! 정렬하라고, 이 굼벵이들아!'라고! 그러면 영화는 끝났지만, 조금 시간이 흐르면 유격장 앞에서 인상을 박박 쓰며 '의심의 여지없이 너희는 내가 맡아본 훈련생 중에서 가장 어리바리한 놈들이야!'라고 소리 지르는 폴리 상사의 모습이 선명하게 그려진다.

자, 이 사실은 무엇을 의미하는가? 그렇다. 선배가 한 말은 진실로 이분이, 그 선배가 직장 생활 중 처음 보는 문제아라서가 아니라, 자기가 맡은 신입사원이 뭔가를 방심해서 실수할 때 자극을 주기 위해서 하는 말일 가능성이 크다는 것이다. 그렇게 보는 이유는 이 질문이 보통 질문처럼 이메일로 온 게 아니라 강의 현장에서 나온 것이라서 그렇다. 더 정확히 말하면 한 대기업 1년 차 새내기 보수교육 현장에서 강의를 끝내고 질문이 있느냐고 했을 때 한 수강생이 손들고 한 질문이다. 그래서 답이 길어질 것 같아 강의 끝나고 강사 대기실로 오라고 해서 대화를 나눴다. 대화의 내용은 바로 〈사관과 신사〉에 나오는 이 이야기를 해주면서 '그 말을 한 그 선배의 의도가 가장 중요한데 본인은 솔직하게 어떻게 생각하느냐'를 물었더니 다음과 같이 답했다.

"작가님 말씀을 듣기 전에는 인격적 모독을 당했다고만 생각했는데 말씀을 듣고 나니까 저를 가르치려고 그랬을 수도 있다는 생각이 듭니다. 사실 제가 요즘 이상하게 업무 실수를 많이 합니다. 때려치울까, 아니면 한 방 먹일까 고민이 많았었는데 지금은 그 선배 관점이 이해되기도 하니까, 일단 마음이 편합니다. 그렇지만 저도 사실은 한국에서 고등학교 졸업하고 미국에 가서 UCLA를 나온 사람인데 그렇게까지 말하는 건 지나친 거 아닙니까?"

이분이 UCLA를 언급한 이유는 영화 속에서의 잭, 즉 리처드 기어는 엄마가 창녀라 태생이 좋지 않았고 주정뱅이 아버지 밑에서 자란 소위 흙수저 중의 흙수저였기 때문에 같이 비교하지 말라는 뜻이다.

그러나 필자는 다르게 생각한다. 미국에서 대학도 나왔는데 자기보고 처음 보는 문제라고 충격을 주는 건 그야말로 이분이 미국에서 대학을 나왔기 때문에 일부러 더 그런 게 아닐까? 필자 앞에서 '그래도 저는 UCLA 나온 사람인데'라고 말하는 사람이 과연 직장에서는 안 그럴까? 겉으로 말은 안 할지 몰라도 속으로 '나는 다르다'라는 자부심을 지니고 있을지도 모른다. 그리고 그걸 엿본 그 사수 선배가 '아무리 미국에서 대학을 나온 실력파라 할지라도 그걸 가지고 교만하지 말라'는 뜻에서, 또 우리나라의 직장 문화를 배우라는 뜻에서 충격요법을 쓴 건 아닐까?

어쨌든 대화를 나누는 과정에서 인격적 모독이라고 한 방향으로만 생각을 몰아가서 혼자 속으로 힘들어했던 점은 완전히 해소됐다. 그러나 아무리 그래도 그런 표현이 지나치다는 의문은 풀어주지 못했다. 그래서 우스개로 그러면 한번 들이받으라고 권했다. 실제로 영화의 끝부분에 보면 냉정하게 친구를 퇴소시켜서 자살로 내몬 루이스 고셋 주니어를 주인공이 찾아가서 주먹다짐을 벌이는 장면이 나온다. 아무리 가르치기 위한 목적이지만 지나쳤다는 것이다.

이분도 정 못 참겠으면 그래도 된다. 그러나 조심할 것은 말로 하든 주먹으로 하든 갑질 금지법에 호소하든 방법은 자유인데 다만 돌아오지 못하는 다리를 건너지 말고 퇴로를 확보해야 한다. 영화에서도 보면 주인공이 폴리 상사와 싸우기는 싸우는데 막무가내로 달려가서 멱살 잡고 난투를 벌이는 게 아니라 끝까지 '개인적 만남을 신청합니다, 써(sir)!'라고 절차를 지키면서 여러 번 큰소리로 간청해서 폴리가 이에 응하자 드디어 벗어부치고 둘이 싸움을 시작한다.

왜 그랬을까? 그 이유는 이판사판이면서도 너 죽고 나도 죽자는 게 아니라 서로 살자고 했기 때문이다. 이판사판이면서 살자고 하는 검법? 그렇다! 바로 **이판사판 천상용섬 검법**으로 싸운 것이다. 그렇게 제대로 된 검법을 택했기 때문에, 비록 잭이 폴리 상사한테 뽕알을 걷어차여서 싸움에는 패했지만, 장교 임관에는 성공한다! 이분도 마찬가지이다. 한 달만 있으면 사수를 털어버리고 단독으로 일하게 되는데 그야말로 임관이 눈앞에 있는 것과 같다. 그리고 모든 배는 큰바다 한가운데에서 좌초하지 않고 목적지인 항구에 다 와서 좌초한다는 사실을 알면 좋겠다. 여기까지가 필자와 그 수강생의 대화 내용인데, 이분이 과연 들이받았는지는 모르겠다. 그러나 그 뒤 그만두지 않고 잘 다닌다고 연락이 왔으니 이랬든 저랬든 그러면 됐다고 본다.

끝으로 노파심에서 한 가지만 더 이야기한다면, 이 사례를 질문했던 분이 필자의 조언을 받아들여서 그만두지 않고 잘 다닌다는 연락이 왔다고 해서 이 책을 읽는 모든 독자에게도 그러라고 권하는 건 아니다.

영화 〈사관과 신사〉가 1982년 작이니 오래전 작품이고 또 군대라는 특수 사회의 이야기이니 지금 시대에 맞지 않을 수도 있다. 그러나 필자는 '그럼에도 불구하고' 이 영화에는 지금도 우리가 배울 수 있는 점이 있다고 본다. 옛날이야기이며 군인 이야기라고 해서 배울 게 없다면 우리는 왜 이순신 장군 영화에 열광하고, 이순신 장군 책을 열심히 보는가? 왜 고전을 읽고 나폴레옹을 읽고 율리우스 카이사르를 읽는가? 그것은 사람이 살아가는 데에 필요한 기본적 요소는 대체로 시대를 초월하고 국가를 초월하고 민족을 초월하고 직종을 초월해서 똑같기 때문이다.

아무리 필자가 열변을 토해도 '그건 꼰대 당신의 생각이지 나는 신세대라 그렇게는 못 사네'라고 한다면 그런 선배를 만났을 때 참지 말고 바로 회사를 때려치워도 된다. 강요할 생각은 추호도 없다. 그리고 절대로, 모욕을 당하고도 끝까지 '무조건 존버하라'는 뜻도 아니다. 딱 그 시기, 새내기 때 들을 수 있는 말이라는 거다. 1년이 지나서 단독 비행을 하는 자격이 됐는데 어떤 선배가 그런 말을 한다면 바로 들이받아라. 그러나 새내기 때는 한 수 접어서 선배가 왜 그러는지를 알고 내가 내 의지로 내 목표를 달성하기 위해 그 과정을 즐기듯이 이겨내라는 것이다.

이 문제와 관련해서 '잽에 넘어가지 말라'는 말을 독자들에게 당부하고 싶다. 사실, 영화 〈사관과 신사〉까지 갈 것도 없이 우리나라 신병 훈련소에만 가도 조교들이 가장 많이 쓰는 말이 뭐냐면 '내 조교 생활 중에 너희들처럼 멍청한 기수는 처음 본다'는 말이다. 앞에서도 말했듯이 그 기수가 실제로 그렇게 조교가 처음 본 멍청한 기수라서가 아니라 앞의 기수한테도, 또 그 앞의 기수한테도, 또 그 앞의, 앞의 기수한테도 훈련병들의 긴장이 늦춰질 거 같으면 어김없이 하는 말인 것이다. 이걸 필자는 '가르치는 자의 잽'이라고 부르는데 이 가벼운 잽에 무겁게 넘어가서 '아, 내가 정말 그렇게 문제아인가.'라고 고민하는 건 어리석은 처신이다.

27

"

직원 다섯 명 회사에서 이직하려는데
선배 두 명이 먼저 그만뒀어요

"

물실호기 검법을 써라

'경력 2년 차 회사원입니다. 사원 5명의 소규모 벤처 회사에 다니고 있는데 얼마 전 선배 2명이 갑자기 이직했습니다. 마침 저도 더 좋은 조건으로 오라는 곳이 있어서 면담 중이었는데 가급적 빨리 오라고 합니다. 그런데 사람이 없는 시기에 옮기려니 지금 회사에 너무 미안합니다. 주변에선 이기적으로 움직이라고 하는데, 과연 옮기는 게 맞는지, 또 옮기더라도 솔직하게 말해야 하는지 아니면 다른 핑계를 대야 하는 건지 혼란스럽습니다. 어떻게 하면 좋을까요?'

이분이 물어온 내용은 두 가지 – 선배 두 명이 먼저 이직을 해버린 상태인데 본인까지 옮기려니까 차마 미안해서 옮겨야 할지 말아야 할지, 또 하나는 옮긴다고 해도 솔직하게 말해야 할지 꾸며대야 할 건지 고민이라는 거다.

첫 번째 질문인, '옮겨야 할지 말아야 할지'에 대해서 결론을 내리려면 먼저 확인해야 할 사항이 하나 있는데 그것은 사장의 마인드가 어떤가이다. 전 직원이 다섯 명이라면 사실 아주 작은 조직인데, 조금만 치밀하게 조직 관리를 하면 누가 무슨 생각을 하는지 거의 식구처럼 소상하게 알 수 있는 규모다. 그런데도 세 사람씩이나 한꺼번에 이직하는 상황이 벌어졌다는 것은 이 회사 사장의 마인드에 문제가 있는 게 아닌가 하는 생각이 든다. 즉 직원들을 그렇게 소중하게 생각하지 않고 '갈 테면 가라, 일할 사람은 얼마든지 있다!' 이런 식으로 관리하는 게 아닌가 하는 거다. 만약 그런 거라면, 이분도 크게 고민할 필요 없이 선배들처럼 떠나면 그만이다.

그렇게 홀홀 떠나도 된다고 보는 이유는 선배 2명이 나간 것은 이분이 옮기려고 하는 상황과는 아무런 관련이 없기 때문이다. 즉 선배들이 먼저 나가고 난 다음에 이분한테 스카웃 제의가 들어왔는데 이분이 거기에 응한 거라면 그건 이분 말대로 회사가 어려울 때 이직을 시도하는 거라서 불난 집에 부채질하는 격으로 야비한 거지만, 선배들이 나간다는 사실을 모르고 좋은 조건으로 이직을 할 예정이었기 때문에, 사실 이분한 테는 귀책사유가 없다. 따라서 이런 일이 벌어진 데 대한 책임은 전적으로 사장한테 있는 것이지 이분한테 있는 게 아니므로 부담 없이 떠나도 된다는 것이다. 그리고 거짓말을 할까 고민이라는 두 번째 질문에 대해서는 그렇게 떠나는 마당에 굳이 거짓말할 필요는 없다고 본다. 물론 선배 둘이 가버린 마당에 '저도 갑니다.'라고 말하려니 미안해서 차마 입이 안 떨어질 것 같고 또 사장이 화낼 것이 좀 두렵기도 하겠지만 가만히 생각해보면, 뭐라고 거짓말할 것인가? 막상 거짓말하는 게 더 어렵고 어차피 회사를 그만둔다고 하면 그 이유를 뭐라고 둘러대든 사장이 뚜껑 열리기는 마찬가지일 것이다.

필자가 혹시나 하고 우려하는 건 정반대의 상황이다. 즉 사장이 직원들을 될 대로 되라고 내버려둔 게 아니라 정반대로 직원들을 너무 믿고 맡겨서 바깥일에만 전념하다 보니 두 선배나 이분의 이직을 눈치 채지 못한 것일 수도 있다는 거다. 독자들은 어떻게 생각할지 모르나 창업 회사로 가서 조직을 키워본 필자는 그런 경험을 했으므로 다분히 그럴 소지가 있다고 본다. 즉 방치한 게 아니라, 믿어서 맡겼을 가능성이 더 크다는 것이다.

이 경우는 판단을 달리해야 한다. 셋이 모의해서 우리 한꺼번에 옮기자 이렇게 된 건 아니지만, 문제는 하필이면 이분이 맨 뒤에 옮겨 감으로써 조직 파탄의 대미를 장식하게 된 것이다. 그런 상황이라면 사장 관점에서는 정말 믿는 도끼에 발등 찍히는 경우가 되는 건데, 상황이야 어찌 됐든 이분이 마무리 펀치를 날리는 격이 되어서 배신감에서 오는 증오는 먼저 나간 선배들보다도 이분한테로 다 쏟아질 가능성이 크며 사장이 아예 이분을 그 업계에서 매장을 시키려고 들지도 모른다. 물론 매장하는 건 사장 맘대로 그리 쉽게 되지 않겠지만 평판은 치명타를 입을 가능성이 크다.

만약 그렇다면 어떻게 할 것인가? **물실호기 검법**을 써야 한다. 이 검법의 핵심은 물실호기(勿失好機) – 그야말로 기회를 놓치지 않는 것이다. 어떤 기회를 놓치지 말라는 것인가? 회사가 위기에 처한 기회를 놓치지 말라는 것이다. 옛날부터 '영웅은 난세(亂世)에 난다'고 했다. 평온한 시대에는 평범하게 살던 사람이 갑자기 속에 있는 비범함을 드러낼 기회가 드물다. 모든 게 정상이므로 각자 맡은 직분에 충실하며 출세도 차근차근 계단을 밟아서 올라가야 한다. 그러나 세상이 어지럽고 나라가 위기에 처했을 때는 이를 해결해줄 탁월한 인재가 필요하다. 그래서 숨어 있던 인재가 갑자기 튀어나와 세상을 안정시키고 이름을 얻는 것이다.

지금 그 회사는 사장이 전 직원을 믿고 바깥일에만 매진하며 노력했으나, 그 전체 직원의 75%가 나가버리는 절체절명의 순간이다. 즉 사장 빼고는 한 사람만 남게 되는 것이다. 물론 사람을 뽑아서 충원하면 되지만 아무리 그래도 기존에 일하던 직원만 할까? 당분간 휘청하면서 여러 가지 문제가 발생할 것이다. 상황이 이렇다면 이분에게는 지금이야말로 회사를 구하고 영웅이 될 절호의 기회이다. 결론은 옮기기로 한 이직을 과감하게 취소하고 회사에 남으라는 것이다. 물론 아무런 사전 조치 없이 그냥 이직을 취소하라는 말은 아니다. 그러면 사장이 고맙다고 할지는 모르나 이분에게 실질적으로 돌아오는 건 없다.

그럼 어떤 사전 조치를 해야 하는가? 앞에서 배운 **나나미 검법**을 써야 한다. 즉 본인도 다른 곳으로 이직하기로 되어 있다는 사실을 알리고, 그것이 먼저 간 두 선배와는 전혀 상관없이 추진된 일임도 알리고, 가장 중요한 것은 현재보다 더 좋은 조건으로 가기로 되어 있다는 걸 알리는 것이다. 사장이 화를 내더라도 상관없다. 화내지 마시고 제 말을 더 들어보라고 하라. '그런데 회사 사정이 이렇게 되었으니 차마 발길이 떨어지지 않아서 사장님 곁에 남아 있으려고 한다. 다만 옮기기로 한 곳에서 올려준다는 처우를 여기서도 상향 조정해준다면 좋겠다.' 이렇게 말하는 것이다. 사장이 싫다면 더 무슨 말이 필요하겠는가. 그냥 가면 된다. 그러나 필자의 경험상 사장이 그렇게 하지는 못할 것이다.

질문에 보면 주변에서 이기적으로 움직여서 가기로 한 데로 가라고 했다는데 그건 하나만 알고 둘은 모르는 조언이다. 왜냐면 이분이 이직하려는 이유는 지금 회사가 싫어서가 아니라 다른 곳에서 더 좋은 조건을 제시했기 때문이다. 그렇다면 그런 조건을 지금 회사에서 채워준다면 그 야말로 누이 좋고 매부도 좋은 일석이조인데 왜 마다할 것인가?

  그런데 질문을 읽으면서 이분이 맘이 약해서 **나나미 검법**을 쓰지 않고 그냥 사장과의 의리로 남는다고 하지 않을까 걱정된다. 즉 '굳이 처우 개선을 요구하지 않아도 사장이 나중에 다 알아서 보상해주지 않을까.' 이렇게 생각할 수도 있는데, 필자가 단언한다. 절대로 나중에 다 알아서 보상해주지 않는다. 즉 고마워는 하지만 달라고 하지 않는 걸 알아서 주지는 않는다. 그것은 사장이 나빠서가 아니라, 인간 본성이 그렇기 때문이다. 반드시 기회가 있을 때 본인이 받고 싶은 보상을 최대한 확약받아야 한다. 그것이 **물실호기 검법**의 핵심이다. 회사를 구할 기회가 왔다고 칼을 뽑아서 회사만 구하고 보상은 알아서 해주기를 기다리는 것은 착하기는 하나 순진한 하수의 검법이다.

>> "

28

사표를 안 받아 준다며,
그냥 가려면 손해배상을 하랍니다

"

쓰리 검법을 써라

'강소 게임 업체에 다니는 경력 3년 차 직장인입니다. 이번에 맡고 있던 프로젝트가 끝나서 클로즈베타 중인데요, 마침 선배의 소개로 다른 회사에 더 좋은 조건으로 이직하게 되었습니다. 그런데 15일 이내로 오라고 해서 2주 후에 가기로 약속했는데 지금 회사에 이야기했더니 법적으로 한 달 전에 사직 통보해야 하는 거니까 한 달 뒤에 가라면서 안 그러면 손해배상을 청구한다고 합니다. 알아보니 손해배상 청구하기가 힘들다는데 그냥 가도 될까요?'

이 문제는 온라인 노사 문제 상담 코너 같은 데 보면 많이 올라오는 질문인데 이상하게 필자한테도 종종 들어온다. 대부분 경력 2년 미만의 새내기 직장인들이 많이 물어오는데, 이분 같은 경우는 경력이 3년 차이지만 처음 이직하는 데다가 회사가 당연히 그러라고 할 줄 알았는데 정반대로 법정 시한이라면서 한 달을 채우라고 할 뿐만 아니라 손해배상까지 들먹이니까 당황한 거 같다. 그리고 이분이 알아본 내용 즉 회사가 손해배상을 청구하기 힘들다는 건 정확히 말하면 회사에서 손해배상을 청구하는 게 어려운 게 아니라, 법원에서 받아들여질 확률이 적기 때문에 말만 그렇지 실제로는 청구하지 않을 거라는 뜻이다.

사실 사직 통보의 법정 시한이 한 달이라는 건 해석이 분분한 사항이다. 대부분 법적으로 근로자가 사직 통보를 언제까지 해야 한다는 분명한 근거는 없다고 보는 것이 중론이다. 근로계약서에 통상 30일 전이라고 하는 경우가 많지만 이게 명확한 법적 효력이 있는 건 아니라고 한다. 다만 민법에 이것과 관련한 내용이 나와 있는데, 구체적 내용을 보면 민법 660조 1항에 고용 기간의 약정이 없는 때에는 당사자는 언제든지 계약해지의 통고를 할 수 있다고 되어 있고, 회사가 그 통보를 받고도 사직처리를 안 해 줄 경우는 2항에 상대방의 해지 통고를 받은 날로부터 한 달이 경과하면 해지의 효력이 생긴다고 정하고 있다. 그러니까 사실상 계약 기간이 따로 없는 근로자는 언제든지 사직을 통보할 수 있는 건데, 다만 회사는 2항에 의해서 통보를 받고도 한 달간은 사직 처리를 안 할 수도 있는 것이다. 그렇기 때문에 사직의 효력이 생기지 않은 그 한 달 기간에는 회사에 안 나온 날을 무단결근으로 처리할 수도 있고 이를 근거로 해서 손해배상을 청구할 수도 있다.

그런데도 그런 손해배상이 법원에서 잘 받아들여지지 않는 이유는, 퇴사자가 그런 기간을 지키지 않고 일방적 퇴사를 함으로써 회사가 입은 손실이 얼마인가를 회사가 증명해야 하는데 그게 쉽지 않기 때문이다.

이런 비슷한 문제로 당일 퇴사하면서 인수인계를 안 한 직원에게 한 광고 회사가 5천만 원 손배소를 낸 경우가 2021년에 있었는데, 회사가 패했다. 반대로 회사에 화풀이한다고 컴퓨터의 자료를 삭제하고 인수인계 없이 퇴사했다가 소송을 당해서 대법원까지 갔는데 유죄 판결을 받은 사례도 있다. 실제로 소송까지 가는 경우는 드물지만, 회사가 화풀이성으로 내용증명을 보내서 스트레스를 주는 경우는 많다. 그렇지만 이분의 문제는 그렇게 법으로까지 갈 문제가 아니고 이분과 회사 간에 부족한 의사소통 때문에 생긴 문제라고 본다.

의사소통의 문제라고 보는 건 어느 단계를 게임 개발 완성으로 보느냐에 차이가 있다는 뜻이다. 즉 이분은 게임 개발을 다 했으니까 본인 임무가 종료됐다고 생각한 거고, 회사는 내부 시험 단계가 남았으니까 아직 프로젝트가 다 끝나지 않았다고 보는 거다. 그러니까 일이 끝났다고 생각한 이분은 좋은 조건으로 오라는 곳이 있으니까 바로 옮기려고 한 거고, 아직 일이 끝나지 않았다고 생각한 회사는 어떻게 일하다 말고 중간에 갈 수 있느냐 해서 괘씸하게 생각하는 거다. 필자가 게임 개발자가 아니라서 잘은 모르겠지만 클로즈베타라는 게 게임을 개발하고 나서 상용화 전에 자체적으로 시범 운용을 해보는 거기 때문에 아무래도 회사 생각이 옳다고 본다. 왜냐면 클로즈베타에서 제품에 문제가 발견될 수도 있기 때문이다.

그럼 이분은 어떻게 하는 게 좋을까? 서로 좋기는 이분이 옮겨갈 회사에 양해를 구해서 출근 날짜를 늦추는 게 가장 좋은 해결책이라고 본다. 그러나 옮겨가기로 한 회사에서 아예 날짜를 명시해서 '보름 안으로 와라.' 이러는 걸 보면 그 방법은 불가능일 거 같다. 아마 그 말을 하면 '됐다. 우리는 못 기다리니까 다른 사람 뽑겠다.' 이러지 않을까?

그럼 차선책은 무엇일까? **으이리 검법**을 쓰는 것이다. 이 검법의 핵심은 이미 짐작하겠지만 의리를 전면에 내세우는 것이다. 즉 영화배우 김보성이 검은 선글라스를 쓰고 부르는 노래 〈의리에 산다〉 가사를 보면 '세상은 변하지만 난 항상 그대로/ 의리로 지켜주겠소.'라는 내용이 나오는데 이 가사처럼 '나는 비록 이직하지만, 의리를 지켜주겠소.'라고 하는 것이다. 어떻게 의리를 지킨단 말인가? 우선 지금 회사에 '이런 일로 분란을 일으켜서 미안하다, 본의는 아니었다.'라고 사과해야 한다. 사실 이직할 때 현재 회사와 먼저 이야기해서 합리적인 퇴사 날짜를 잡으면 좋은데 대부분 저쪽 회사하고만 이야기해서 날짜를 잡는 경우가 많다. 다니는 회사에 이직을 먼저 통보하면 징글징글하게 붙잡던지 어떤 방식을 쓰든 방해를 할 수도 있기 때문이다.

그런 이유 때문에 이분도 그랬던 건데, 회사는 클로즈베타가 남았는데도 갑자기 일방적으로 퇴사를 통보하니까 열 받은 거다. 즉 회사는 혹시 베타 테스트에서 에러가 발견되면 수정 작업이 필요할 수도 있는데 이분이 갑자기 다른 곳으로 옮긴다고 하니까 '무책임하다. 가만 안 있겠다'고 비난했을 거고 그 말에 이분도 역시 화가 나서 '아니 개발 작업 다 끝냈는데 내가 왜 무책임한데? 그리고 내가 내 마음대로 알아서 가겠다는데, 가만 안 있으면 그럼 어쩔 건데?'라고 반발하다 보니 점점 번져서 결국 손해배상 이야기까지 나온 게 아닌가 한다. 그러니까 서로 말꼬리를 물고 다투다 보니 이렇게 된 거지, 이 정도 문제가 손해배상을 거론할 사안은 절대 아니다. 고로 말로 맺힌 거는 말로 풀어야 한다. 이분이 회사에다 '베타테스트 후 에러가 발생하는 것까지는 생각 못 했다. 만약 옮겨 가더라도 게임에 문제가 발견되면 언제든지 와서 에러 해결하는 데 동참하겠다. 어차피 우리 팀이 같이 만든 작품인데 끝까지 같이 책임지겠다.'라고 의리를 내세우면 회사도 이해할 거라고 본다.

실제로 그렇게 해서 이 문제는 잘 마무리되었는데, 이 문제는 '호미로 막을 걸 가래로 막는다'는 속담에 딱 들어맞는 사례이며, 해결책은 '말로 천 냥 빚을 갚는다'는 속담에 딱 들어맞는 사례이다.

'마시던 우물에 침 뱉고 가지 말라'는 말을 명심하라고 간곡히 권한다. 처음에 회사가 안 된다고 하는 데도 이분이 무조건 그냥 가겠다고 한 건 시쳇말로 BJR, 즉 배째라 이건데, 그러면 회사가 한 말처럼 소송까지는 못해도 반드시 앙금이 남는다. 필자가 인생을 살아보니 세상이 그렇게 넓지 않고 정말 좁다는 걸 깨달았다. 특히 이분 같은 경우는, 특수 직종이다 보니 그 업계에서 지금 회사 사람과 다시 만날 확률이 99%라고 본다. 요즘은, 원수는 외나무다리가 아니라 회사에서 만난다고 하지 않는가. 고로 침 뱉고 떠나지 말고 항상 유종의 미를 생각하라.

29

"

면접을 보면 분위기는 좋은데
자꾸 떨어집니다

"

지피지기 검법을 써라

'대학 졸업하고 중견기업에 3년 다니다가, 전에 결심한 대로 사직하고 세계 일주 배낭여행을 1년간 다녀왔습니다. 1월부터 재취업 시도 중인데 세 곳이나 면접에서 떨어졌습니다. 면접관들 분위기는 정말 좋았는데 왜 그러는지 모르겠습니다.'

코로나 사태 이전에 들어왔던 질문인데, 이분한테는 좀 미안한 이야기지만 상당히 재미있는 고민이다. 질문의 뉘앙스로 미루어 짐작해보면 면접 때는 면접관들이 마치 자기를 뽑을 것처럼, 분위기가 좋았는데 막상 발표가 나서 보면 떨어지더라, 그래서 이게 왜 이러는지 그 이유를 잘 모르겠다는 것이다.

이 질문을 가만히 들여다보면 이분의 문제는 면접관들의 심리와 본인의 장단점을 제대로 파악을 못 하고 있다는 점이다. 이 두 가지를 정확히 깨닫지 못하는 한 아마 앞으로도 계속해서 면접 분위기는 좋은데 불합격하는 일이 반복될 것이다.

그럼 이분은 어떻게 해야 할까? 정답은 **지피지기 검법**을 쓰는 것이다. 이 검법의 핵심은 지피지기(知彼知己) – 말 그대로 상대를 알고 나를 아는 것인데 이분의 경우에 응용하면 면접관의 심리 특성을 알고(知彼) 그다음 나의 장단점을 아는 것(知己)이다.

순서대로 먼저 지피(知彼), 즉 면접관의 심리 특성이 무엇인지 알아보자. 면접관들의 심층 심리는 여러 가지가 있지만, 이분이 알아두어야 할 것은 두 가지이다.

첫째는 면접관들이 본업에 충실하기도 하지만 때로는 옆길로 조금 빠지는 심리도 있다는 것이다. 그러니까 사원 선발과 관계없는 사항인데도 지원자의 특정 경험에 관해서 세세하게 물어보는 경우가 있다. 필자의 현역 시절 경험을 예로 들어보면, 신입사원을 뽑는데 특이하게 대학 졸업하고 인도에 1년간 여행하고 왔다는 여성이 있었다. 1년 동안 인도에서 구체적으로 뭘 했느냐고 물어보니까 요가 명상을 배우고 왔다는 답이 돌아왔다.

그 답을 들으니 필자도 평소 명상에 관심이 있던 터라 갑자기 호기심이 확 끌렸다. 그래서 요가 명상은 어떻게 하는 거냐, 어렵지 않냐, 효과가 있었느냐, 비용은 얼마나 들었나 등등 상당히 많은 것을 물어봤다. 그러나 면접 결과는 불합격이었다. 왜냐면 요가 명상을 배운 건 회사의 업무와는 아무런 상관이 없었기 때문이다. 그러면 모르긴 해도 그 지원자는 그렇게 많은 관심을 보이더니 왜 불합격일까 의아했을 것이다. 진실은 그 지원자에게 관심이 있었던 게 아니라 요가 명상이라는 특수한 분야에 관심이 있었던 건데 대부분 지원자는 오해하기 쉽다.

필자의 짐작으로는 이분도 그랬을 가능성이 크다고 본다. 즉 과감하게 1년간 배낭여행을 하고 왔다는 데 대해서 면접관들이 대단한 용기다, 몇 개 나라를 가봤느냐, 언어에 문제가 없었냐, 비용은 얼마가 들었냐, 부모가 반대 안 했느냐 등등 분위기가 아주 뜨거웠을 것이다. 그러나 그 뜨거운 분위기는 훌훌 떠난 배낭여행에 관한 것이지, 합격시키려고 그랬던 건 아니다.

그다음 둘째는 면접을 보면서 면접관들이 걱정하는 부분이 뭔가를 알아야 한다. 풀어서 말하면 혹시 내가 이 사람 합격시켰다가 일이 잘못되면 어쩌지 하는 걱정이 있다는 것이다. 더 구체적으로 말하면 다섯 가지 정도이다.

첫째는 피면접자가 속이는 게 아닐까, 즉 이력서나 자기소개서에 쓴 게 다 사실일까 이걸 걱정한다. 대부분 불리한 건 잘 안 쓰기 때문이다.

둘째는 성실한 사람인지를 걱정한다. 아무리 스펙이 좋고 유능해도 근태가 안 좋다든지 어떤 문제를 꾀를 내서 임기응변식으로 해결하는 사람이 아닌지 하는 점을 걱정하고,

셋째는 협동성을 걱정한다. 특히 잘난 사람일수록 주변과 화합이 안 되는 경우가 많기 때문에 더 유심히 본다.

넷째는 다들 예의 바른 척, 침착한 척하고 앉아 있지만 그게 진짜 본성인지를 걱정한다. 그래서 기습적인 돌발 질문이나 감정을 자극하는 센 질문을 던지기도 한다.

마지막 다섯 번째는 뽑아 놓으면 다른 데로 가버리는 거나 아닐까를 걱정한다. 여러 곳에 중복해서 응시한다든지 그런 경우가 많고, 또 실력이나 성품이 좋을수록 오라는 곳이 많기 때문이다.

그런데 필자는 이분이 바로 이 다섯 번째 부분에서 면접관들한테 확신을 주지 못한 게 아닌가 하는 생각이 든다. 즉 용감하게 사표 내고 배낭

여행 떠나는 과단성이 그런 측면에는 불리하게 작용할 수 있다는 거다. 결론은 과감한 성격이 항상 장점으로만 작용하는 건 아니라는 걸 알라는 것이다. 한번 한다면 하는 건 화끈해서 좋지만 어떤 간부들은 그런 과감성을 오히려 통제가 어려운 성격으로 보기도 한다.

그다음은 지기(知己), 즉 이분의 장단점에 대해 알아보자. 질문만 가지고는 여러 가지를 다 파악할 수 없으므로 일단 장점은 한다면 하는 과단성이라고 본다. 그리고 어려운 배낭여행을 떠난 거로 미뤄보면 도전 정신도 강하다고 본다. 이 점은 본인도 잘 알 것이다. 그래서 필자는 이분이 자신도 잘 모르는 단점에 대해서 알려주고자 한다.

우선 이분은 자신감과 자만감을 좀 혼동하는 경향이 있지 않나 하는 생각이 든다. 두 낱말을 국어사전에서 찾아보면 다음과 같다.

자신감은 '어떤 일을 자기 능력으로 충분히 감당할 수 있다고 믿는 마음'

자만감은 '자신의 능력을 남에게 자랑할 만하다고 믿는 마음'

이 차이를 좀 쉽게 표현한다면, '이 일을 할 수 있는가.'라고 물었을 때 '염려 마십시오. 책임지고 잘해놓겠습니다.' 이러는 건 자신감이고 '염려 마십시오. 아 그까짓 일은 제가 눈 감고도 할 수 있습니다.' 이러는 건 자만감이다.

그런데 이분은 자만감의 성향이 좀 있어 보인다. 그렇게 보는 이유는 두 가지이다. 하나는 3년 일하고 미련 없이 사표 내고 1년 세계여행을 하고 왔다는 게 그런 느낌이 든다. 물론 그런 과감한 면은 장점이고 필자도 그런 용기가 부럽다. 그렇지만 그 용기 때문에 지금 재취업이 안 되어서 힘든 거 아닌가? 어떤 변신을 할 때 거기에 대한 뒷감당을 미리 준비하지 않고 무조건 지르고 보는 게 과연 훌륭한 자세냐, 이건 좀 의문이다. 그다음 두 번째 이유는 면접에서 자꾸 떨어지는 이유를 모르겠다고 하는 건데, 이건 달리 표현하면 나한테는 핸디캡이 없는데 왜 나를 뽑지 않느냐 이런 뉘앙스가 느껴진다. 아무리 잘난 사람도 누구든지 단점은 있는 법인데 면접에서 떨어지는 이유를 전혀 모르겠다는 건 자만이라고 할 수밖에 없지 않은가?

면접관들은 아주 비슷한 요소이면서도 깊이 들어가보면 차이가 있는 점을 잘도 구분해서 찾아낸다. 그중 대표적인 것이, 바로 자신감과 자만감이다. 즉 이분이 '나는 자신감이 차고 넘친다.'라고 자랑스러워하는 것을, 면접관들은 '자신감이 지나쳐서 자만감이 하늘을 찌르는군.' 이렇게 본다는 거다.

이제 면접관들의 특성을 알았고, 내 단점도 알았으니 면접관들이 배낭여행에 관해 이것저것 물어볼 때 신난다고 흥분하지 말고 '제가 내세울 수 있는 것 중에 배낭여행은 일부입니다.' 식으로 방어적으로 답해서 '그 럼 뭐가 더 있는데.'라는 질문을 유도한 뒤 그 회사에 들어왔을 때 해낼 수 있는 것을 설명하라.

그리고 면접관들이 용기가 대단하다고 찬사를 보내도 '아닙니다.'라고 겸손하라. 왜? 배낭여행을 다녀온 것은 대단하지만 그것이 회사에 합격 할 수 있는 필요충분조건은 아니기 때문이다. 면접관들은 배낭여행에 찬 사를 보내는 것이지 회사에 딱 필요한 인재라고 찬사를 보내는 것이 아 니다. 이 점만 알아도 앞으로의 면접에서 붙을 가능성은 훨씬 커질 것이 다.

30

"

화내고 퇴근한 상사한테
카톡으로 해명하면 안 될까요?

"

러브레터 검법을 써라

'별 탈 없이 일해온 경력 2년 차 직장인입니다. 그런데 오늘 상사분한테 리포트를 보내는데 계산을 틀리게 해서 보냈다가 수정 지시를 받고 다시 보냈는데 이번에는 파일을 잘못 보내서 전화로 세게 야단맞았습니다. 그런데 제가 당황한 나머지 '아이구, 죄송합니다. 하하하' 하고 웃었다가 '내 말이 우습냐'라고 더 야단을 맞았습니다. 퇴근해버리셨는데, 그냥 넘어갈까요? 카톡으로라도 사과해야 하나요, 아니면 내일 음료수라도 사가서 정식 사과를 할까요?'

질문 내용으로 보면 이분이 실수를 세 번 한 건데, 첫 번째는 계산을 잘 못한 거, 두 번째는 파일을 잘못 보낸 거, 그리고 세 번째는 상사의 피드백 끝에 당황해서 웃으며 사과한 것이다. 이 셋 중에서 필자가 보기에 가장 큰 실수는 세 번째 걸로 보인다. 그러니까 계산 실수나 파일을 잘못 보내는 업무상 실수는 할 수도 있는 거지만 문제는 거기에 대해서 상사가 '똑바로 하라'고 피드백했을 때 웃어버렸기 때문에, 그 사정을 정확히 알 수 없는 상사는 순간 이 친구가 일부러 나를 염장을 지르나 하는 생각이 들었을 거다. 그래서 내 말이 우습게 들리느냐고 뚜껑이 열렸을 거다. 이 문제를 해결하려면 사과 여부, 시기, 방법, 내용 이렇게 네 가지 사항을 진지하게 고려하는 게 좋다고 본다.

우선 사과 여부는 사과하느냐, 마느냐의 문제를 뜻하는 것이다. 사실은 이분 질문 내용을 좀 줄이다 보니까 포커스가 흐려졌는데, 원래 이분이 가장 먼저 궁금해한 건 이 문제를 가지고 사과할 것이냐 그냥 넘어갈 것이냐 이거였다. 즉 질문 서두에 보면 지난 2년 동안 별문제 없이 일을 잘해왔다는 걸 강조하고 있는데, 이 말은 처음 실수한 거니까 그냥 봐줄 수도 있는 거 아니냐 이런 생각이 있는 것이다. 그러나 필자는, 사과하는 게 옳다고 본다. 왜냐면 이런 질문을 했다는 자체가 이분 스스로 그 상황을 돌이켜볼 때 그냥 넘기기에는 뭔가 찜찜해서 그런 거 같은데, 찜찜한 이유는 바로 세 번째 실수 때문일 것이다. 즉 웃을 상황이 아닌데, 자기도 모르게 웃어버렸고 상사가 그걸 크게 오해한 거다. 그렇기 때문에 업무상 실수는 그렇다 쳐도 웃은 일에 대한 오해는 사과해서 푸는 게 좋다고 본다.

그럼 두 번째 시기 문제는 지금 바로 하느냐 내일 하느냐 이게 문제인데 이 시기 문제는 방법의 문제하고도 연결이 되어 있다. 즉 지금 바로 하려고 하면 상사가 퇴근해버렸기 때문에 카톡으로 하면 어떻겠는가 하는 거다. 그러나 시기는 가급적 빨리 하는 게 좋다고 보지만, 방법이 카톡은 좋지 않다. 물론 요즘 시대가 워낙 그러하다 보니까 웬만하면 카톡으로 할 수도 있지만, 아무리 그래도 상사가 오해해서 엄청 화를 내고 퇴근한 상황인데 그걸 푸는 방법이 카톡을 쓰는 건 아니라고 본다. 자칫하면 카톡 사과 그 자체가 다시 상사한테 '건방지다'라는 오해를 불러일으켜서 문제가 더 꼬일 수도 있다.

그럼 직접 전화하는 건 어떨까? 물론 전화가 카톡보다는 낫지만, 전화는 변수가 많다는 게 문제다. 퇴근 후에 약속이 있어서 누군가를 만나고 있다면 전화로 차분하게 사과할 수 있는 상황이 안 될 것이고, 그냥 집으로 갔다 하더라도 집에서는 회사 이야기, 그것도 스트레스받는 이야기 하는 거 싫어할 확률이 높다. 그리고 무엇보다도 상사분이 얼마나 높은 분인지는 모르겠지만 이분이 전화로 조리 있게 자기 입장을 차근차근 설명하기가 힘들 것이다. 또 상사가 아주 까칠한 사람이라면 '아, 듣기 싫어.' 하고 전화를 일방적으로 끊어버릴 수도 있다.

그럼 어떤 방법을 쓰는 게 좋을까? 정답은 **러브레터 검법**을 쓰는 것이다. 이 검법의 핵심은 사과를 연애편지처럼 애절하게 써서 메일로 보내는 것인데 그 칼끝이 노리는 건 사과만이 아니라 상사의 호감까지 얻는 것이다.

구체적으로 설명하면, 편지에서 가장 중요한 건 진정성이다. 그냥 '제가 실수해서 죄송합니다. 다시는 안 그러도록 조심하겠습니다.' 이 정도로 써도 사과는 되지만, 그리 훌륭한 전략은 아니다. 그냥 평범하게 사과하는 것보다 기왕이면 전화위복의 기회로 삼는 데까지 생각하는 게 이 검법의 핵심이다. 그러려면 좀 더 감동이 있는 내용으로 쓰는 게 좋은데, 앞에 말한 진정성을 보이려면 실수하게 된 원인을 정확히 쓰는 게 중요하다. 분명 어떤 원인이 있을 텐데, 그걸 솔직하게 쓰는 게 좋다. 애인하고 다퉈서 잠깐 딴생각을 했다든지, 가족 중 누가 아파서 그랬다든지, 감기 기운이 있어서 코로나 아닌가 걱정을 했다든지, 업무 실수에 대한 원인을 쓰고 질책 전화를 받고는 너무 당황해서 자신도 모르게 웃은 거지 장난으로 그런 게 절대 아니라고 해명하면 된다. 그리고 끝부분은 '내일 직접 찾아뵙고 다시 말씀드리겠습니다.' 이러면 된다.

메일을 열어봤는데 회신이 없으면 오라는 거니까 찾아가면 되는데, 빈손으로 가기 바란다. 이분이 질문에서 '음료수라도 사 들고 갈까요?'라고 썼는데, 그럴 필요 없다. 그냥 가면 된다. 물론 대부분 상사는 '잘 알았으니 이번 건은 됐고 다음부터는 그런 실수 다시 하지 말'고 회신해서 마무리할 것이다.

어쨌든 메일을 써서 보냈다면 그다음은 바로 '팀장님, 낮에 죄송합니다. 관련해서 이메일 드렸습니다.' 이렇게 카톡이나 메시지를 보내는 게 좋다. 팀장이 그 메시지를 보고 메일을 즉각 읽느냐 아니냐는 중요하지 않다. 그 메일을 나중에 읽더라도 보냈다고 메시지를 보낸 시각이 사과한 시점이 되기 때문이다.

이렇게 하고 나면 그 상사가 메일을 읽고 나서 분명 이분을 달리 볼 것이다. 왜냐면 상사도 초임 시절에는 다 실수를 해본 사람이기 때문이다. 달리 말하면 직장 생활에서 중요한 건 실수를 안 하는 게 아니라 실수한 뒤에 어떻게 처리하느냐이다. 좀 극단적으로 말하면 실수가 전혀 없는 것보다 실수한 뒤에 잘 마무리하는 게 더 좋은 기회가 된다. 상사가 처음에는 일단 화를 냈지만, 본인도 다 겪어본 일이기 때문에 그 뒤처리를 어떻게 하나 지켜보고 있다는 사실을 잊지 말자. 그러면 진지한 사과 과정을 보면서 오히려 더 좋게 평가할 수도 있는 것이다.

메일로 사과하는 게 좋은 점은 무엇일까? 그건 내가 하고 싶은 이야기를 내가 일방적으로 할 수 있다는 것이다. 직접 마주 앉거나, 전화나 카톡, 메시지를 사용하면 내 말에 대한 팀장의 피드백이 실시간으로 바로바로 나오기 때문에 결국 팀장이 하고 싶은 말만 훈계조로 하는 걸 일방적으로 들을 수밖에 없다. 그러나 메일은 그렇지 않다. 그리고 아무래도 글로 쓰면 표현이 간곡해지고 아름다울 수 있다. 상사한테 뭔가 잘못해서 사과해야 할 일이 생겼는데 상사는 이미 퇴근하고 없다면, 어렵게 생각하지 말고 **러브레터 검법**을 써보라. 의외의 효과에 깜짝 놀랄 것이다.

제 4부

비전 있는 일을
해야 하나,
내가 잘하는 일을
해야 하나?

31

"

미용사로 전업했는데
막상 현장에서 일해보니 후회돼요

"

마중지봉 검법을 써라

'금융업에 종사하다, 한 미용사의 블로그를 1년간 애독해보니 그분의 창의적 직업의식과 자부심, 고소득 등에 감명받아서 미용 자격증을 따고 과감하게 미용사로 전직한 사람입니다. 그런데 몇 달을 다니면서 여기 선배들의 이야기를 들어보니 그 블로그를 쓰는 미용사의 이야기가 급여나 보람 면에서 현실과는 너무 다르다는 걸 깨달았습니다. 이전 직장으로 돌아갈까 생각 중인데 어떻게 하면 좋겠습니까?'

이 문제는 개인적 차원의 속성을 직종의 속성으로 오해한 대표적 사례이다. 얼마 전 한 직장인 고민 카페에, '나는 서른 살 아파트 경비원이 자랑스럽다'라는 동영상을 봤다면서 자기도 현재 직장을 버리고 청년 경비원을 할까 하는 고민 글이 올라온 걸 봤다. 그 글에 보면 '동영상을 보니 급여는 적지만 일이 단순 업무라 실적에 대한 스트레스가 없어 행복하다고 한다. 나도 경비원으로 옮길까 고민 중'이라는 거다. 여기에서 동영상의 내용은 사실일 수 있다고 본다. 그런데 그 사실은 그 동영상을 만든 개인 당사자에게는 옳은 말일지 모르나, 청년이 경비원을 하면 누구나 다 그렇게 행복할 것인가와는 별개 문제다. 즉 그 행복은 개인의 문제이지 직종의 문제가 아니라는 것이다.

이런 오해는 반대의 경우도 있다. 이 책에 싣지는 못했지만, 포워딩 업체에 근무하는 새내기 직장인이 자기 위에 있는 선배들이 포워딩 업체는 희망이 없으니까 빨리 전직하라고 자꾸 권해서 고민이라는 사연이 있었다. 그 사연에서 그 새내기분이 선배들 말을 심각하게 받아들이는 근거로 든 게 실제로 그 선배들이 다 술을 많이 마시고, 노총각이면서 일도 열심히 하지 않는다, 그걸 보니 정말 걱정된다 이런 거였는데, 이게 바로 이분의 경우와는 반대의 오해다. 포워딩 업체에서 일하는 사람들 가운데 술 적당히 마시는 분도 많고 또 일 열심히 하면서 제때 결혼한 사람도 많다. 그러니까 술 많이 마시고 결혼 못 한 건 그 선배들의 문제지 포워딩 업체에서 일한다고 다 그런 건 아니다. 젊은이들이 성공담이든 실패담이

든 남 이야기를 참고할 때 개인의 속성이냐 직종의 속성이냐 이 점을 분명히 구분했으면 한다.

그럼 이분은 어떻게 하는 게 좋을까? 필자의 생각에는 상, 중, 하, 세 가지 방책이 있다고 본다.

가장 안 좋은 하책은 지금, 같이 일하는 선배들의 말만 믿고 다시 이전 직장으로 돌아가는 거다. 그러면 원위치가 되는 건데 이게 왜 하책인가 하면, 사람은 빵만으로 사는 게 아니기 때문이다. 이분도 빵 이상의 삶을 원했기 때문에 과감하게 이전 회사를 때려치우고 미용사로 변신한 거 아닌가? 그런 분이 적응에 실패하고 이전 상태로 돌아가보라. 이유가 어찌 되었든 결국 실패자가 되는 거다. 물론 예외가 되는 경우가 두 개 있는데, 그건 그 블로그에 나온 미용인의 스토리가 아예 거짓이었거나 또는 이분이 미용 일을 실제로 해보니까 적성에 안 맞는 걸 분명히 깨달았다면 돌아가는 게 오히려 상책이다. 그렇지만 질문 내용으로 봐서 그런 경우는 아닌 것 같다. 이분이 존경해 마지않는 그 미용사가 지금의 자리까지 올라오는 동안 고생한 이야기는 생략하고 좋은 점만 쓰다 보니까, 이분이 그 힘든 과정을 너무 몰랐던 거로 보인다. 그런 상태에서 장밋빛 미래에 대한 환상만 가지고 현장으로 갔으니 주변 선배들이 블로그 글은 엉터리다, 우리가 얼마나 힘들게 일하는지 아느냐 식으로 흔들어대자 이분이 거기에 말려 들어간 것으로 보인다. 말려 들어갔다고 표현한 이유는 이분 주변의 선배들이 그 성공한 미용사를 시기한다는 뜻이다. 인간은 누구나 샤덴 프로이데(다른 사람이 불행할 때 뇌에서 느끼는 불편한 기쁨을 뜻하는 독일어) – 쌤통 심리를 지니고 있다. 즉 잘난 사람을 비방하거나, 또는 뭔가 제대로 해보고자 하는 사람의 의욕을 방해하는 것을 자기 위안으로 삼는다. 이분이 거기에 넘어간 것이다.

중책은 그대로 참고 더 일해보는 거다. 이분이 미용에 소질이 있는지 없는지는 잘 모르겠지만 변신에 대한 의지와 실행력 하나는 대단하다고 본다. 그렇다면 지금의 상황을 긍정적으로 받아들이라는 것이다. 다시 말하면 지금 실제 미용업의 현장에서 힘든 과정을 겪는 그 자체가 이분이 그 블로그를 쓰는 선배 미용사의 길과 비슷하게 가는 거라고 본다. 세상에 공짜가 없다는 것은 어느 시대, 동서양, 남녀노소를 막론하고 불변의 진리다.

한 분야에서 최고수의 자리에 오르려면 그 일에서 환희와 보람은 물론 그 일에서 실패와 좌절도 경험해보아야 한다. 지금 이 자리에서 고민을 상담하는 필자만 해도 직장에서 승승장구 성공만 해본 사람이라면 아마 이렇게 오래 방송을 하고 강의를 하지는 못했을 것이다. 대리, 과장, 차장, 부장, 이사 대우, 이사까지 매년 한 계단씩 고속 승진하는 등 나름대로 성공을 해봤지만, 반대로 나이 마흔아홉에 빈손으로 쫓겨나서 실업자 생활을 하는 등 조직의 쓴맛도 정말 호되게 겪었다. 그런데 돌이켜 보니 그게 바로 나의 자산이 되어 오늘의 필자를 있게 만든 것이다. 그런 과정은 이분도 마찬가지라고 본다.

그럼 마지막 가장 좋은 상책은 무엇일까? 정답은 **마중지봉 검법**을 쓰는 것이다. 이 검법의 핵심은 마중지봉(麻中之蓬) – 삼밭에 난 쑥처럼 처신하는 것이다. 마는 우리말로 삼이라고 하는데 대마초의 원료로서 키가 아주 곧게 5m까지도 자란다. 그런 삼밭에 쑥(蓬 : 쑥 봉)이 나면 원래 그렇게 키가 자라는 식물이 아닌데도 삼의 영향을 받아 역시 곧게 키가 5m까지도 자라는데 이분도 그처럼 하라는 거다. 다른 말로 하면 생선 싼 종이에서는 비린내가 내고 향을 싼 종이에서는 향내가 나듯이 부정적 사고를 지닌 선배들을 물리치고 긍정적 사고를 지닌 선배를 가까이하라는 것이다.

마중지봉 검법을 쓰는 가장 좋은 구체적 방법은 아예, 이분을 미용사로 전업하도록 만든 장본인인 그 선배를 만나보는 것이다. 물론 유명한 사람이라면 직접 만나주지 않을지도 모른다. 그러면 메일 주소를 알려달라고 해서 편지로라도 소통하는 것이다. 그리고 그렇게 할 때 주의할 점은 '미용사의 현실과 이상이 너무 다르다. 이전 직장으로 돌아가고 싶은데 어찌하면 좋을까요?'라고 묻지 말라. 그러면 그분의 대답은 99%, '그렇게 하세요.'라고 한다. 왜냐면 강호 고수들은 너무 힘들다고 징징대는 하수를 달래서 키우려고 하지 않기 때문이다. 그야말로 오는 사람 막지도 않지만 가는 사람 붙잡지도 않는다.

그렇기 때문에 직장 문제 상담하듯이 하지 말고 즉, 위에 나오는 질문처럼 내용을 보내지 말고 본인이 미용실에서 고객에게 만들어준 머리를 사진 찍어서 보내고 '제가 미용사 소질이 있습니까?'라고 물어라. 그마저도 가타부타 쉽게 대답해주지 않고 모르는 척할 수 있으므로 답이 올 때까지 여러 번 보내라. 그러면 어느 순간 그분이 문득 지나는 말처럼 한마디 답을 줄 것이다. 그러면 비로소 고수의 길로 가는 여정이 시작되는 것이다. 물론 그분이 첫 편지에 바로 답을 하면서 소질이 없는 거 같다고 포기하라고 할지도 모른다. 그러나 절대 그 잽에 넘어가면 안 된다. 이때는 앞에서 배운 **리처드 기어 검법**을 기억하라. 여기에 대한 설명은 덧붙이지 않겠다.

끝으로 동종 이직이 아니라 이분처럼 아예 이종 전직을 시도하려는 분들에게 권한다. 제발 남의 성공담에만 귀 기울이지 말고 그 업종에서 실패한 사람의 이야기도 들어보라. 또 성공담을 듣더라도 성공하기까지의 어려움에 관한 이야기를 더 자세하게 들어라. 그리고 최종 결정은 앞에서 배운 **마라도나 검법**으로 하라. 그러면 성공할 확률이 높아지는 게 아니라 일단 실패할 확률이 낮아진다.

32

"

중소기업과 중견기업,
어느 쪽으로 가야 할지 혼란스러워요

"

유오성 검법을 써라

'막 대학 졸업한 취준생입니다. 그런데 중견기업과 중소기업 두 군데에서 오라고 하는데 중소기업 연봉이 5백 정도 많습니다. 중소기업으로 가서 공무원 공부를 할 예정이긴 한데, 시험이 뜻대로 안 되면 좋은 회사로 이직할 생각도 하는 중이라서 그러면 중견기업이 낫지 않을까, 혼란스럽습니다.'

두 회사를 놓고 이리 갈까 저리 갈까 하는 고민인데, 이분이 사회 경험이 전혀 없다 보니까 앞으로의 인생을 계획하는 데 있어서 두 가지 미스를 범하고 있다고 본다. 첫째는 인생 목표에 대한 정립이 조금 이상하다고 보는데, 이 부분만 정리를 잘해도 답은 쉽게 나올 수 있다. 이분이 질문에서 언급한 걸 보면 돈, 공무원 시험, 이직 이렇게 세 가지를 목표로 놓고 그걸 달성하려면 중견기업으로 가야 하느냐 아니면 중소기업으로 가야 하느냐 이렇게 고민하는 것 같다. 그런데 이게 언뜻 보면 당연한 고민 같은데 자세히 들여다보면 뭔가 문제가 있다.

어떤 점이 잘못인가 하면, 두 가지 면에서 문제가 있는데, 가장 큰 건 이직은 인생 목표가 아니라는 거다. 이 부분은 '내 인생 목표는 무엇 무엇이다.' 이런 형식으로 바꿔보면 금방 알 수 있는데, 예를 들어서 '내 인생 목표는 공무원이 되는 거다.' 이건 비교적 말이 된다. 비교적이라고 한 이유는 그것도 어떤 분야의 몇 급 공무원이라고 구체적으로 설정해야 목표가 분명해지기 때문인데 어쨌든 말은 된다. 그다음 '내 인생 목표는 돈 버는 거다.' 이것도 비교적 말이 된다. 또 비교적이라고 한 이유는 역시 무엇을 하기 위해서 돈을 얼마까지 버는 거다, 이렇게 진술하는 게 목표가 분명하지, 무조건 그냥 돈 버는 거다, 이건 사실은 막연한 목표다. 어쨌든 그래도 목표라고 할 수는 있는데 문제는, 이직이다.

이직이 왜 문제인가 하면 앞에서 말한 대로 바꿔보면 '내 인생 목표가 이직이다.' 이렇게 되는데, 이상하지 않은가? 결론은, 이직은 인생 목표가 아니다. 초등학교 학생도 이런 목표는 세우지 않을 것이다. 이직이라는 건 직장 생활을 하다가 더 좋은 직장으로 갈 수 있으면 당연히 가는 거다. 지금 직장에 불만이 없고 다 만족하는데 내 목표가 이직이라서 억지로 이직을 한다? 이건 이상하다. 물론 특정 회사를 놓고 그곳으로 가서 어떤 일을 하는 게 목표다, 이럴 수는 있을 거 같다. 그러나 이분 이야기에 그런 건 없다. 그렇다면 이분이 지금 고민해야 할 건 돈과 공시인데 이 두 가지에 대한 상황 판단을 또 잘못하고 있는 게 문제라고 본다.

구체적으로 살펴보면, 질문에서 공시 공부를 하기 위해서는 중소기업으로 가는 게 낫다고 판단하는 거 같은데, 잘못이다. 즉 이분은 중소기업으로 가면 공부할 시간이 더 많지 않겠느냐 이렇게 보는 건데, 일이 바쁘고 말고는 회사 규모와는 상관없다. 질문 내용으로 봐서는 오히려 중소기업이 더 바쁠 거 같다. 상식적으로 생각해서 왜 중소기업인데 중견기업보다 초봉을 5백이나 더 많이 줄까? 그 이유는 그만큼 일이 힘들다는 거 아닐까? 세상에 공짜는 없다. 그리고 연봉을 따지지 않더라도 중소기업에 가면 일인다역을 해야 하며, 업무 지원 시스템이 아무래도 제대로 갖춰져 있지 않을 수도 있으므로 사실상 더 바쁠 수 있다.

또 돈에 관해서도 일부 잘못 생각하고 있다고 보는데 물론 이는 확정적인 건 아니다. 그렇지만 일단 기간 개념을 생각할 필요가 있다고 본다. 즉 회사 일하면서 공시를 준비한다면 아무래도 금방 합격하기 어려울 거 아닌가? 물론 이분이 실력이 출중할 수도 있지만, 만약 그렇다면 바로 시험을 봐서 해치웠을 거다. 단기간에 합격하기는 힘들다고 판단했기 때문에 일과 공부를 병행하는 장기전을 준비하는 거로 보이는데, 그렇다면 2년, 3년 또는 4년 정도의 기간으로 본다면 급여 인상률과 승진 등의 요인을 고려할 때 과연 중소기업에서 번 돈의 총량이 중견기업에서 번 돈의 총량보다 반드시 많을까? 필자는, 역전될 가능성이 크다고 본다. 물론 이분이 고민하는 두 회사의 급여 테이블을 알 수 없으므로 확실치는 않지만, 상식에 근거해서 생각할 때 한번 확인해볼 필요가 있다고 본다. 그러면 중견기업에서 버는 금액 총량이 중소기업에서 버는 금액 총량보다 반드시 많지는 않더라도, 비슷할 거라고 본다.

자, 그렇다면 이분은 어떻게 해야 할까? 정답은 **유오성 검법**을 쓰는 것이다. 이 검법의 핵심은 영화 〈주유소 습격 사건 1편〉에 나오는 유오성처럼 처신하는 것이다. 영화를 보면 유오성은 '무대뽀'라는 별명의 양아치로 나오는데, 일단 패싸움이 붙으면 '나는 끝까지 한 놈만 팬다.'라고 외치면서 정말 끝까지 한 놈만 쫓아가서 각목을 휘두른다. 그러면 처음에는 이놈 저놈이 몰려와서 유오성을 두들겨 패기 때문에 많이 맞는다. 그러나 유오성이 많이 맞으면서도 한 놈을 끝까지 확실하게 박살낸다는 사실이 알려지고 나서는 다들 피해버린다.

이분도 그렇게 하라는 것이다. 그렇게 해야 하는 이유는, 이분이 공무원 시험을 치다가 안 되면 나중에는 이직하겠다, 이런 말을 하는데 이게 하나만 알고 둘은 모르는 처신이기 때문이다.

독자들은 해하(垓下) 싸움에서 항우를 궁지로 몰아 끝장을 낸 한 나라의 한신(韓信) 장군을 잘 알 것이다. 그의 전술로 가장 유명한 것이 무엇인가? 바로 배수진(背水陣)이다. 즉 병법에 보면 '강을 등지고 싸우지 말라'고 되어 있는데 한신은 조나라 군대와 싸울 때 일부러 강을 등지고 진을 친다. 병법이 가르치는 것은, 만약에 패할 경우 도망갈 길을 열어 놓아야 한다는 뜻이었지만 한신은 이를 거꾸로 적용해서 패하면 도망갈 길이 없으므로 반드시 이겨야 한다고 배수진을 친 것이다. 이는 조나라 군대가 한나라 군대보다 병력이 더 많았기 때문에 취한 최후의 전술이며 결국 승리를 거둔다.

이분의 상황은 어떤가? 남들은 노량진에 가서 학원 등록을 하고 오로지 공무원 시험만 공부해도 재수, 삼수, 사수(四修)하는 판에, 이분은 회사 다니면서 공부한다는 것 아닌가? 그렇다면 각오는 더 비장해야 하지 않을까? 즉 배수진을 치는 게 맞지 않을까? 그런데 이분은 멀리도 내다봐서 안 되면 이직하겠다는 퇴로까지 생각하고 있다. 그러면 미안한 이야기이지만 이분은 공무원 시험에 합격하기 어려울 것이다. 왜? 도망갈길이 있으므로. 그렇게 보는 이유는 이분이 이직은 물론 지금 돈까지 생각하고 있기 때문이다. 물론 연봉 5백을 더 받는 것이, 당장은 달콤할 것이다. 그러나 이분에게 가장 중요한 건 공무원 시험이 아닌가? 그렇다면 유오성처럼 한 놈만 붙들고 패는 것이, 즉 공무원 시험에만 올인하는 것이 합격할 확률이 높다고 본다.

설명이 좀 길었는데 **유오성 검법**으로 하면 이분이 취할 수 있는 결론은 무엇인가? 당연히 중견기업으로 가는 것이다. 물론 어느 곳을 택하든 그것은 본인의 자유이다. 그러나 필자라면 중견기업을 택하겠다. 돈 5백에 흔들리지 말고 공무원 시험공부를 하는 데 조금이라도 유리한 곳, 즉 합격 가능성을 높이는 곳이 어디인가를 생각해서 움직이는 게 옳다고 본다.

영화 속 유오성이 알고 그랬는지는 모르지만 '끝까지 한 놈만 팬다'는 전략은 란체스터 전략, 또는 일점 집중주의라고 한다. 원래는 공중전에서 전투기가 싸울 때 승리 확률을 높이는 전략인데, 비록 적은 병력이라고 하더라도 한 곳에 집중 화력을 퍼붓는 것이, 이길 확률을 높인다는 전략이다. 이분도 돈, 공시, 이직 이렇게 두루두루 관심사를 분산시키지 말고 공무원 시험 하나에 집중하는 게 현명하다고 본다.

33

"

비전 있는 일을 해야 하나요,
잘하는 일을 해야 하나요?

"

마도대광야 검법을 써라

'경력 5년 차의 여성 직장인입니다. 그동안 패션 회사의 MD로 일하다가 비전 없는 것 같아서 같은 계통의 회사에 SCM(공급망관리) 부서 대리로 이직을 했습니다. 그런데 업무의 성격이 전혀 다른 데다 신설 부서라 시스템을 셋팅한다고 저마다 바빠서 일을 자세히 가르쳐주지 않습니다. 신입사원처럼 눈치 보며 혼자서 일을 배우느라 한 달째 너무 애를 먹는 중인데, 다른 회사에서 MD로 오라고 제의가 왔습니다. 새로운 일은 배우기 너무 어렵고, MD라면 자신 있는데, 다시 옮기는 게 좋을까요?'

이분 말에 의하면 MD는 '뭐든지 다 한다'는 우리말을 영어 머리글자로 딴 거라고 한다. 농담이겠지만 언중유골(言中有骨)이라고 본다. 물론 어떤 직종이든 그 직종 자체를 비전 없다고 하는 건 잘못이므로, MD가 비전 없다는 건 순전히 이분 생각이다.

어쨌든 그래서 이분은, 회사는 같은 패션 회사이면서 업무는 전혀 다른 SCM 분야로 이직을 했다는 건데, SCM(Supply Chain Management)은 우리말로는 공급망관리라 하고 생산부터 매장 배송까지 전 과정을 통합 관리하는 복합적인 시스템이다. 필자가 보기에는 이분이 고민하는 이유는 새로운 분야의 일을 배우는 것도 문제지만 더 중요한 원인은 다른 데에 있다고 본다.

이분이 MD에서 전혀 다른 업무인 SCM 분야로 이직이 가능했던 건 왜일까? 그것도 대리 직급을 달면서 말이다. 이 세상에 존재하는 모든 회사는 직원을 뽑을 때 회사를 위해서 뽑지, 그 직원을 위해서 뽑지 않는다. 이분이 MD가 비전 없다고 판단하고 SCM을 배우고자 했지만 그건 어디까지나 이분 개인의 소망이다. 그럼 뭣 때문에 뽑았을까?

바로 이분의 뛰어난 MD 경력을 보고 뽑은 것이다. 아니 본인은 MD를 버리고자 했는데 그 경력을 보고 뽑았다고? 이상하게 들리겠지만 사실이다. 왜? 앞에서 말하지 않았는가? SCM은 생산부터 배송, 매장 관리까지 전 과정을 통합 관리하는 시스템이라고! 현재는 이 회사의 SCM이 세팅 단계라 이분을 돌볼 정신이 없지만, 즉 이분을 혼자 던져놓고 있지만 머지않아 이분의 전성시대가 올 것이다. 시스템이 다 세팅되고 나면, 실제로 패션 제품이 고객들의 니즈를 어떻게 반영해서 제작 생산되며, 어떻게 매장으로 배송되며, 재고관리는 어떻게 하며, 인기 없는 제품은 어떻게 반품 처리하고, 인기 좋은 제품은 어떻게 신속 충당하는지, A 매장에 있는 제품이 B 매장에서는 없어 못 팔 때 어떻게 돌리는지 등등 모두 이분이 현장에서 발이 닳도록 뛰어다니며 하던 일들이다.

회사는, 시스템 세팅이 완료되는 그날이 오면 이분을 그런 현장 업무의 달인으로 삼아 제대로 된 시스템 운용을 해보고자 SCM에 문외한인 이분을 대리까지 달아주며 뽑은 것이다. 그런데, 그런데 말이다. 문제는 이분이 너무 유능하고 똑똑하다는 것이다. 즉 무언가를 대차게 안 하고는 못 배기는 것이다. 그러나 아무리 대들어서 뭔가를 해보려고 해도 전혀 모르는 일인 데다 다들 바쁘다고 '아, 왔다 갔다 하면 걸리적거리니까 자리에 그냥 앉아있어요.' 식으로 밀쳐낸다. 그래서 자존심이 왕창 상한 것이다. 현장에서는 날고 기던 명(名) MD인 내가 이 무슨 수모인가? 그렇게 후회가 고개를 쳐들면서 예전 동료를 만나 술 한잔하며 하소연하는 찰나, 그 동료가 흥분해서 화를 냈을 것이다.

"아니 정말이야? 거기서 꿔다놓은 보릿자루 취급당하고 있다고? 아니 MD의 여왕인 네가 거기서 왜 그런 망신을 당하고 있어? 그 회사가 눈이 삐었지, 당신을 물 먹여? 당신은 타고난 현장 체질이야! 당장 우리 회사로 오기만 해. 그러면 바로 과장 달아주고 연봉도 올려줄 거야!"

이 달콤한 위로와 인정을 어찌 마다하랴? 목하 갈등하는 것이다. 그러나 그 동료의 위로와 인정은 이분을 자기 회사로 데려가기 위한 이브의 유혹일 확률이 높다. 절대로 이분을 위해서 그런 것은 아닐 것이며 어쩌면 '그러면 그렇지 네가 무슨 SCM을 해? 결국, 못 할 거 처음부터 난 다 알아봤어.' 하는 샤덴 프로이데 - 쌤통 심리도 한몫했을 수 있다.

그럼 이분은 어떻게 해야 할까? 정답은 **마도대광야 검법**을 쓰는 것이다. 魔刀大廣野? 마법의 칼을 차고 대광야로 가라고? 광야에 가면 뭐가 있는데? 아니다. 이 검법의 핵심은 磨刀待廣野 - 칼을 갈며 '광야'를 기다리는 것이다. 광야를 기다리다니? 정확히 말하면 '광야의 때'를 기다리는 것이다. 광야의 때? 그렇다! 유명한 이육사(李陸史) 선생의 시 「광야」에 나오는 '그때' 말이다. 시 「광야」를 다 외울 필요도 없다. 딱 두 구절, 초장과 종장만 알면 된다.

〈까마득한 날에/ 하늘이 처음 열리고/ 어데 닭 우는 소리 들렸으랴 (중략) 다시 천고의 뒤에/ 백마 타고 오는 초인이 있어/ 이 광야에서 목놓아 부르게 하리라〉 - 이 부분만 알면 된다. 이분에게 응용해 보면 - 지금 SCM 시스템을 아직 세팅도 못 했는데, 어디 MD의 달인이 소용 있으랴, 그러나 얼마 안 있어 시스템이 정착되고 팽팽 돌아가기 시작하면 그때 MD의 달인인 이분을 여기저기서 목놓아 부르리라 - 이것이다!

이 미래를 알면 지금의 고난은 얼마든지 참을 수 있다. 지금은 그야말로 아직 이분의 때가 이르지 않은 것이다. 고로, 눈치 보며 배운다, 자상하게 안 알려준다, 혼자서 배우기 힘들다, 신입사원 취급 당한다, 그래서 나 돌아갈란다 등등 징징대지 말고 앞에서 배운 **수보 검법**으로 SCM을 배우며 그때를 기다리는 것이 좋다.

다만 한 가지 예외는 있다. 물론, 그랬을 가능성은 희박하다고 보지만 만약 이분이, 새로운 분야로 옮겨서도 금방 일을 배우고 바로 자신의 존재를 내세우면서 즐겁게 일할 수 있을 거로 생각하고 옮겼다면 MD로 다시 돌아가는 게 좋다고 본다. 왜냐면 애초 예측이 잘못된 거라서 그렇다. 바꿔 말하면 근본적으로 잘못된 이직이었다는 거다. 굳이 SCM이 아니더라도 새로운 일을 바닥부터 배우는 건 그리 쉽지 않다. 고로 새로운 일을 쉽다고 오판했다면, 지금이라도 바로 잡는 게 낫다.

그렇지 않다면 당연히 **마도대광야 검법**으로 나가는 게 맞다. 이분이 상당히 똑똑하고 유능하기 때문에 지금 SCM 배우는 걸 포기하고 MD로 돌아가면 당장은 편할지 모르나 머지않아 반드시 '아, 그때 조금만 더 참고 배울 걸.' 하는 고민에 다시 빠질 것이다. 그러나 이미 버스는 지나갔다. 그러면 이분은 자신에 대한 커다란 증오로 상당히 힘들 것이다. 왜냐면 그만큼 유능하고 똑똑하기 때문에 후회도 그만큼 더 클 것이기 때문이다.

기회가 된다면 이은성의 『소설 동의보감』을 구해서 한번 읽어보라고 권한다. 좀 오래전에 나온 책이지만 아직도 서점에 가면 많이 팔고 있다. 다들 잘 아는 명의 허준에 관한 이야기인데, 허준이 스승 유의태한테 의술을 배울 때 어떤 자세로 어떻게 고생하며 배웠는지를 읽어보면 참고가 많이 될 것이다. 그런 건 옛날이야기지 오늘 같은 시대에 누가 그렇게 힘들게 일을 배우느냐고 할지 모르지만 그건 2%가 부족한 사람들의 생각이다. 매주 로또를 사거나 하는 그런 식으로 성공을 바라는 사람이 아닌 이상, 보통 사람이 성공으로 가는 기본 공식(Basic Success Formula)은 예나 지금이나 크게 변한 게 없다. 특히 이분은 머리가 좋고 결단력이 있는 분이기 때문에, 끝까지 물고 늘어지는 끈기만 갖추면 크게 성공할 거라고 본다.

"

34

상사한테 제 아이디어를
도둑맞았습니다

"

불가불가 검법을 써라

'경력 5년 차의 중견기업 대리입니다. 오늘 아침 간부회의 들어가기 전에 상무님과 차를 한잔하면서 영업 조직 개편의 필요성과 방법에 대해서 제 의 견을 말씀드렸더니 아주 좋다고 칭찬하는 것이었습니다. 그런데 회의가 시 작되자마자 상무님이 제가 했던 이야기를 마치 자기 생각인 것처럼 사장한 테 건의해서 칭찬도 받고 그대로 시행하라는 명도 받았습니다. 생각할수록 억울해서 상무님한테 어필하려고 하는데 어떻게 하는 것이 좋을까요?'

이분의 아이디어를 가로챈 그 상무의 처사는 한마디로 부도덕하고 얄밉고 안타까운 일이다. 필자도 현역 시절 영업본부장을 할 때인데, 허수(虛數) 영업이 아주 심해서 이걸 전산에서 방지하는 방법을 연구했던 적이 있다. 허수 영업을 하면 인사고과나 시상 등이 다 엉터리가 되기 때문에 아주 문제가 많다. 그런데 전산실장과 이야기를 나누다 보니 좋은 아이디어가 떠올랐다. 그래서 다른 본부장한테 검증받아보려고 한 사람과 의논했더니 좋은 생각이라며 회의에서 발표하면 자기가 지지 발언을 해주겠다고 한다.

그런데 막상 회의에 들어가자 이 친구가 먼저 손을 들더니 회장한테 '긴급 제안'이라고 하면서 바로 내 아이디어를 보고하는 게 아닌가? 임원 회의인데 그 자리에서 그 생각이 '니 꺼다, 내 꺼다' 다툴 수도 없고 결국에는 오히려 내가 지지 발언을 하게 되었다. 보고를 다 들은 회장이 아주 좋은 생각이라고 칭찬하면서 시행하라고 하는데 문제는 '다른 본부장들은 뭐 하는 거냐? 저 강 이사처럼 발상의 전환을 좀 하라'고 하는 거다. 그야말로 국 쏟고 손 덴 격인데 너무 순식간에 일어난 일이라 어쩔 도리가 없었다. 가까운 동료라고 믿어서 섣불리 발설한 내 불찰이었다. 즉 남의 아이디어를 훔친 사람도 문제이지만 지키지 못한 사람도 경솔한 책임이 있다.

임원 회의가 끝나고 나서는 어떻게 했을까? '그럴 수 있느냐?'고 따지지 않았다. 처음 생각은 내가 했지만, 상대가 이미 그 아이디어를 먼저 사용해버린 다음에는 대책이 없다. 중요한 것은 사후에 따지는 게 아니라 사전 예방하는 것이다. 흔히 직장을 경쟁이 살벌하다고 해서 전쟁터에 비유하는데, 그래도 전쟁터에서는 아군과 적군이 분명하고 아군끼리는 서로 엄호를 해준다. 그러나 직장에서는 상황에 따라서 동료가 적군이 되기도 한다. 흔히 뒤통수를 친다고 하는 건데 특히 중요한 자리로의 승진 등을 위해서는 능히 누구나 그렇게 한다. 고로 섣불리 내가 가지고 있는 아이디어를 함부로 발설하면 안 된다.

이분만이 아니라 모든 직장인이 꼭 명심해야 할 사항은. 어떤 아이디어가 누구 머리에서 나온 생각이냐가 중요한 게 아니고 누가 먼저 공표하고 실행했느냐가 중요하다는 사실이다. 실정법상에서도 문서 등으로 증빙되지 않은 아이디어는 보호받지 못한다. 그리고 이런 경우 그 건을 가지고 '당신이 나한테 이럴 수 있느냐?'라고 당사자한테 따진다거나 비난하는 것은 현명한 처신이 아니다. 그 당사자가 '무슨 이야기냐? 당신한테 듣기 전에 벌써 나도 똑같은 생각을 하고 있었다.' 이런 식으로 오히려 역공할 가능성이 크기 때문이다. 소위 적반하장이라는 건데 동료의 아이디어를 자기 걸로 가로챌 정도의 인격이라면 그럴 개연성이 충분히 있다. 차라리 회사 이익을 위해서 일단 시행되는 게 중요한 아이디어였다면 누구의 제안으로 했든, '전체를 위해서 다행이다.' 이런 식으로 대범하게 생각하는 게 좋다.

이상은 필자가 임원일 때 이야기이기며 동료끼리의 일이므로 이분의 이야기와는 경우가 좀 다르다. 사실 상사는 그러면 안 된다. 왜냐면 책임은 자기가 지고 공(功)은 부하에게 돌리는 게 훌륭한 상사이기 때문이다. 그러나 현실에서는 그런 상식이 잘 지켜지지 않는다. 그래서 옛날부터, 재주는 곰이 부리고 돈은 되놈이 챙긴다는 말이 생긴 것이다.

어쨌든, 일은 이미 벌어졌으니 이분은 어떻게 하는 게 좋을까? 정답은 **불가불가 검법**을 쓰는 것이다. 不可, 不可? 상무한테 절대로 안 된다고 강하게 따지라는 것인가? 아니다! 그럼, 不可不 可? 어쩔 수 없이 받아들이라는 건가? 그것도 아니다. 그럼? 두 가지 다를 아우르는 칼을 쓰라는 것이다.

이분한테 구체적으로 어떻게 하라는 것인가? 결론은 상무한테 '이럴 수 있느냐?'고 따지지는 말되, 그것이 '내 아이디어'였다는 사실은 확인을 받으라는 것이다. 즉 회의가 끝난 후 찾아가서 '오늘 제 아이디어 가지고 갑자기 상무님이 발표해서 어 뭐야 내 아이디어인데 하고 처음에는 깜짝 놀랐습니다. 그렇지만 사장님께 칭찬까지 들으셔서 저도 마음이 기쁩니다.' 이런 정도로만 이야기하는 게 좋다. 즉 칼을 빼서 상무의 가슴을 팍 찌르는 듯하면서도 스리슬쩍 다시 칼을 거두어, 다치지는 않았지만 놀란 상무가 뜨끔하게 만들라는 것이다. 그러면 상무도 미안한 마음이 들어서 '아아, 다 김 대리가 좋은 아이디어를 낸 덕분이지. 내가 다 기억해둘게.' 이런 식으로 나오지, 거기에다 대고 자기 아이디어라고 우기지는 못할 것이다. 그 정도로 상무에게 '제 아이디어 한번 썼습니다.' 하는 마음의 빛을 지워두는 것, 그것이 바로 **불가불가 검법**의 핵심이다. 즉, 화를 내며 상사와 다퉈서 아이디어도 되찾지 못하고 미움만 받을 바에야 차라리 그 상사가 나를 고맙게 생각하도록 해서 필요할 때는 도움을 받을 수 있도록, '不可 不可'인 듯 '不可不 可'인 듯 그렇게 처신하는 것이다.

이 검법의 이해를 돕기 위해 不可不可派의 시조(始祖)이며 초대 장문인(掌門人) 격인 운양(雲養) 김윤식 선생에 관해 소개하겠다. 그는 구한말, 중추원(총독 자문 기관) 의장을 역임했는데 나라의 운명이 일본에 의해 바람 앞에 촛불처럼 위태롭다가 마침내 일제에 합병될 때, 그 합병을 인준하는 문서에 내각 대신들이 모여서 서명하게 되었다. 그런데 모든 대신이 '가(可)'라고 서명할 때 유독 그 혼자만 '불가불가(不可不可)'라고 서명을 했다.

당시 을사오적(乙巳五賊)과 일본인들은 이걸 '불가불 가(不可不 可)', 딱히 다른 도리가 없으니 그렇게 해야 한다는 뜻으로 읽어 내각 대신 전원의 찬성으로 처리했다. 그러나 후일 3.1 운동에 동참해 옥고를 치르는 등, 그의 행적으로 미루어 '불가(不可) 불가(不可)'라고 분명한 반대를 표했다고 보는 견해도 강하다. 만약 운양 선생 본인에게 물어보면 뭐라고 할까? 그는 이렇게 답할 것이다. '해석은 마음대로 하시오. 그러나 그 엄혹한 시절에 그런 고민을 진지하게 했던 한 인간이 있었다는 걸 잊지 말라는 뜻이오.'라고 말이다. **불가불가 검법**으로 한번 휘두른 칼에 지금까지도 사람들이 잊지 못하고 논란을 거듭하고 있으니 그 내공이 얼마나 깊은가? 질문자도 그렇게, 무섭게 칼을 뺐다가 스리슬쩍 도로 넣어서 상무가 잊지 못하도록만 만드는 게 현명한 처신이다.

마지막으로 이분이 알아야 할 주의사항이 있다. 상무 앞에서는 **불가불가 검법**으로 좋게 이야기해 놓고 나와서는, 뒤에서 '야야! 오늘 상무가 사장한테 칭찬받은 아이디어 사실은 내 거야. 내 거!' 이런 식으로 떠벌리면 안 된다. 그러면 밤에 상무가 보낸 자객이 찾아올 수도 있다. 고로 어차피 상무에게 공을 돌리기로 맘먹었다면 입조심해야 한다. 그리고 이 입조심은 아이디어를 지키는 데 있어서 가장 중요한 제1조다. 고수는 입을 굳게 다물고 듣기만 함으로써 하수의 아이디어를 빼내가고, 하수는 참지 못하고 입을 나불거림으로써 고수에게 자신의 아이디어를 뺏긴다는 사실을 잊지 말자. 사실 직장에서 입을 무겁게 할 수만 있어도 너끈히 중수(中手)로 올라간다.

35

"

A사로 이직했다가 한 달 만에
B사로 이직하면 욕먹을까요?

"

행복우선 검법을 써라

'방송 관계 일을 하는 경력 5년 차의 직장인입니다. 제가 꼭 가고 싶었던 A 회사에서 경력직을 모집하는데 경쟁이 셉니다. 일단 이력서를 넣었는데 한 달 후에 최종 결과가 나옵니다. 확률은 반반인데 며칠 전에 또 다른 B회사에 서 일하는 선배가 올 생각이 없느냐고 연락이 왔습니다. B는 연봉은 비슷한 데 업무 강도가 세지 않습니다. 그래서 B로 가고는 싶은데 만약 A에 합격이 되면 추천한 선배한테 미안해서 걱정입니다. B는 안 오면 다른 사람을 바로 뽑겠다고 하니 기회를 잃을 것 같고, 어떻게 하면 좋겠습니까?'

이 질문은 쉽게 생각하면 그냥 안전하게 B사로 가면 될 것 같은데, 조금 깊게 생각하면 문제가 그렇게 간단치 않다. 왜냐면 B사로 갔다가 A사에 이어서 합격이 되면 문제가 되는 것이다. 질문에는 B사에서 일하는 선배와의 관계가 정확하게 언급이 안 되어 있지만, 이분이 고민하는 속마음을 미루어 보면 그 선배하고의 사이가 아주 가까운 거로 보인다. 그러니까 만약에 B사로 갔다가 A사에 합격이 되어서 한 달 만에 옮기게 되면 그 선배가

"야, 네가 어떻게 나한테 이럴 수 있어? 이러면 너 믿고 추천한 내 입장은 뭐가 되는 거야?"

이런 식으로 일종의 배신자처럼 생각할 개연성이 크다는 거다. 더구나 이분 직업이 방송계이다 보니 어디로 가도 다 아는 사람들이기 때문에 평판을 걱정할 수밖에 없다.

사실은 이 문제가 필자한테 직접 상담을 의뢰해온 내용이 아니라 한 직장인 상담 카페에 올라온 내용인데 거기에 달린 댓글들이 재미있어서 방송 테마로 선정했던 질문이다. 댓글의 내용을 보면 이런 문제를 바라보는 지금 세대 직장인들의 문제 해결 능력이나 어떤 의식 수준이라고 할까, 그런 것들을 가늠해볼 수 있어서 아주 흥미로웠다.

아주 많은 댓글이 달렸는데 일단 '뭘 걱정하냐 B로 갔다가 합격하면 A로 가면 될 거 아니냐.'라는 그런 의견은 없었다. 즉 뒤집어 말하면 'B사로 갔다가 한 달 만에 다시 A사로 가버리는 건 도리가 아니다.'라는 이런

의견이 대세였다. 요즘 젊은이들을 가리켜 '이기적인 세대'라고들 하지만 아직은 우리 젊은이들의 의식 구조는 그래도 의리를 중시한다는 생각이 들었다.

그다음, 해결책에 대한 답은 크게 두 가지로 나뉘었는데, 하나는 '원래 목표가 A사였으니 B사는 깨끗이 잊고 그대로 있어라.' 하는 것이었다. 다른 의견은 '어차피 A사에 합격할 확률이 낮은 것 같은데 지금 회사에 그냥 있다가는 두 곳 다 놓칠 확률이 높으니까 일단 B사로 가서 계속 다니면서 A사에 대해서는 다시 훗날을 기다리는 게 좋겠다.'라는 의견이었다. 어찌 보면 두 의견 다 일리는 있는데, 필자가 보기에 최선의 답에는 이르지 못했다고 본다.

그럼 이분은 어떻게 하는 게 최선일까? 정답은 **행복우선 검법**을 쓰는 것이다. 행복 우선? 아니 누구라도 행복을 우선으로 삼지, 다른 걸 우선으로 삼겠나? 그렇다! 다른 걸 우선으로 삼는 사람들이 많다. 아니, 뭘 우선으로 삼는데? 기회, 돈, 출세를 우선으로 삼는다. 이분의 경우는 기회를 우선으로 삼다 보니 이런 진퇴양난 사태가 벌어진 거다.

사실 이 문제는 이분이 B사에 있는 선배가 오라고 연락했을 때, 그때 그 선배한테 한 가지만 확인하면 될 일이었다. 무엇을 확인한단 말인가?

"아 선배, 불러줘서 고마운데 나 사실은 지금 A사에 서류 넣었거든. 근데 이게 합격 여부를 한 달이나 뒤에 알려준다네. 아니 감질나게 왜 그렇게 오래 걸리는지 모르겠어. 어쨌든 그래서 만약 나 지금 선배한테로 갔다가 한 달 뒤에 A사에 합격하면 그리로 가야 하는데 나 그래도 돼? 그러면 선배가 거기서 입장 곤란해지지 않을까?"

이렇게 확인하면 되는 거였다. 선배가 괜찮다고 하면 부담 없이 B사로 가서 일하면서 A사 결과를 기다리다가 합격하면 가고 불합격이면 그대로 머물면 되는 것이다. 아주 간단한 문제인데 무엇이 문제라서 그 확인을 하지 못했을까?

행복보다 기회를 우선으로 했기 때문이다. 즉 그 선배가 혹시나 '안 돼' 라고 할까 봐 그러지 못한 것이다. 안 된다고 하면 어찌 되는가? B사로 가지 못하고 그냥 있어야 한다. 그리고, 그러다 A사에서 불합격 통지가 오면 A도 B도 다 물거품이 되는 것이다. 아, 이것만은 막아야 하는데, 그럼 A사 이야기를 하지 말고 그냥 B사로 가서 다니다가 A사에 합격하면 선배가 뭐라 하든 말든 두 눈 딱 감고 가버리고, 불합격이면 B사에 그냥 다니면 되는 거 아닌가? 이렇게 생각하다 보니 A나 B 둘 중 하나의 기회는 잡을 거 같은데 마음은 근심 걱정으로 가득하다.

만약 이분이 기회보다 행복을 우선으로 해서, 선배한테 솔직하게 확인만 하면 B사로 가지는 못하더라도 별 근심 없이 A사의 합격 발표를 기다리면 된다. 그리고 원래 그게 이분의 현실이었다. 그런데 갑자기 그 틈을 비집고 B사가 등장하는 순간 둘 중 하나는 잡아야 한다는 욕심이 생기면서 지금과 같은 고민에 빠지게 된 거다. 그래서 필자는 이분에게 지금이라도 행복을 우선으로 해서 그 선배한테 솔직하게 확인해보길 권한다.

그러면 그 선배도 같은 방송계 종사자라 A사로 가려고 하는 이분 마음을 이해할 것이기 때문에 '그래, 좋아. 일단 와서 일하면서 결과를 보자. 나라도 A사에 되면 당연히 그리고 가지, 안 가겠냐? 자네가 잘되는 일인데 내가 욕먹고 말지, 뭐.' 이럴 수도 있는 문제다.

그리고 그렇게 권하는 이유는 앞에서도 언급한 이분의 평판 때문이다. 우리나라 방송업계가 얼마나 넓을까? 필자가 겨우 13년밖에 그것도 짧은 프로그램 하나 맡아서 활동했지만, 그동안 느낀 것은 방송계 인력이 알고 보면 다 연평 바다 그물처럼 얽히고설켜 연결되어 있다는 것이다. KBS 라디오 말고도 여러 다른 곳에 출연해봤는데 가는 곳마다 KBS 제작진에 대한 안부를 묻는다. '어디에서 어떤 방송 얼마 동안 함께 했었다, 그 양반 정말 프로다, 술 정말 센 분이다' 등등 웬만하면 다 알고 있다. 그러니 이분이 한 달 만에 선배한테 욕먹어가면서 A사로 간들 그 앞날이 과연 순탄하고 행복할까? 아니라고 본다.

게다가 A사에 합격은 했지만, 형식적으로라도 면접을 본다면 가장 먼저 무엇을 물어볼까? 'B사로 갔다가 왜 한 달 만에 그만뒀습니까? 이러면 안 되는 거 아닌가요? 여기서도 그럴 건가요?' 이러면 뭐라고 답할 것인가? 그러나 선배한테 진실을 솔직하게 말하고 양해를 구한 뒤에 B로 갔다가 A사의 면접 자리에 앉았다면 그 이야기를 다 하면 된다. 그래서 필자는 이분에게 강력하게 지금이라도 기회보다 행복한 길을 택하라고 권한다.

이 사례를 책에 실은 이유는 직장 고민 상담을 하다 보니 의외로 이와 비슷한 질문이 너무 많아서이다. 즉 솔직하게 말하면 기회가 날아가버릴 거 같아서 사실을 숨기고 이곳이냐 저곳이냐 줄타기하며 마음 졸이는 직장인이 너무 많다는 것이다. 아무리 기회를 잡기 위한 거짓말이라 해도 그것이 반복되면 남이 몰라도 스스로는 안다. 그러다 보면 결국에는 스스로가 스스로를 존경하지 못하게 된다. 즉 '누구에게도 떳떳하고 당당한 삶'이 아니라 어딘지 '잔머리를 굴리는 위축된 삶'을 살게 되는 것이다. 잔머리를 잘 굴리면 소소한 기회는 잘 잡을지 모른다. 그러나 뒤에서 손가락질하는 남들의 눈을 느끼기 때문에 편안하게 미소짓는 풍성한 인생은 살지 못한다. 그래서 필자는 가는 곳마다 성공한 직장인보다 행복한 직장인이 되라고 권하는데 그러기 위해서는 **행복우선 검법**으로 칼을 써야 한다.

"

36

인사고과 잘 받으려면
실적을 크게 포장해서 쓰라던데요

"

고래작살 검법을 써라

'중견기업에 다니는 직장 경력 4년 차 대리입니다. 연말이 되니 인사고과 이야기가 많이 돌아다니는데, 저도 관심이 많아서 관련 서적을 사보았습니다. 그런데 거기에 보니까 인사고과를 잘 받으려면 연말에 큰 건을 성공시켜라, 본인이 한 해 동안 올린 성과를 최대한 크게 포장해서 써라 등이 나와 있는데 이게 맞는 말인지, 구체적으로 어떻게 하라는 건지 모르겠습니다.'

이분이 읽은 책에서 지적하는 건 인사고과 시기에 강한 인상을 남겨라, 그런 뜻인 것 같은데, 일단은 맞는 말이다. 심리학에서는 이런 걸 가리켜서 신근효과(新近效果)라고 하는데, 가장 나중에 받은 인상이 큰 영향을 미친다는 이론이다. 예를 들면 회의 같은 데에서 남들이 이런 말 저런 말 많이 할 때 조용히 듣고 있다가 회의가 끝날 때쯤 그 모두를 아우르는 중요한 내용을 빵 하고 터트리면 크게 주목받을 수 있다, 이런 것이다. 그런데 이 신근효과라는 게 인사고과 점수를 잘 받는 부분에서 일리가 있기는 하지만 어디까지나 이론일 뿐이지 현실적으로 그렇게 딱 들어맞는 내용은 아니라고 본다.

　하나의 이론이지 인사고과의 현실에는 딱 맞지 않는다는 건, 인사고과를 할 무렵에 큰 성과를 올리면 아무래도 평가가 더 후해지는 건 사실이지만, 문제는 그렇게 신근효과를 생각해서 큰 성과를 연말에 의도적으로 내는 게 현실적으로는 어렵다는 거다. 왜냐면 직장에서의 일이란 게 1년 내내 최선을 다해서 좋은 성과를 내야 하는 거지, '연말에 성과가 크게 보이도록 하기 위해서 평소에는 적당히 성과를 낸다.' 이건 말이 안 된다. 그리고 만약 평소에 최선을 다해서 성과를 올리는 사람이라면 연말에 잘 보이기 위해서 인위적으로 갑자기 더 좋은 성과를 올리는 것도 힘든 일이다. 그리고 평소에 안 그러다가 신근효과를 생각해서 연말에 열심히 하면 '저 친구는 인사고과 때만 열심히 한다.' 이런 식으로, 잔머리를 굴린다는 평가를 받게 된다. 결국, 인사고과는 고과 기간 내내 최선의 성과를 내는 게 중요하고, 또 이런 폐단을 없애기 위해서 아예 3개월 단위의 분기별로 평가하는 곳이 많다. 그리고 사실 신근효과는 그 역(逆)을 더 주의할 필요가 있다.

이 말은 신근효과가 거꾸로도 작용한다는 거다. 즉 최근의 큰 성과가 긍정적 영향을 준다는 말은 뒤집으면 최근의 큰 실패는 부정적 영향을 줄 수 있다는 뜻도 된다. 이 말은 평소에 좋은 성과를 내다가 인사고과 때 임박해서 잘못하면 그동안의 좋은 성과가 제대로 평가받지 못할 수도 있다는 거다. 그렇기 때문에 인사고과가 임박했을 때는 큰 실수를 하지 않도록 각별 주의해야 한다. 평소에 최선을 다해왔다면 인사고과 때라고 해서 갑자기 성과를 더 올리는 건 어렵지만 평소에 잘 해오던 일을 실수하지 않도록 하는 건 본인한테 달렸다.

그럼 이분이 인사고과를 잘 받으려면 어떻게 해야 할까? 정답은 **고래작살 검법**을 쓰는 것이다. 고래작살? 큰 고래를 작살로 잡아 올리듯 역시 큰 건을 하나 하라는 뜻 아닌가? 아니다. 이 검법의 핵심은 평소 처신을 고래작살처럼 하라는 것이다. 고래작살처럼 하라는 말은 고래를 잡는 작살의 끝이 뭉툭한 것처럼, 좀 무겁게 처신하라는 거다.

대부분 작살은 창이나 화살촉처럼 끝이 날카롭게 되어 있다. 그래야 목표물을 잘 꿰뚫을 수 있으므로 당연하다. 그러나 고래작살은 끝이 날카롭지 않고 뭉툭하다. 사실 고래작살의 끝은 직각으로 잘려져 있기 때문에 뭉툭하다는 표현도 딱 맞지 않다. 어쨌든 고래작살도 처음에는 끝이 날카로웠다고 한다. 그러나 실제로 고래를 잡다 보니 일반 물고기들과는 달리 작살이 튕겨 나가는 일이 많았다고 한다. 즉 고래의 껍질이 두껍다 보니 완전히 직각으로 날아가서 꽂히지 않는 한 날카로운 창 모양이 오히려 삼각형 빗변처럼 되어 미끄러져 버리는 것이다. 또 날카로우면 얇아서 무게가 가벼워진다. 그래서 사람들은 고래처럼 큰 타깃을 잡을 때는 날카로움으로 꿰는 것이 아니라 넓은 면과 묵직함으로 치고 들어가야 한다는 사실을 알게 되었다. 이것이 바로 이 검법의 핵심이다. 즉 잔챙이가 아니라 큰 목표를 이루고 싶다면 잔머리를 굴릴 게 아니라 묵직하게 처신하라는 것이다.

그리고 인사고과를 잘 받고 싶으면 기본적으로 일을 잘해야지 인사고과 평정 서류를 잘 기록하라는 건 본말이 전도된 느낌이 든다. 이분이 읽은 책의 저자는 심리학 공부는 많이 했지만 어딘지 실제로 인사고과를 많이 해보지는 않은 분 같다. 왜냐면 실제 현장에서는 고과 점수를 잘 받고 못 받는 것이 서류 기록에 의해서 좌우되는 일은 드물기 때문이다. 다시 말하면 팀원이 어떤 일을 얼마나 잘했는가 못했는가는 팀장이 이미 파악하고 있다는 것이다. 그것을 모르고 팀원이 쓴 내용을 읽은 뒤에야 비로소 파악하는 그런 팀장은 드물다. 따라서 업적의 기록은 성실하면서 냉정하게 기록해야지 책의 저자가 말하듯 뭔가 포장해서 적으려고 하면 오히려 허장성세가 있다는 인상만 줄 수 있다.

독자들이 다 잘 알겠지만, 인사고과는 업무 실적만 가지고 평가하는 것이 아니다. 태도와 자질도 함께 평가하기 때문에 성실한 인상을 줘야지 부풀리는 인상을 주는 것은 잘못이다. 또 신근효과만 해도 이와 반대되는 초두효과라는 개념도 있다. 즉 어떤 인상을 남기는 데 처음에 받은 인상이 오래 남는다는 건데 그런 개념으로 본다면 매년 초에 좋은 실적을 올려야 한다는 뜻이 된다. 따라서 너무 이론에 치우쳐서 기술적으로 점수를 잘 따려고 하지 말고 평소에 묵직하게 꾸준히 일을 잘하는 것이 중요하며 이것이 바로 **고래작살 검법**의 핵심이다. 잔머리를 쓰면 자잘한 자리로 나갈 것이며 묵직하고 큰 머리를 쓰면 묵직하고 큰 자리로 나갈 수 있음을 잊지 말자.

"

37

성격이 내성적이라 직장 생활 힘든데 개인 사업이나 할까요?

"

구절양장 검법을 써라

'중견기업에 10년째 다니는 나이 34세인 직장인입니다. 제가 술, 담배 안 하고 남과 술렁술렁 이야기하는 것도 잘 못하고 어울려서 2, 3차 가는 것도 싫어하는 내성적 성격이라 남에게 표현을 잘 못하고 혼자 있는 걸 좋아하다 보니, 동료나 상사도 저와 어울리는 걸 싫어하는 것 같고, 요즘은 저도 의욕이 없습니다. 직장 그만두고 혼자 하는 개인 사업이나 해볼까 생각 중입니다.'

사실은 내성적 성격 때문에 고민이라는 질문이 의외로 많다. 자기가 가지고 있는 가능성이나 능력의 실체를 조직에 확실하게 각인시켜 주지 못해서 걱정이라는 건데, 사실은 본인 상황을 깊이 생각하지 않고 모든 걸 내성적 성격 탓으로 돌리는 게 문제다.

말이 나온 김에 조금 더 보충 설명하면, 내성적인 성격은 스타일의 문제지 우열의 문제가 아니다. 따라서 내성적 성격을 무조건 핸디캡으로 생각하는 건 큰 잘못이다. 이분 말대로 내성적인 사람이 자기표현을 잘 못하는 측면이 있다 보니 흔히 소심하다, 나약하다, 이런 식으로 오해하는데 사실은 그렇지 않다.

내성적인 사람들이 그런 오해를 받는 이유는 학자들에 의하면 세상에는 외향적인 사람들이 더 많기 때문이라고 한다. 대체로 외향적 성격과 내성적 성격인 사람의 비율이 3대 1 정도라고 하는데, 그러다 보니까 수적으로 불리하다는 것이다. 즉 사람을 판단하는 문화가 외향성 기준으로 기울어져 있다는 건데, 면접 상황을 예로 들면 면접관들이 사람 속을 보기도 전에 무의식 중에 겉으로 활달한 사람한테 점수를 더 주는 식이다.

회사 같은 경우에 가장 중요시하는 것이 도전 정신이나 자신감 이런 건데, 예를 들면 안 되면 되게 하라는 특전사 구호처럼 일단 부딪치고 보는 성격에 점수를 더 주는 경향이 있다. 그런데 내성적인 사람들은 상당히 신중하기 때문에 안 되는 일을 된다고 하는 건 일종의 허풍이나 무모함이라 생각한다. 또 자기 입으로 자기 자랑하는 걸 인격 부족이라고 보는 성향이 있어서 꺼린다. 한마디로 말하면 내성적인 사람들은 말을 위한 말을 잘 하지 않기 때문에 비사교적이라거나, 소심하다거나, 진취적이지 못하다는 오해를 받는 경우가 많다. 깊이 알고 보면 전혀 그게 아닌데 사람들이 선입견을 지니고 부정적으로 판단해버리는 경우가 많다.

가장 중요한 것은 본인 스스로가 내성적인 성격의 장점에 대해서 정확히 파악하는 것이다. 내성적인 사람들은 집중력이 강하고, 분석력이 좋다. 또 남에 대한 배려심이 강하다. 사실 타인에 대한 배려가 많다 보니 말을 함부로 못 하는 측면이 있고, 또 말보다는 글을 쓰는 데 능하기도 하다. 실제 인물을 예로 들어보면, 이 책을 쓰는 필자도 상당히 내성적인 사람이다. 물론 필자는 그리 유명하지 않아서 위안이 되지 않을 것이다. 『내성적인 사람이 성공한다』라는 책을 쓴 마티 올슨 래니에 의하면, 역사적으로 유명한 토머스 에디슨이나 에이브러햄 링컨도 내성적이고, 요즘 인물로는 부자로 유명한 빌 게이츠나 워런 버핏도 그렇고, 의외로 배우 톰 크루즈나 축구선수 데이비드 베컴, 리오넬 메시도 다 내성적인 사람이라고 한다.

내성적 성격에 대한 설명이 길었는데, 내성적이라 힘들다고 질문하는 사람들이 많아서 그랬다. 이분의 질문으로 돌아와서 잠깐 살펴보면, 본인의 단점을 몇 가지 진술했는데 필자가 보기에는 다 장점도 된다. 술 담배 안 하니 항상 정신 맑고 육체 건강하며, 조심스레 말하니 신중하고, 2, 3차 안 하고 일찍 귀가하니 모범적 인생인가? 게다가 한눈팔지 않고 한 직장에 10년 근속했다면 답답한 느낌도 들지만 성실한 성품으로 보인다. 다만 그야말로 동료들과 잘 어울리지 않다 보니 요즘 직장 생활에 슬럼프가 오지 않았나 하는 생각이 든다.

그럼 이분은 어떻게 해야 할까? 정답은 **구절양장 검법**을 써야 한다. 구절양장(九折羊腸)은 양의 내장이 꼬불꼬불한 것처럼 산길이 굽이굽이 감도는 것을 말한다. 이 구절양장은 조선 중기 장만이라는 사람이 쓴 시조 때문에 유명해졌다.

풍파(風波)에 놀란 사공 배 팔아 말(馬)을 사니

구절양장(九折羊腸)이 물도곤 어려웨라

이후론 배도 말고 말도 말고 밭 갈기만 하리라

내용은 뱃사공이 파도에 놀라서 배를 팔아치우고 말을 사서 산길로 다니는 육로 운송 사업을 시작했는데 굽이굽이 감돌아드는 산길이 험해서 뱃사공보다도 더 힘들다는 것이다. 그래서 결론은 뱃사공도 안 하고, 말잡이도 안 하고 땅을 사서 농사만 짓겠다는 것이다. 이것을 이분의 상황에 대입해보면, 이분은 내성적 성격으로 외톨이라 직장 생활에 재미를 못 느끼니 그만두고 개인 사업을 해보겠다는 것이다.

이분이 개인 사업에 뜻을 두는 이유는 그야말로 본인이 고독한 스타일이기 때문에 혼자서 할 수 있는 일을 하겠다는 것이다. 즉 개인 사업에서 개인에 방점을 두고 있는 건데, 필자가 보기에는 천만의 말씀 만만의 콩떡이다. 어떤 사업을 하려고 생각하고 있는지는 모르겠지만 사업을 하는 방식이 혼자서 하는 일이라 해도 그 일로 인해 상대해야 하는 고객은 다수이다. 그리고 그 고객들에게는 상당히 붙임성 있게 굴어야 하며 또 경쟁이 있다면 상대와의 신경전도 벌여야 한다. 딱 잘라 한마디로, 직장에서 말발 세고 인간관계 좋기로 날고기는 사람도 사업은 신중해야 하는데, 정반대인 사람이 그 탈출로로 사업을 택한다는 발상은 일단 이해되지 않는다. 고로 결론은 구절양장 시가 암시하듯이 이것이 힘들다고 무턱대고 저것을 택하지 말라는 것인데, 바로 그것이 **구절양장 검법**의 핵심이다.

잘 생각해서 본인부터 내성적 성격에 대한 편견을 버리고 지금부터라도 대인관계를 좀 더 깊게 가지도록 노력하는 게 우선이다. 굳이 말 잘하려 하지 말고 여기저기 다 끼려고 하지도 말라. 있어야 할 자리에 빠지지 말고, 해야 할 말만 잘해도 충분하다. 술 담배를 안 해도 고독하지 않은 사람 많다는 사실을 명심하기 바란다.

끝으로, 개인 사업을 꿈꾸는 이분에게 〈미생(未生)〉에 나오는 대사를 들려주고 싶다. "회사가 전쟁터라고? 그럼 나와봐! 밖은 지옥이야!" 절대 대책 없이 함부로 사표 투척하지 말고 신중하기를 바란다. 그런 의미에서 장만의 구절양장가가 1절이라면 필자가 만든 2절을 들려드리겠다.

쟁기질에 놀란 사공 밭 팔아 백수 되니

열두 달 노는 일이 밭도곤 어려웨라

이후론 주어진 일에 최선을 다하리라

38

"

상사의 비리를 알게 됐어요,
어떻게 해야 하죠?

"

오니노메츠 검법을 써라

'평소 존경해오던 상사가 알고 보니 거래 업체와의 일 처리에 부정이 있다는 것을 알게 되었습니다. 너무 실망스럽고, 회사 다니는 기분도 우울해지고, 상사를 대하기도 어색하고 그렇습니다. 제가 오해를 한 것 같지는 않습니다. 누구에게 의논할 수도 없고 답답합니다. 더 윗선에 이야기하는 게 좋겠습니까?'

상사의 비리를 알게 되었다는 이런 질문은 심심찮게 들어오는데 사실 딱히 상담을 해주기 매우 어려운 측면이 있다. 왜냐면 그 비리를 신고하고 상사가 처벌을 받아도 신고자 본인은 신분이 드러나지 않고 그 직장에 그대로 다니기를 원하는 경우가 대부분이기 때문이다. 그러나 실제로 비리 신고가 이뤄지고 난리가 나게 되면 그곳에서 계속 일할 수 있다는 보장이 없으며 있으라 해도 힘들 것이다.

한번은 공공 어린이집 근무자가 원장의 비리를 신고할까 말까를 물어 온 경우가 있었는데, 본인이 다른 곳으로는 갈 수 없다고 해서 그냥 '눈 딱 감고 모른 체하고 다녀라. 세상이 다 그런 거다.' 이렇게 상담한 뒤에 그 내용을 방송한 적이 있었다. 그런데 방송이 끝나자마자 바로 연락이 왔다. 어린이집 버스를 운행 중이었는데 갑자기 자기가 질문한 내용이 나와서 혹시나 옆에 탄 선생님이 알아챌까 봐 가슴이 심하게 쿵쾅거리며 정신이 없었다는 것이다. 물론 질문자의 개인 신상 보호를 위해서, 질문 내용을 방송할 때는 철저하게 해당 업체와 질문자의 신분을 바꿔서 한다. 그렇기 때문에 누가 알아차릴 염려는 없지만 어쨌든 비리 신고라는 것이 의협심에서 생각은 많이 하지만 행동으로 옮기기는 그만큼 힘들다는 방증이다.

실제로 2016년 현대 기아차에 다니던 김광호 씨가 엔진 결함 문제를 공익신고했는데 바로 이어진 회사의 횡포로 갖은 소송에 시달리다가 마침내 2021년 공익을 인정받아 미국 도로교통 안전국으로부터 280여억 원의 포상금을 받았고 그 뉴스는 우리를 놀라게 했다. 그러나 포상금을 받은 뒤 인터뷰에 응한 그의 마지막 말은 '절대로 공익신고하지 말라'는 거였다. 그만큼 인생이 힘들어진다는 것이다.

어쨌든 이분은 국가를 상대로 공익신고를 하겠다는 게 아니고 회사 상부에 보고하겠다는 건데, 그럼 어떻게 하는 게 좋을까? 정답은 **오니노메츠 검법**을 쓰는 것이다. 오니노메츠는 일본 영화 〈숨겨진 검, 오니노 메츠(隱し劍,鬼の爪)〉에 나오는 필살의 비기(祕器)인데 단도의 손잡이에 숨겨진 아주 날카로운 송곳 같은 살인 무기이다. 오니노메츠는 번역하면 '도깨비의 손톱'이다. 영화에서는 주인공이, 친구 아내를 겁탈한 상사를 찾아가 번쩍하는 순간에 암살하는 장면이 나오는데, 상사를 만나 '하이' 하면서 엎드리는 척하다가 번개같이 오니노메츠를 뽑아 가슴을 찌른다. 얼마나 순식간인지 상사도 무슨 일이 있었는지를 모르고 서 있다가 쿵하고 쓰러지며 검시관도 '무슨 날카로운 찔린 자국이 있는데 사람의 솜씨는 아닌 것 같다.'라고 말한다. 이 검법의 핵심은 그만큼 완벽해야 한다는 것이다. 즉 상대가 눈치를 채기도 전에 번개같이 해치우고 마는 것, 이것이 핵심이다. 이분이 이 검법을 적용해서 구체적으로 해야 할 일을 설명한다면 세 가지로 말할 수 있다.

첫째는 대가성 확인인데 이 문제가 그리 간단치 않다. 가장 중요한 것이 상사의 부정이 회사에 실질적 피해를 주고 있느냐 또는 의도적이냐 하는 점이다. 이게 생각보다 많이 복잡한데, 예를 들면 거래 업체로부터 식사나 술 등의 향응을 받았다 하더라도 오더를 주기 전이냐, 주고 난 후냐가 성격이 좀 다르고, 금품을 받았다 하더라도 납품한 제품의 단가나 품질에 문제가 있느냐 없느냐가 또 다르다. 예를 들어서 납품한 물건의 품질에 문제가 있는데 상사가 로비 받은 것 때문에 눈감아줬다면 이건 심각한 거다. 그야말로 회사 돈을 축낸 거나 마찬가지이기 때문이다.

그러나 반대로 로비는 받았지만, 최소 단가에다 품질에도 전혀 하자가 없다면 이건 거래처가 알아서 자기들 이익분에서 손을 썼을 가능성이 크다. 소위 성의 표시라는 건데, 이 경우는 일단 상사의 처신이 도덕적으로 문제가 되기는 하지만 직접적인 해사 행위라고까지는 보기 어렵다. 만약 이런 경우라면 굳이 공식 보고를 하면서까지 문제 삼을 필요는 없다고 본다.

둘째는 분명히 대가성이 있다고 판단이 되면 그 진원지가 어디인지를 확인해야 한다. 이 말은 그 상사 혼자서 부정을 저지른 게 아닐 수도 있다는 뜻이다. 필자가 현역으로 있을 때 비슷한 일이 있었는데, 고객 사은품을 주문하는 일이었는데 상사가 자꾸 특정 회사를 강요해서 알아보니 뭔가 흑막이 있었다. 그래서 그걸 오너한테 들고 가서 직통으로 보고했는데 난리가 났다. 그렇지만 나중에 알고 보니 그 회사로 하라고 지시한 건 바로 오너였고 상사는 하수인이었다. 그 이후 외부 계약 업무는 나한 테서 떠나게 되었고 동료 임원들이 '김 이사 너무 순진하다.'라고 입방아를 많이 찧었다. 그러니까 회사의 일이라는 것이 반드시 합법적이고 도덕적인 기준으로만 움직이지 않는다는 점을 이분이 아는 게 좋다.

셋째는 가장 중요한 건데 확실한 증거다. 이분 사연을 보면 '제가 오해한 것 같지는 않다'라고 나와 있는데 이 정도로는 곤란하다. 대체로 이런 부정을 목격하고 놀라서 힘들어하는 분들은 특성이 정직하고 착한 사람들인데, 반대로 이런 부정을 저지르는 사람들은 아주 독하고 뻔뻔한 사람들이다. 한마디로 질긴 사람들인데, 이런 사람들이 특징은 결정적 증거를 들이대지 않는 한, 끝까지 모르쇠로 나간다는 거다. 여차하면 이분을 명예훼손죄로 역공할 가능성도 있다. 이런 사람들은 우리나라 정치인들처럼 '정의가 이기는 게 아니고 이기는 게 정의다.'라는 식으로 사는 사람들이다. 그렇기 때문에 옴짝달싹 못 할 증거를 확보한 뒤에 윗선에 보고해야지 어설프게 증거도 없이 보고하는 것은 정직한 사람이 오히려 피해를 볼 수도 있는 상당히 위험한 처신이다.

내부 고발이 얼마나 어려운 것인가를 알려면 미국 영화 〈내부 고발자 (The Whistle Blower)〉를 찾아서 한번 보기 바란다. 레이첼 와이즈가 주인공으로 나오는데 내부 비리를 고발했다가 정말 상상하기 어려운 고생을 하는 과정을 그런 영화다. 영화를 보면 우리나라만이 아니라 외국도 내부 고발자를 조직과 동료에 대한 배신자 취급한다는 걸 알 수 있다. 그래서 결국 직장을 다닐 수 없게 될 텐데, 그럴 만한 가치가 있는 일인지를 잘 판단하기 바란다.

39

"

회사가 커지더니
사장이 예전과 달라졌습니다

"

십이사도 검법을 써라

'10년 전 사장님이 회사를 처음 차릴 때 고졸 경리로 들어와 일을 시작한 여성 직장인입니다. 그때 영업 사원 두 명까지 단 넷이 시작했었는데, 지금은 사원이 20여 명 될 정도로 사업이 커졌습니다. 그런데 예전에는, 제가 친인척이 아닌데도 사장님이 정말 한 가족처럼 다정하게 대해주었는데 재작년부터 상당히 업무적으로만 이야기하고 최근에는 제가 첫아이 출산 휴가를 갔다 복귀했는데 예전처럼 살가운 눈치가 아니라 매우 섭섭합니다. 나가라는 걸까요?'

이 질문은 두 가지 분석이 가능하다고 본다. 하나는 회사의 발전 단계에 따른 아주 보편적인 직원 심리의 변화이고, 다른 하나는 질문자가 지적한 대로 질문자 본인이 잘릴 위기인가 하는 것이다.

한 회사가 창업해서 성장하는 단계를 필자는 창업기, 성장기, 전성기 이렇게 세 단계로 나누는데, 여기에서 초기 어려움을 딛고 성장기가 되었을 때 신구 인력 간에 갈등이 생긴다. 즉 회사가 커지면서 불가피하게 전문 인력이 필요해지고 그런 인력을 경력직으로 영입하게 되는데 이때 경력자의 직급과 연봉이 기존 인력보다 높게 책정되는 일이 생기기 때문에 두 세력 간에 갈등이 생기는 거다.

그렇게 경력자의 직급과 연봉이 기존 인력보다 높게 책정되는 이유는 성장기가 되면 주로 기획, 홍보, 마케팅, 해외, 연수 등의 전문 분야에 경력자가 필요해지는데, 대부분 큰 기업에서 그 일을 경험한 사람을 데려오게 되기 때문이다. 즉 두 회사의 급여 테이블 자체가 엄청 차이가 나기 때문에 대기업의 과장을 데려오면 이쪽 회사에서는 부장이나 이사 정도 직급을 줘야 연봉이 맞는 현상이 발생하는 거다.

그러면 기존 인력이 고생은 누가 하고 열매는 누가 따먹는 거냐 식의 불만이 생긴다. 그런 문제가 있는 데다 이분의 질문과 연결해서 보면 새로운 전문 인력들이 들어오면 사장이 주로 그 사람들하고 대화를 많이 하게 된다. 그러면 기존 직원들은 이분 말처럼 예전에 가족처럼 다정하게 대해 주던 사장이 회사가 크니까 달라졌다고 상대적 박탈감을 느끼게 되는 것이다.

필자가 창업에 참여했던 회사는 그런 시기에 체육대회를 갔는데 대회 마치고 술자리에서 신구 인력 간에 패싸움이 벌어진 적도 있었다. 기존 인력은 '니들이 게 맛을 알아' 이렇게 나가고 영입 인력은 'ESG 경영도 모르는 것들이' 이렇게 나가는 거다. 이때 이런 갈등을 잘 조정하지 못하면 상당 기간 조직이 홍역을 치르게 된다.

그런 갈등을 조정하는 방법은 중체서용(中體西用)의 방법이 가장 좋다. 이게 청나라 말기에 기술은 서양 것을 쓰고 정신은 중국 것을 쓰기로 한 방법인데, 성장기에 접어든 회사도 그런 전략을 반복해서 가르쳐야 한다.

즉 초창기 힘든 상황에서도 지금까지 회사를 키워온 기존 인력에서 정신을 취하고 앞선 기술은 영입 인력에서 취한다, 그렇게 서로 협력해서 회사를 폭발적으로 키우면 그때 열매를 같이 나눈다 이런 식이다. 결론은 서로를 존중하도록 사장이 기회 있을 때마다 강조해야 하고 실제로도 사장이 그렇게 처신해야 한다. 물론 필자의 경험에 의하면 나중에 회사가 폭발적으로 컸을 때 열매를 같이 나누는 건 대단히 어렵다고 보는데 어쨌든 갈등의 해결책은 그렇게 말을 하는 것이다.

말이 나온 김에 마저 한다면 그다음 전성기 때는 통제의 환상과 제자 백가를 주의해야 한다. 필자가 경험한 바에 의하면, 이런저런 어려움을 뚫고 회사가 계속 성장하니까 나중에는 오너가 내가 시도하는 건 다 성공한다는 환상을 갖게 된다.

그래서 위험한 이종다각화도 팍팍 시도하다가 회사가 휘청거린다. 그리고 이 시기가 되면 강호에서 한 검법 한다는 자칭 고수들, 즉 제자백가가 마구 몰려들어서 '회장님이 기적을 만들었습니다' 식으로 과장된 찬사를 마구 바치는데, 문제는 오너가 거기에 넘어가서 판단력이 흐려진다는 것이다.

이분은 그럼 어떻게 해야 할까? 정답은 **십이사도 검법**을 써야 한다. 이 검법의 핵심은 예수님의 제자 열두 사도처럼 처신하는 것이다. 회사가 종교 단체도 아니요, 사장이 교주도 아닌데 열두 사도처럼 처신하라니? 그래도 그래야 한다. 왜냐면 회사가 현재 앞에서 설명한 성장기에 접어들었기 때문이다. 성장기에 왜 십이사도가 필요한가?

그 이유를 아주 간단히 한마디로 말하면, 성장기가 되면 조직이 커지고 사장의 활동 반경이 넓어지기 때문이다. 즉 지점이 생기고 공장이 생기며 만날 외부 인사도 많아진다. 그러나 사장이 분신술을 쓰지 않는 한 그걸 혼자 동시에 다 할 수는 없다.

물론 초기에는 한 자리에서 다 처리했다. 그때는 직원들과 같이 알콩 달콩 도시락도 나눠 먹으며 잘해보자고 어깨를 다독여줬다. 그러나 지금은 그럴 수 없다. 시간도 없고 기회도 없다. 때문에 사장이 보지 않는 곳에서도 사장처럼 생각하고 사장처럼 행동하며 일을 쳐내는 전도사, 즉 사장에 대한 믿음으로 가득 찬 십이사도 같은 직원이 필요해진다. 고로 이때까지도 초창기처럼 어깨를 다독여 달라고 눈빛을 보내는 기존 직원이 있다면 그 사람은 오히려 잘릴 위험에 처한다. 왜? 사장의 손발을 묶어 회사의 성장에 저해가 되기 때문이다.

이런 사정을 정확히 안다면 사장이 변했다고 심란해하는 마음과 나가라는 뜻인가 하고 의심하는 건 모두 잘못된 처신이다. 진정으로 10년 세월 사장과 함께한 측근이라면 당연히 **십이사도 검법**으로 나가야 한다. 즉 사장을 보지 않아도 믿으며, 사장이 예전처럼 펄쩍 뛰며 반기지 않아도 그러려니 하고 또 다른 기존 직원들이 '사장이 변했다.'라고 할 때 '왜 그렇게도 믿음이 약하냐? 회사가 커졌으니 사장이 변하는 건 당연한 거 아니냐?'라고 해야 한다. 그러면 그게 다 사장 귀에 들어가고 이분에 대한 신뢰가 오히려 더 강해질 것이다.

이분에게 한 가지 더 말한다면, 직원이 산술급수적으로 변할 때 사장은 기하급수적으로 변한다는 사실을 알라고 권한다. 이게 무슨 말인가 하면, 앞으로 시간이 지나면서 회사가 커지면 커질수록 사장의 변화는 점점 더 심해진다는 뜻이다. 고로 사장이 변했다고 탓할 시간이 있으면 그 시간에 본인도 회사 성장에 따라 역량을 더 키우려고 노력하는 게 현명한 처신이다.

40

"

나이가 네 살이나 많은
신입이 후배로 들어왔습니다

"

초두효과 검법을 써라

'경력 2년 차의 중견기업 사원입니다. 이번에 신입사원들이 들어왔는데 그중에 오랫동안 공시 공부를 하다가 와서 저보다 나이가 네 살 많은 신입사 원의 사수를 맡게 되었습니다. 집에 형하고 같은 나이이다 보니 대하기가 좀 어려운데, 후배라 하더라도 나이가 세 살 이상 차이가 나면 대우를 해줘야 하는 게 맞지 않을까요?'

요즘 부쩍 이 비슷한 질문이 많아졌는데 그 이유는 취업이 어렵다 보니 취업 재수생이 많아진 탓이라고 본다. 물론 이 질문에 나오듯이 공시 준비 인구가 늘어나면서 더는 합격 가망성이 없을 때 일반 직장으로 눈을 돌리는 나이든 취업 준비생이 많아진 점, 또 흔히 퇴준생으로 일컬어지는 입사하자마자 퇴사를 준비하는 사람이 많아지면서 재취업하는 직장인이 많아진 것도 이유일 것이다. 즉 직장 만족도가 떨어지는 경우 1, 2년의 경력이 있어도 신입으로 직장을 옮기는 사람이 많다는 것이다.

그런데 사실 나이 많은 신입이 많아지는 이유가 어떻든 왜 이런 질문을 많이 하는지, 필자는 좀 의아한 측면이 있다. 이분의 경우는 신입의 나이가 세 살 많으니 대우해줘야 하지 않느냐는 거고, 아예 신입의 나이가 몇 살 더 많을 때 나이를 존중해줘야 하느냐는 질문도 있는데, 이 두 질문 모두에 필자는 답을 가지고 있지 않다. 세 살 많으니 대우를 해준다는 게 무슨 의미인지? 두 살 많은 신입과 어떤 차등을 두겠다는 것인지? 그럼 세 살의 두 배인 여섯 살이 많으면 그때는 어떻게 더 대우할 것인지? 어떤 경우라도 서로 존대를 하고, 서로 인격을 존중해 주는 것밖에 달리 분명한 답은 없다고 본다.

다만 한 가지 이런 일종의 특수하다면 특수한 경우에 가장 중요한 것은 **초두효과 검법**을 쓰는 것이다. 초두효과는 모두 알다시피 첫인상이 가장 오래간다는 것인데, 향후 전체 관계에 영향을 미치는 가장 중요한 요인이 된다. 따라서 나이 많은 신입사원을 맡게 되었을 때, 첫 대면에서 나보다 나이가 많은데 어떻게 대하나 걱정해서 술에 술 탄 듯 물에 물 탄 듯 선배도 아니요, 후배도 아닌 상태로 애매하게 처신하면 안 된다. 그러면 그 후에 나이 많은 신입이 선배를 얕보고 소위 기어오르려고 할 가능성이 크고 그럴 때 뒤늦게 관계를 바로잡으려 해도 되돌리기 어렵다.

처음부터 나이 어린 선배라고 해서 무시하지 말 것과 마찬가지로 나이가 많은 데도 후배라고 해서 역시 무시하지 않겠다는 점을 분명히 하는 게 좋다. 여기서 분명히 하라는 뜻이 소위 군기를 잡는다는 뜻은 아니다. 그렇게 군기가 잡힐 리도 없겠지만 회사는 일을 중심으로 돌아가는 곳이므로 배울 것은 빨리 배워서 자기 몫을 제대로 해내라고만 강조하면 된다. 사수 밑을 떠나면 어차피 본인이 알아서 적응하는 것이다. 그리고 나이에 따른 고민은 나이 많은 신입도 나이 어린 선배를 어떻게 대해야 하나 마찬가지로 애매할 것이다. 그 경우도 역시 답은 상호존중이다.

끝으로, 나이 많은 신입의 사수를 맡게 되었을 때, 그 신입의 경력에 따라 가르치는 중점 내용은 달라야 할 것이다. 아무리 나이가 많아도 질문에 나오는 신입처럼 공시를 공부하다 온 경우라면 회사가 어떤 곳인지를 알려줘야 하고, 이미 회사 경력이 있는 신입이라면 우리 회사가 어떤 곳인지를 알려줘야 한다.

사실 어찌 보면 불필요한 이런 질문이 많은 이유는 기성세대를 꼰대라고 비난하면서도 장유유서라는 우리나라 전통 질서가 알게 모르게 우리

DNA에 자연스레 배어 있기 때문이라고 보는데, 장유유서가 버려야 할 나쁜 것은 아니지만, 그렇다고 나이 많은 신입을 놓고 머리를 쥐어 뜯을 만큼 중요한 유산(遺産)도 아니다.

제 5부

내 실적이 1등인데
2등인 동기가
먼저 승진했다!

41

"

새로 들어온 회사, 뒷담화가 많은데
권고사직 전력 알려질까 두려워요

"

건시나가미나 검법을 써라

'제약 회사에서 10년 정도 마케팅을 담당했었는데, 회사 경영 수지가 나빠진 데다, 지난해 업무 실수가 있어서 경위서를 쓴 뒤 결국 권고사직 당했습니다. 그 뒤 애를 써도 재취업이 안 되어서 한참 백수 생활하다가 경력자 모집에 응시해서 지금의 회사에 영업직으로 들어왔는데요, 가만히 보니 직원들 사이에 뒷담화가 많아서 시간이 지나면 권고사직 전력이 알려질까 봐 요즘 매사에 자신이 없습니다. 그만두기도 어렵고 어떻게 해야 할까요?'

본인은 모르고 있지만, 사실 이분은 질문과 답을 같이 보내온 거나 마찬가지다. 마지막 문장이 '그만두기도 어렵고 어떻게 할까요?'인데 그만두기 어려우면 당연히 그대로 다녀야 하는 거고, 기왕에 다닐 바에는 열심히 일하면서 즐겁게 다니면 되지 무슨 말이 더 필요하겠는가? 다만 즐겁게 다니는 방법을 몰라서 그러는 건데 이분의 문제는 직장 생활에서의 문제라기보다는 자기와의 싸움에서 문제가 있다고 본다. 그 원인은 이분 성격이 발산적이 아니라 수렴적인 게 가장 크다고 보는데, 수렴적인 성격은 어떤 문제가 있을 때 그 원인과 책임을 전적으로 자신의 내부에서 찾는다. 물론 자신의 잘못을 반성하는 건 좋은 자세지만 그게 지나쳐서 다른 곳에 문제가 있는 것도 다 내 탓이다, 이렇게만 보는 건 잘못이다.

우선 권고사직 문제를 생각해 보면, 회사 경영 수지가 악화하면서 아마 경비 절감 차원에서 구조 조정을 단행한 거 같은데 마침 작은 실수가 있었던 이분이 딱 거기에 걸린 것이다. 그 실수 때문에 이분은 내가 못나서 권고사직 당했다 이렇게 보는 것 같은데, 필자의 경험에 의하면 구조 조정은 반드시 그렇지만은 않다.

직접 직원을 정리해본 사람은 잘 알겠지만, 권고사직을 단행할 때 유능, 무능을 기준으로 한다는 게 말은 쉽지만, 현실은 그리 쉽지 않다. 즉 기본 원칙이 그렇다는 걸 내세우면서도 실제로는 반드시 무능한 사람 순으로 내보내는 게 아니라 사후 문제가 없는 사람 순으로 내보내는 경우가 많다. 갑자기 잘랐다고 난리를 치며 평지풍파를 일으킬 가능성이 농

후한 지독 맨은 앞세우기가 힘들다. 그런 고로 갑자기 내보내도 물귀신처럼 물고 늘어지지 않을 사람을 먼저 내보낸다는 거다. 다시 말하면 이분이 꼭 무능해서 잘렸다기보다는 어떤 일이 있을 때 그 원인과 책임을 밖으로 돌리기보다는 자신을 책망하는 쪽으로 돌리는 성향 때문에, 잘렸을 가능성이 크다는 거다.

분명한 건 남아 있는 사람보다 백 퍼센트 무능해서만 잘린 게 아니라 그런 요인도 있다는 것인데 이분은 그걸 백 퍼센트 자신을 책망하는 쪽으로 방향을 잡고 있다. 그렇게 판단하는 이유는 이분 질문에 보면 제약회사에서 10년 정도 마케팅을 담당했다고 나와 있기 때문이다. 어떤 직종을 막론하고 마케팅이라는 건 자사 제품에 대한 신규 고객을 만들어내는 게 주요 사명이기 때문에 아무에게나 맡기지 않는다. 회사 충성도도 높고 경쟁사 및 시장에 대한 파악도 잘하는 사람, 그러면서 실력도 있고 아이디어가 반짝이는 사람을 앉히기 마련인데, 그런 자리에서 10년을 일했다면 이분의 능력이 어느 정도였는지 대강은 짐작할 수 있지 않겠는가?

그러면 이분은 어떻게 하면 좋을까? 정답은 **건시나가미나 검법**을 쓰는 것이다. 건시나가미나? 일본말인가? 아니다. 순우리말인데 '건시(乾柿)나 감이나'를 소리 나는 대로 쓴 것이다. 왜? 항상 이야기했듯이 검법 이름이므로! 어쨌든 '건시나 감이나'라는 말은 말린 감이나 생감이나 다 같은 감이라는 뜻으로 어떤 물건이 차이가 없이 비슷비슷하다는 말이다.

그처럼 사람에게는 누구나 핸디캡이 있는 법이므로 혼자만 특별한 핸디캡이 있는 것처럼 너무 위축되지 말라는 거다.

이 세상을 살아가는 사람들을 보면 허허 웃으며 별 탈 없이 살아가는 사람이 많은 것 같지만 사실 그 속으로 한 발만 더 들어가보면 누구에게나 대부분 힘든 고민이 있고 아픈 과거가 있다. 그래도 사람들은 저마다 굳세게 살아가고 있다.

즉 인생을 살아가는 건 누구에게나 예외 없이 기쁜 일이 있는가 하면 슬픈 일이 있고, 성취가 있는가 하면 실패도 있다. 간혹 왜 나에게만 이런 힘든 일이 생기느냐고 하는 사람도 있지만 글쎄다, 인생을 오래 살아본 필자의 경험에 의하면 힘든 일은 누구에게나 거의 다 생긴다. 그리고 권고사직 당한 일이 정말로 나쁜 과거가 되느냐 오히려 하나의 전설이 되느냐 하는 건 전적으로 이분에게 달렸다. 그걸 알면 남들이 권고사직 전력 가지고 뒷담화할까 봐서 걱정할 시간에 역으로 그걸 전설로 만드는 데 힘쓰는 게 낫다.

달리 말하면 권고사직 전력은 남들이 쉽게 가지지 못하는 이분만의 독특한 자산이 될 수 있다. 물론 지금처럼 이직해 들어간 회사에서 이런 식으로 쩔쩔매면서 걱정이나 하고 일을 제대로 해내지 못하면 그 권고사직은 정당화되어 버린다. 즉 '저러니까 그 회사에서 잘렸지.' 사람들이 이렇게 본다는 거다. 그러나 당당하게 일어서서 실력을 보여주고 일을 잘해서 지금 회사에서 인정을 확실하게 받아버리면 '아니 저런 친구를 왜 권고사직시켰어. 그 회사 사장 눈이 삔 거 아냐.' 사람들이 이렇게 말한다. 그러니까 이미 벌어져버린 권고사직 전력이 문제가 아니라 앞으로 본인이 어떻게 하느냐에 달린 문제다.

좀 생뚱맞지만 〈사랑은 아무나 하나〉라는 태진아의 노래처럼 권고사직은 아무나 하나라는 배짱을 가지는 게 좋다. 필자는 기업에 강의하러 가면 항상 직장인들한테 '당신의 전설을 만들어라.' 이렇게 이야기하는데, 전설은 남하고 똑같이 해서는 만들어지지 않는다. 반드시 남하고 달라야 하고 굴곡도 적당히 있어야 한다. 그런 면에서 보면 일단 이분한테는 자신의 전설을 만들 소재와 기회는 확실하게 주어졌다고 생각된다. 문제는 권고사직이 남다르기는 하나 그리 자랑스러운 일은 아니기 때문에, 지금 당장 그 자체로서는 전설이 되지 않는다. 그러나 지금부터 잘해서 나중에 권고사직 시킨 회사 사람들이 '야, 저 친구 진짜 물건인데 우리가 잘못 내보냈다' 이 소리가 나오면 그때 권고사직은 전설이 되는 거다. 고로 지금은 누가 권고사직 전력을 가지고 씹어대도 너나 나나 다 비슷한 인생이면서 뭘 그거 가지고 그러시나? 하는 **건시나가미나 검법**으로 유연하게 대처하라.

끝으로, 이 검법에 대한 이해를 높이기 위해 발타자르 그라시안이 쓴 『세상을 보는 지혜』라는 책에 나오는 한 구절을 소개하겠다.

"어리석음을 범하는 자가 어리석은 것이 아니라 범한 후에 감추지 못하는 자가 어리석은 것이다. 우리의 명성은 행동보다는 비밀을 지키는 데에 있다. 할 수만 있다면 자신에게조차 오점을 감추어야 한다."

이게 이 험한 세상을 살아가려면 때로는 좀 뻔뻔해지라는 이야기이다. 물론 고의로 잘못을 저질러놓고도 무조건 '나는 모른다' 식으로 뻔뻔하게 처신하라는 게 아니라, 한때의 실수로 인해 벌어진 작은 불명예나 누구에게나 일어날 수 있는 불행이 나에게 먼저 찾아온 것 등에 대해서는 너무 머리를 쥐어뜯지 말고 좀 대범하게 처신하라는 것이다.

42

"

라이벌 의식이 너무 강한 동기, 정말 꼴 보기 싫어요

"

마이동풍 검법을 써라

'대기업에 다니고 있는 직장 경력 7년 차의 팀장입니다. 제가 입사 동기생 중에서 승진이 빠른 편이라 팀장을 가장 먼저 달았는데요, 같은 부문 내에 있는 동기생 하나가 얼마 전 팀장을 달았는데 유독 심하게 라이벌 의식을 지니고 있습니다. 제가 하는 일이라면 매사에 태클을 걸어오는데, 아주 신경이 많이 쓰여서 피곤합니다. 한번 따끔하게 경고를 할까 하는데 뭐라고 하면 좋을까요?'

어느 조직에나, 특히 앞서가는 사람에게는 사생결단으로 덤비는 라이벌이 있다. 이런 경우 가장 먼저 알아야 할 것은, 라이벌 의식은 긍정적 라이벌 의식과 부정적 라이벌 의식 두 종류가 있다는 사실이다. 전자(前者)는 마라톤에서 페이스메이커와 같은 역할로 '네가 잘하면 나도 자극받아서 더 잘할 수 있다.'라는 생각이다. 이 경우는 경쟁하면서도 상대를 서로 인정하고 이길 수도 있고 질 수도 있다는 포용력을 지닌다.

문제는 '네가 죽어야 내가 산다.'라는 식의 제로섬 게임 같은 부정적 라이벌 의식이다. 이 경우는 항상 내가 이겨야 한다는 강박 관념, 내가 너보다 낫다는 우월감이나 자만심, 수단 방법을 가리지 않는 불공정성, 인신공격까지 하는 왜곡된 라이벌 의식이 주를 이루는데, 불행하게도 이분이 그런 상대를 만난 것이다.

원래 질문에는 그 동기가 이분을 괴롭히는 내용이 예시되어 있었는데 회의에 들어가면 무조건 반대 의견 내기, 어쩌다 치른 당구 게임에서 한 번 지면 '연습 좀 더 하라'고 만날 때마다 자극하며 일주일 내내 우려먹기, 팀원이 협조 사인을 받으러 가면 요리조리 피하면서 사인을 안 해주고 시간 끌기, 심지어 회식한다고 약속 잡아놓고 일부러 바람맞히기 등등 유치찬란이 극에 달한 것들이었다. 같은 회사, 같은 부문에 근무하면서 그런 경쟁 상대를 만난 것은 정말 이분의 불행이라고 할 수밖에 없다.

그럼 이분은 어떻게 해야 할까? 정답은 **마이동풍 검법**을 쓰는 것이다. 이 검법의 핵심은 우리가 아는 마이동풍(馬耳東風) 말뜻 그대로 상대의 말을 새겨듣지 않고 귓등으로 흘리는 것이다.

왜 상대의 말을 귓등으로 흘려들어야 하는가? 상대의 도발과 자극을 무력화하기 위해서이다. 앞에서 잠깐 언급했듯이 상대가 별별 유치찬란한 방법으로 이분을 괴롭히는 이유는 이분을 자극해서 자신이 유리한 싸움터(戰場)로 끌어내기 위해서이다. 이분의 실력이 기본적으로 그 상대를 능가하기 때문에 조직에서 이분을 더 인정한다는 건 앞서서 승진을 했다는 것만 봐도 기정사실이다. 그리고 상대가 그 뒤를 쫓고 있는 건데 정공법으로는 안 되니 여러 간계를 쓰고 있다. 그리고 그 간계를 뒷받침하고 있는 생각은 앞에서 설명한 부정적 라이벌 의식, 즉 네가 죽어야 내가 산다는 생각이다.

이 싸움에서 이기려면 아예 싸움에 응하지 않는 것이 최선이다. 고로 상대가 아무리 험하게 나와도 나는 끝까지 긍정적 라이벌 의식으로 대처해야 한다. 자칫 못 참고 같이 부정적 라이벌 의식으로 나가면 상대의 노림수에 걸려드는 것이다. 대부분 이런 상대는 네거티브에 타고난 소질이 있기 마련이므로 이분이 패할 확률이 높다.

그렇게 보면 이분이 질문에서, 한번 따끔하게 경고를 하려 한다는 발상은 이미 상대의 작전에 반쯤 말려든 것이다. 절대로 경고하지 말아야 한다. 이분이 '따끔한 경고'라고 표현한 이유는 뭔가 깨달음을 주는 충고를 함으로써 그 상대의 양심을 아프게 만들겠다는 의도 같은데, 그런 상대는 아침에 출근할 때 양심을 신발장에 얹어놓고 나온다. 그러니 아무리 따끔한 경고를 한들 무슨 소용이겠는가? 나는 입이 아프고 상대만 기회를 잡을 뿐이다. 예를 들어, 이분이 같은 동기끼리 왜 이렇게 치사하게 괴롭히느냐고 해보라. 돌아올 답은 뻔하다. 뻔한 답이 뭐냐고?

"뭐, 내가 치사하다고? 야 이 친구야. 적반하장도 유분수지, 난 네가 치사하다고 보는데 이 무슨 소리야?"
"내가 치사하다고? 왜 내가 치사한데?"
"모르겠어? 그럼 내가 말해주랴?"

말이 어디로 흐르는가? 어두운 쪽으로 흐른다. 바로 상대가 바라는 유리한 싸움이 시작되는 것이며 상대는 '오냐. 네가 드디어 걸려들었구나.' 하고, 그동안 칼을 갈며 준비했던 똥바가지를 마구 퍼붓게 된다. 한 바가지라도 뒤집어쓰게 되면 끼얹은 놈이 더 나쁘지만, 그 냄새는 뒤집어쓴 사람이 더 풍기게 된다. 그래서 결론은 어떤 경우라도 **마이동풍 검법**을 써야 하는데 구체적으로는 어떻게 해야 할까?

첫째, 무조건 침착하게 대응해야 한다. 부정적 라이벌 의식을 지닌 사람은 대개 인성적으로 승부 근성이 아주 강하다. 이런 사람들은 침착하게 대응하는 상대를 만나면 재미없어한다. 때문에, 비겁한 변칙이나 막가파식 수단과 방법을 써서 끊임없이 자극을 시도한다. 여기에 자칫 욱해서 똑같이 나가면 그게 바로 상대가 노리는 순간이다.

둘째, 험담은 듣지도 말고 하지도 말아야 한다. 즉 상대가 나를 험담했다고 하면서 이를 전하는 사람의 말을 반기면 안 된다는 건데, 나를 위해서 말을 전하는 것 같아도 사실은 싸움을 조장하는 이중심리가 깔려 있다. 때문에, 전하는 말을 듣고 마주 험담하는 건 삼가야 한다. 특히 상사 앞에서 더욱 주의해야 하는데. 대부분 상사는 누가 누구와 박 터지게 경쟁 중인지를 다 알면서도 모른 척한다. 왜 그럴까? 경쟁하도록 둬야 실적이 올라가고 또 자신에게 더 충성을 바치기 때문이다. 그런데 여기에서 놓치면 안 되는 것이 있다. 바로 상사들은 겉으로 말을 안 해도 속으로 누가 더 훌륭한 재목이냐 하는 점은 이미 알고 있다는 것이다. 즉 누가 누구를 아무리 험담해도 둘이 경쟁하느라 그러는 걸 알기 때문에 거기에 휘둘리지 않는다는 것이다.

셋째, 계단을 내려서지 말고, 성과는 정정당당하게 겨뤄야 한다. 상대가 집요하게 나를 공격하는 것은 내가 한 발 앞서 있기 때문이다. 그런데 계속되는 자극에 욱해서 '계급장 떼고 한판 붙자' 식으로 나가는 경우가 있는데 어리석은 처신이다. 계단으로 치면 내가 한 발 내려서는 것과 같기 때문이다. 나와 한판 붙고 싶으면 빨리 계단을 올라와서 나와 동격으로 서라고 하는 게 상대를 지치게 만드는 비결인데 고로 질겨야 한다. 영업 파트일 경우 극단적일 때는 실적을 부정한 방법으로까지 만들면서 승부를 겨루는 경우가 있는데 이는 정말 금기 사항이다. 자칫하면 둘 다 공멸하는 지름길이기 때문이다.

넷째, 상대가 위기에 처했을 때 섣불리 동정하면 안 된다. 강한 부정적 라이벌 의식을 지닌 사람들은 이기기 위해서라면 무슨 짓이든 하는 경향이 있다. 그래서 종종 무모한 승부수를 띄워서 위기를 자초하기도 한다. 그리고 자신에게 결정적으로 불리하면 무릎걸음으로 기어와서 항복하기도 한다. 그러나 그건 위기를 모면하기 위한 전술일 뿐이다. 여기에 속아서 그의 손을 붙잡고 일으켜 세워주는 선행 같은 건 절대로 하면 안 된다. 그냥 꿋꿋이 **마이동풍 검법**으로 내버려두고 내 할 일 하는 게 상책이다.

필자의 친구가 다니는 회사에 정말 사생결단으로 덤비는 동기 라이벌이 한 명 있었는데, 어느 해 큰 사고를 치고 사표를 쓰게 되었고 나가면서 친구한테 이제 나 없어서 너는 좋겠다, 나는 굶어도 너는 내 몫까지 잘 먹고 잘 살아라, 한마디를 던지고 갔다. 이게 벼랑 끝에서 던진 미끼였는데, 눈치를 못 챈 친구가 갑자기 동정심이 일어서 회사에다 대고 '해고는 너무하다, 다시는 그런 일 없도록 내가 보증을 선다.' 이렇게 설득해서 오케이를 얻은 뒤 동기를 찾아가 복귀를 설득했다고 한다. 그렇게 해서 불과 열흘 만에 다시 돌아오게 되었는데, 돌아온 그가 후배와 부하들에게 던진 첫마디는 무엇이었을까?

"강 부장 덕분에 내가 살았다. 정말 고맙게 생각한다."

이랬을까? 아니다!

"강 부장이 하도 매달리며 사정해서 할 수 없이 돌아왔다. 강 부장은 내가 없으면 아무 일도 못 한다!"

이거였다고 한다. 그렇게 친구의 염장을 질러서 괴롭히더니 1년 뒤 다시 사고를 쳐서 나가게 되었다. 물론 말로 보증을 서면서까지 그를 다시 불러들였던 친구도 동반 사직하게 되었다. 친구는 그때의 오지랖이 자기 직장 생활 최대의 실수였다면서, 그때 그만두는 동료가 던진 한마디를 **마이동풍 검법**으로 흘려듣지 못한 걸 지금도 후회한다. 사파(邪派) 검법의 고수는 숨이 끊어지면서도 정파(正派) 고수의 선의를 겨냥해 함정을 판다는 사실을, 순진한 친구가 그때는 전혀 몰랐기 때문에 벌어진 일이다.

43

"

삼촌 밑에서 일을 배운 요리사인데
독립하려고 해요, 어떻게 할까요?

"

성동격서 검법을 써라

'삼촌이 운영하는 설렁탕집에서 8년째 일하고 있는 34살의 요리사입니다. 저는 처음에 홀 서빙부터 시작해서 삼촌께 설렁탕 비법을 배웠고, 식당도 점차 유명해져서 분점이 셋으로 늘어났습니다. 제가 그동안 일을 배울 생각에 적은 월급에도 불평 없이 일만 해왔는데 얼마 전 삼촌은 식당 운영에서 손을 뗐고, 숙모와 아들이 관리하는데 삼촌만큼 아껴주지 않습니다. 그래서 이제 저도 제 식당을 차리려 합니다. 다른 식당에서 경험을 더 쌓고 싶고, 그동안 적은 보수를 받고 가게 일을 많이 했기 때문에 삼촌께 일부 보상도 이야기하고 싶은데 문제는 누구에게 먼저 이야기를 해야 할지 걱정입니다. 제 직속 상사인 사촌 형한테 말해야 할지, 실제 관리자인 숙모한테 말해야 할지, 아니면 삼촌께 바로 말해야 할지 조언해주십시오.'

회사에 다니는 직장인이 아닌 일반인이 질문하는 경우는 아주 드문데, 이분의 사연은 충분히 있을 수 있는 상황이라고 생각된다. 그런데 이 질문을 가만히 들여다보면 이분이 근본적으로 기본 방침을 좀 수정할 필요가 있다는 생각이 든다. 그러니까 이분의 고민은 가게를 그만두어야겠다는 이야기를 누구한테 먼저 할 건가, 이 수순을 고민하는 건데, 정답은 당연히 삼촌한테 먼저 말해야 한다. 그러나 그보다도 더 큰 문제가 도사리고 있는데, 이 문제를 제대로 처리하지 않으면 이분이 그동안 월급을 적게 받으면서 일을 열심히 해왔다고 했는데 그 공이 자칫 허사로 돌아갈 수도 있다고 본다.

그럼 이 상황에서 가장 중요한 것은 무엇일까? 그것은 삼촌이 나를 어떻게 보고 있느냐 하는 거다. 8년이면 아직 10년이 좀 안 되는데, 그동안에 식당을 세 개씩이나 늘릴 정도라면 그 삼촌은 음식도 잘하지만 여러 면에서 사려 깊고 능력이 있는 분이라고 판단된다. 그렇다면 삼촌이 무턱대고 조카한테 일만 시킨 게 아니라 조카의 앞날에 관한 생각도 분명 뭔가를 가지고 있는 게 아닐까? 그런 게 있는지 없는지를 확인하는 게 우선인 것 같고, 있다면 그 내용이 무엇인지를 확인하는 게 또 우선이라고 본다.

이분이 삼촌 식당의 주방 책임자를 욕심내지 않는 거로 봐서 이미 총주방장은 있는 것 같고 또 삼촌하고는 사이가 좋은데, 다른 곳에 가서 경험을 더 쌓겠다든지 하는 거로 봐서 그 숙모나 사촌하고는 사이가 썩 좋지 않은 거 같다.

그런데 바로 여기에 이분이 주목해야 할 사항이 있다고 본다. 그건 바로 삼촌은 아끼는데 숙모나 사촌은 왜 이분을 탐탁지 않게 여기는가 하는 점이다. 월급도 제대로 챙기지 않으면서 주방 일을 해주고 있는데 말이다.

그 이유는 삼촌이 이분한테 뭔가를 해주려고 내심 작정하고 있고 그걸 숙모와 사촌이 눈치챘기 때문이 아닐까? 물론 그 반대로 삼촌이 나쁜 사람이라서 이분을 그동안 부려만 먹고 이제는 쫓아내려고 하는 것일 수도 있겠지만, 만약 그렇다면 이분이 질문에서 삼촌에 대한 악평을 암시라도 했을 것이다. 그러나 전혀 그런 느낌은 들지 않는다.

그럼 이분은 어떻게 하는 것이 좋을까? 정답은 **성동격서 검법**을 쓰는 것이다. 성동격서(聲東擊西)란 함성은 동쪽에 가서 지르면서 정작 공격은 서쪽을 친다는 뜻으로 원래 전쟁에서 사용하는 전략이지만 지금은 바둑 격언으로 많이 쓴다. 어쨌든 이 검법의 핵심은 상대의 의도를 알아보기 위해 나의 의도는 감춘 채로 상대를 흔들어보는 것이다.

이 검법을 적용할 경우 이분은 구체적으로 어떻게 해야 할까?

삼촌하고 술이라도 한잔하는 분위기 좋은 날이 있을 것이다. 옛날 삼촌에게 일 배우면서 혼나던 이야기, 삼촌이 시키는 대로 해도 삼촌만큼 맛을 내지 못해서 안타깝던 이야기, 이제는 완벽하지는 않지만, 어느 정도 삼촌의 노하우를 깨달아가고 있다는 이야기 등등을 한 뒤 앞으로도 2년 정도는 더 배워서 십 년을 채워야 완전히 알게 될 것 같다고 말하라. 반드시 이런 이야기를 먼저 해야 다음 이야기를 할 분위기가 무르익는다.

어느 정도 분위기가 조성되면 독립하겠다는 생각을 먼저 밝히지 말고 삼촌한테 넌지시 의중을 타진해보라. 삼촌을 무협 영화에 나오는 사부로 생각하고 '산을 언제 내려가면 될지' 이걸 물어보라는 것이다. 예를 들어 '2년 있으면 10년이 되니까 저도 제 가게를 하나 가지고는 싶은데요, 제가 그만한 수준이 되는지 아직 잘 모르겠습니다. 그 시기를 삼촌이 가르쳐주시면 저는 그 말씀에 따라서 할 거고요, 가게도 삼촌 가게의 네 번째 분점으로 냈으면 좋겠습니다. 비용 들어가는 건 제가 벌면서 갚아야지요. 어쨌든 삼촌이 저를 친자식 같이 여겨서 가르쳐주시니까 저는 삼촌이 하라는 대로 하겠습니다.' 이 정도로 이야기하면 그다음은 삼촌이 다 알아서 이야기할 것으로 본다.

삼촌이 이분 생각대로 가게를 만들어줄 생각이 있었다면 '내가 다 알아서 할 테니 너는 조용히 일하고 있어라.' 이럴 것이고, 전혀 그럴 생각이 없었지만 듣고 보니 그 또한 일리 있는 말이다, 이런 생각이 든다면 '나는 네가 그렇게까지 깊이 생각하는 줄 몰랐구나. 그래 이제는 그런 생각을 할 때도 됐지. 어디 내가 한번 생각해 보마.' 이렇게 말할 것이다. 최악은 '네가 무슨 소리를 하는지 나는 하나도 모르겠다. 그동안 내가 먹이고 재워주고 기술 가르쳐주고 다 했는데 이제는 가게까지 내달란 이야기냐?' 하면서 화를 내는 건데 그러면 적어도 삼촌의 생각은 분명히 알았기 때문에 펄쩍 뛰면서 같이 화내지 말고 '아니 꼭 가게를 내달라는 건 아닙니다. 저는 어디까지나 삼촌 밑에서 일을 배웠으니 삼촌 이름을 딴 가게를 내고 싶다는 거고요. 정 그게 싫으시다면 다른 방법을 찾아야 하지 않겠습니까?' 정도로 일단 마무리를 하는 게 좋다고 본다.

그런 뒤에 이분 생각대로 8년 일한 보상을 얼마를 달라고 할 것인지, 다른 가게는 어디로 갈 것인지 등을 알아보고 조리 있게 주장해가는 것이 순서라고 본다. 또 삼촌과 조카라는 가족 관계로서 근로계약서 없이 일해온 상황이기 때문에 8년 일한 보상에 대한 기준은 아무것도 없는 거나 마찬가지다. 이런 경우 어떻게 해야 하는지에 대한 법적 조처라든지 이런 것도 전문가인 노무사에게 물어야 할 것이다.

이렇게 조언하는 이유는, 삼촌이 알아서 잘해주려고 생각 중일지도 모르는데 대뜸 떠나겠다, 그동안 일한 보상을 달라 이러면 삼촌이 배신감을 느끼고 오히려 더 박하게 나올 가능성이 있기 때문이다. 숙모나 사촌도 결국엔 알게 되겠지만 일단 순서는 그동안 동고동락해온 삼촌에게 먼저 말하는 게 좋고 어떤 보상을 받을 수 있는지도 삼촌 손에 달려 있을 것으로 보는데, 필자의 느낌으로는 분명히 이분이 생각하는 것보다도 삼촌이 더 깊이 생각해두었을 거라 본다. 고로 반드시 **성동격서 검법**으로 사전 확인하는 게 현명한 처신이다.

44

"

하고 싶은 일을 하려는데
주변에서 극구 반대합니다

"

고선어사류 검법을 써라

'직장 경력 4년 차인 대기업 사원입니다. 얼마 전 한 유명한 강사분의 희망 특강을 봤는데, 그분이 과감하게 현실을 박차고 나와서 자신이 하고 싶은 일을 한번 해보라고 하는데, 느낀 바가 많았습니다. 그래서 저도 사실은 연극배우가 꿈이었는데, 한번 도전해보려고 마음을 먹었습니다. 그러나 막상 그 길로 올인하고자 회사에 사표를 내려고 했더니, 부모님과 주변의 반대가 너무 심합니다. 그러다 보니 저 자신도 역시 또 망설여집니다. 어떻게 하면 좋을까요?'

일종의 과감한 자기 파괴를 통해서 변신에 성공한 강사의 희망 특강을 듣고 본인도 시도해보려고 했는데 주변의 반대가 너무 심해서 고민이라는 건데 사실은, 지금 하는 일과 해보고 싶은 일 사이에서 고민하는 직장인들이 꽤 많다. 그런데 필자는 이런 질문을 받을 때마다 항상 순서를 잘 지키라고 조언한다. 순서라는 건 세 가지인데,

첫째는 하고 싶은 일에 대한 열정이 어느 정도인가를 먼저 점검하는 것이다. 열정이라는 말을 동기라는 말로 바꿔놓고 생각하면 더 이해가 쉬운데, 좀 문학적으로 표현하자면 어떤 운명적인 필링이 있어서 그 일을 하려고 하는 것인가이다. 쉬운 예를 들면 〈세상에 이런 일이〉라는 TV 프로를 보면, 병마에 시달리며 자포자기 중이거나 사업 등의 실패로 좌절해 있을 때 우연히 어떤 걸 보고 '아, 저거다.' 하는 필링이 와서, 주변의 만류에도 불구하고 오로지 그 일을 하다 보니 대단한 경지에 이른 기인이 되어 있는 것과 같은 그런 걸 말한다. 물론 꼭 사업 실패나 병으로 시달리는 사람일 필요는 없다. 중요한 건 그 일을 하고 싶어 하는 이유가 남들도 다 해보고 싶어 하는 그런 건 아니어야 한다는 것이다.

예를 들면 어떤 사람이 주식 투자로 대박을 냈는데 나도 그 사람처럼 주식을 해서 돈을 많이 벌어보고 싶어서 직장 때려치우고 그 길로 간다면 이건 아니다. 또 장동건 같은 배우가 엄청나게 인기가 좋은 걸 보고 나도 영화배우가 되어서 저런 인기를 누려야 되겠다고 직장을 때려치우

고 나선다면 이것도 좀 이상하다. 〈베테랑〉에 나오는 황정민이 한 말, '우리가 돈이 없지, 가오가 없냐.'라는 말처럼 남한테 가오가 있는 게 좋아 보여서 형사를 하고자 한다면 그것도 아닌 것처럼 여하튼 남 따라서 하는 건 아니다.

결론을 말하면, 지금 있는 직장에 불만이 많아서 그 대안으로 배우나 해볼까 식으로 생각한다든지, 또는 남들이 배우로 일하는 걸 보니까 재미도 있고, 돈도 벌고, 인기도 있고 그래서 나도 한번 저걸 해볼까 하는 식이라면 아무래도 절실한 열정과는 거리가 있다는 것이다.

둘째는 나 같은 사람한테 물어보지 말고 본인이 하고 싶은 그 일에 종사하는 사람한테 물어보는 것이다. 이분처럼 연극배우가 되는 게 꿈이라면 연극배우를 찾아가서 물어보라는 거다. 그러면 상당히 구체적인 답을 들을 수 있을 것이다. 앞에서 **마중지봉 검법**에 나오는 미용사분한테 바로 그가 동경하는 전문 미용사를 찾아가 물어보라고 한 것과 같은 이치다.

마지막 셋째는 내가 지금 하는 일에 관해서 진지하게 점검해 보는 것이다. 어떻게 점검하라는 것인가? **고선어사류 검법**으로 하면 된다. 고선 어사? 무슨 암행어사처럼 살펴보라는 건가? 아니다. 이 검법의 핵심은 苦善於死類 - 괴로울 고(苦), 좋을 선(善), 어조사 어(於: 비교 격), 죽을 사(死), 무리 류(類) - '죽는 것보다는 고생하는 게 낫다.'라는 뜻이다. 즉 지금 하는 일을 생각할 때, 이 일을 계속한다는 건 살아도 산 게 아니라면 즉 이 일을 계속하는 건 마치 내가 죽은 목숨과 같다면 본인이 하고 싶은 일을 하라는 것이다. 남들이 아무리 반대하고 부모가 뜯어말려도 이 일을 하면서 죽은 목숨으로 사느니 그 일을 하면서 살아 있는 게 낫지 않은가? 잘 나가는 증권 중개인을 내던지고 타히티로 날아가 그림을 그린 고갱도 그림을 그리지 않으면 살아도 산 게 아니었기 때문에, 그리했을 것이라고 본다.

그런 면에서 보면 이분에게는 정말 미안한 말이지만 직장을 그만두고 배우가 되는 것에 대해서 재고해보라고 권한다. 왜냐면 이분이 필자한테 질문한 이유는 막상 사직하려고 하니까 앞날이 불안해서 과연 당장 사표를 내는 게 맞느냐 이걸 물어온 건데, 그렇게 앞날이 걱정된다면 사직을 안 하는 것이 낫다고 본다.

그건 이분한테, 하고 싶은 일을 하지 말라는 뜻이 아니라, 배우에 대한 열정이 그렇게 절실하지 않아 보인다는 뜻이다. 아주 절실했으면 앞날이 걱정되어도 일단 결행을 결심했을 거라고 보며, 그러면 필자한테 질문하더라도 그 내용은 '배우로 나갈까 말까가 망설여진다'가 아니라, '그렇게 결정하고 보니 이해 못 하는 부모님이 걱정된다, 어떻게 설득하면 좋겠는가'를 물었을 것이다.

만약 그랬다면 필자는 바로 **고선어사류 검법**으로 설득하라는 답을 줬을 것이다. 즉 부모님께, '배우로 나서지 않는다면 저는 살아도 산 게 아닙니다. 제가 죽은 목숨으로 월급 벌기 위해 회사에 다니는 걸 바라십니까, 아니면 힘들어도 팔팔하게 기쁘게 배우의 길을 가는 걸 바라십니까?' 이렇게 물으라고 했을 것이다. 거기에 대고 '우리는 네가 죽은 목숨이라 해도 돈 벌어오는 걸 바란다.'라고 할 부모는 드물 것이다. 그리고 이분이 감명을 받았다는 그 희망 특강 강사만 해도 그렇다. 무대에서 불특정 다수에게 말하기 때문에 무조건 '과감하게 때려치우고 하고 싶은 일을 하라!' 이렇게 말하는 거지, 누가 개인적으로 가서 '연극배우가 되고 싶은데 주변의 만류가 심해서 망설여집니다. 그래도 지금 당장 직장을 때려치우고 그 길로 가도 되겠습니까?'라고 물으면 아무 생각 없이 '그러세요.'라고 답하기는 어려울 거다. 필자가 말한 배우에 대한 가능성과 열정, 주변 상황을 파악해본 뒤에 할 만하면 그렇게 하라고 할 것이다.

이 검법의 이해를 돕기 위해서 재야에 숨어 있는 **고선어사류 검법**의 절정 고수와 처음 만난 이야기를 하겠다.

때는 이십여 년 전, 필자가 영혼을 불살라 키워낸 회사에서 무참하게 버림받고, 그 충격으로 귀농의 칼 하나에 의지해 전국을 유랑하며 떠돌아다니던 시절의 일이다. 유랑의 목적은 모든 걸 다 버리고 농사지으며 살려고 그 대상지를 물색하는 거였는데, 전남 곡성에 가면 귀농 무림계의 숨은 고수가 있다는 소식을 풍문으로 들었다. 그래서 그 고수를 찾아 남으로 남으로 발길을 서둘렀는데 마침내 그가 산다는 마을에 당도하게 되었다. 해가 노을을 끌며 막 서산으로 자취를 감추는 저녁 무렵이었는 데 문을 두들기자 아내라는 젊은 분이 나와서

"누구신지요? 올 사람이 없는데…"

라며 주저하는 기색이 역력했다.

"길 가는 나그네이오만, 해가 저물어 잘 곳이 필요하니 어디 헛간에라 도 좀 재워주실 수 있는지요? 사실은 제가 서울귀농학교 20기 졸업생인 데, 이 마을에 유명한 분이 있다 하여 찾아왔는데 이 집이 맞는지 모르겠 소이다."

라고 하자, 금세 문을 열어주며

"아이고, 그럼 우리 신랑을 말하는 거 같은데, 유명하지는 않지만, 귀 농 지망생들이 많이 찾아오기는 합니다. 들어오시지요."

하고 반갑게 맞아 주었다. 그렇게 그 집에서 하루를 묵게 되었는데 밤 에 막걸리까지 거나하게 얻어먹고 이런저런 이야기를 나누게 되었다. 들 어보니, 그 신랑은 논 1500평을 경작하고 아내는 읍내 미용실에 다니는 데 생활비는 거의 아내가 번다고 한다. 그런데 이야기 중에 깜짝 놀랄 사

실을 듣게 되었다. 그것은 다름이 아니라 그 신랑이 S공대를 나와서 그 좋다는 직장인 S전자를 다녔는데 직급도 있어서 당시 연봉 6천을 받았었다고 하는 게 아닌가? 연봉 6천은 삼십 대에 이사 달았다고 큰소리치던 내 연봉보다도 많은 거였는데 물론 내가 다닌 회사는 연봉이 빈약했다. 어쨌든 그런 자리를 버리고 이 시골로 와서 논농사를 짓다니 과연 소문이 날 만했다.

그리고 다음 날, 아침밥을 얻어먹고 칼을 챙겨 그 집을 떠나기 직전 그 아내한테 밤새 궁금했던 것을 물어봤다.

"아주머니, 죄송한 말씀이오나 신랑이 여기로 귀농한다고 할 때 반대하지 않았습니까? 신랑이야 저 좋아서 하는 일이라고 쳐도 아주머니께서 그런 편한 생활을 마다하고 이렇게 미용사 하면서 고생하시는 걸 보면 이해가 가지 않습니다."

그러자 그 아내가 먼 산을 바라보는 듯한 표정으로 다음과 같이 말했다.

"왜 반대를 안 했겠습니까? 어느 날 잘 다니던 회사를 그만두고 농사지으러 간다고 했을 때 극구 반대했지요. 그런데 이 사람이 한 해 동안 회사에 다니면서, 밥도 잘 안 먹고 시름시름 말라가는데 그러다 사람이 꼭 죽게 생겼더라고요. 그래서 할 수 없이 내려가자고 해서 여기로 온 거죠. 그 뒤로 저렇게 좋아라고 사는데 제가 아무리 고생해도 신랑이 죽는 거 보다야 낫지 않겠습니까?"

바로 그 순간에 깨달았다. 즉 '내가 진실로 하고 싶은 일을 한다면 아무리 고생(苦)해도 죽는 것보다(於死) 낫다(善)는 사실' 즉 **고선어사류 검법**을 깨달은 것이다. 만약 당신 주위에, 잘하던 일을 갑자기 때려치우고 뭔가 다른 일을 하겠다고 고생문을 열려는 사람이 있으면 이 검법으로 확인해보라.

마지막으로 이 **고선어사류 검법**에는 두 가지 예외가 있다고 본다. 하나는 아직 나이가 어려서 자신의 미래 직업을 탐색 중인 청년이라면, 자신이 해보고 싶은 일이 있다면 그 일을 해보라고 권한다. 왜냐면 그 일을 한다고 해서 지금 힘들게 얻은 어떤 것을 버려야 하는 게 아니며 또 그 길로 가다가 '아, 이건 아니구나!' 하고 깨달으면 그때 방향 전환을 해도 되기 때문이다.

다른 하나는 반대로 나이가 들어서 은퇴를 했다든지 은퇴한 건 아니지만 어떤 일을, 할 만큼 해서 이제 다른 일로 눈을 돌려보는 거라면 하고 싶은 일을 얼마든지 해보라고 권한다. 굳이 이 일을 하는 게 살아도 산

게 아니라서 저 일을 해야겠다, 식의 처절함은 필요 없다고 본다. 그러나 이분처럼 대기업에 다니는 중인데 갑자기 누군가의 강의를 듣고 문득 깨달은 바 있다고 사표를 던지려고 할 때는 이 검법을 사용하는 게 현명한 처신이라고 본다.

45

"

유독 직속 상사만
저를 인정해주지 않습니다

"

소통무진 검법을 써라

'중견기업에 다니는 경력 3년 차 직장인입니다. 제 직속 상사인 팀장님이 요즘 스트레스를 많이 줘서 괴롭습니다. 제가 부서에서 타 팀 선배나 상사들에게서는 예의 밝고 유능하다고 인정받는 편인데 유독 직속 상사인 팀장님은 찬바람이 일고 기안을 가져가면 잔소리를 반복하면서 퇴짜를 놓으며 괴롭힙니다. 이직은 생각하지 않고 있지만, 타 부서로의 전출을 요청할까 고민 중입니다.'

직장인들이 질문할 때 특징이 하나 있는데 본인한테 불리한 점은 감추고 가해자 격인 상대의 문제점은 부각해서 한다는 거다. 이 질문이 그런 성향이 강한데 팀장이 이분 기안을 퇴짜 놓으면서 괴롭힌다고만 했지 왜 퇴짜를 놓는지에 대한 언급이 없어서 애매하다. 질문자의 의도는 내가 올린 기안은 잘못이 없다는 거 같은데 그러면 도대체 왜 그러는 걸까?

이런 식으로 애매한 질문이 들어오면 질문자에게 다시 메일을 보내서 '본인 생각에는 팀장이 왜 괴롭힌다고 보느냐'를 보충 설명해달라고 하는데 많은 경우 네 번까지 메일이 오간 적도 있다. 그런데 재미있는 것은 그렇게 메일이 오가다 보면 상대의 문제점보다 본인의 문제점을 먼저 깨달아서 스스로 해답을 찾는 경우가 많다는 사실이다. 이런 점으로 미뤄 볼 때 조직 내에서 인간관계에 문제가 생기면 일단 자신에 대한 반성부터 치열하게 해보는 것도 좋은 방법이라고 본다.

어쨌든 이분은 보충 설명을 해달라는 요구에 회신이 없었다. 그런 경우 처음 보내온 질문 속에서 찾을 수 있는 힌트를 가지고 상황을 최대한으로 유추해서 답변할 수밖에 없다. 이 질문에서는 딱 한 단어에 집히는 게 있었다.

그게 무엇인가 하면, 바로 '요즘'이라는 단어였다. 즉 '팀장님이 요즘 스트레스를 많이 준다'고 했는데, 그렇다면 이전에는 그렇게 스트레스를 주지 않았다는 뜻이다. 이 힌트를 붙잡고 다시 유심히 생각해보니 또 한 낱말에 집히는 게 있었다. 그것은 바로 이분의 직장 경력인 '3년차'라는 말이었다. 이 말에서 바로 '서당 개 3년이면 풍월을 읊는다.'라는 속담이 떠올랐다. 요즘은 식당 개 3년이면 라면을 끓인다고도 하는데, 어쨌든 이분이 직장 생활 3년 차라면 풍월을 읊을 때가 되었는데 그러지 못해서 팀장님이 잔소리하는 건 아닐까? 달리 말하면 그 팀장님이 2년 동안은 이분을 전문가로 보지 않고 일을 배운다, 이렇게 생각해서 기안이 마음에 들지 않아도 크게 잔소리를 하지 않았는데 3년이 되어서도 그야말로 라면을 제대로 끓일 줄 모르니까, 즉 일을 제대로 쳐내지 못하니까 요즘 들어서는 잔소리를 심하게 하면서 스트레스를 주는 것이라는 생각이 든다.

일을 제대로 쳐내지 못한다는 말은 좀 더 정확히 표현하면 팀장님과 호흡을 맞추지 못하고 있다는 뜻이다. 상급자와 일을 할 때 호흡이라는 건 실력이 중요한 게 아니라 분위기를 파악하는 능력이 중요하다. 여기에서 분위기라는 건 상사의 비위를 맞추라는 게 아니라 일이 돌아가는 상황을 말하는데, 구체적으로 설명하면 일에는 속도, 정확성, 비용, 효율 네 가지 요소가 있다. 그런데 문제는 이 네 가지가 각각 상반되는 측면이 있다는 건데, 속도는 정확성과 관계가 깊다. 즉 지나치게 정확도를 따지면 일의 속도가 느려질 수 있고 비용은 효율과 관계가 깊은데, 비용만 생각하다 보면 성능이 떨어지는 식이다. 그런데 이분이 아는 건 많아도 실전 중심의 일에서는 이런 데에 유연성이 떨어지는 게 아닌가 하는 생각이 든다. 그러면 그걸 바라보는 팀장은 가슴이 답답하다.

예를 들어 비용의 경우 대부분 기안을 할 때 여러 업체를 조사한 뒤 견적을 복수로 받아서 기안을 올린다. 그런데 이때 문제는 견적을 복수로 올리는데 몇 개가 적당하냐 이런 게 문제가 된다. 시간이 촉박하거나 그럴 때는 견적을 두 개만 받고 결정할 수도 있고, 반대로 시간이 충분하거나 상급자가 깐깐한 스타일이라면 견적이 두 개가 아니라 세 개 또는 네 개 아니면 마음에 차는 가격 선이 나올 때까지 계속 찾기도 한다. 이분이 자존심과 고집이 있어서 이런 부분에 유연성이 부족한 게 아닌가 하는 생각이 든다.

만약 그렇다면 팀장은 퇴짜를 놓을 때 이런 점을 고쳐라, 이렇게 속 시원히 말해주면 좋지 않을까? 아마도 대략 작년까지는 그렇게 했을 거라고 본다. 하지만 올해부터는 즉 요즘 들어서는 그렇게 안 해주는 거다. 왜냐면 이분 경력이 그야말로 풍월을 읊을 수 있는 3년이나 되었기 때문이다. 아마 모르긴 해도 3년 차라는 것이 이제 3년에 막 들어가는 시기라고 보는데, 만약 그렇다면 그동안에는 틀려도 스트레스 주지 않고 가르쳐 주면서 일을 시켰지만, 이제는 3년째니까 당신이 알아서 해야지 내가 언제까지 숟가락으로 직접 떠먹여줘야 하느냐 이런 심정이 있어서 마구 짜증을 내는 거라고 본다.

그럼 이분은 어떻게 하는 게 좋을까? 정답은 **소통무진 검법**을 쓰는 것이다. 이 검법의 핵심은 소통무진(疏通無盡) - 의사소통에는 끝이 없다는 것이다. 내가 아는 방식 또는 내가 하는 방식이 전부라 생각하지 말고 아래든 위든 좀 더 소통을 잘하기 위해 끝없이 다양하게 노력하는 것, 이것이 이 검법의 핵심이다.

구체적으로 어떻게 하면 될까? 세 가지를 주의할 필요가 있다고 본다. 첫째는 어떤 일을 지시받았을 때 단순하게 지시받은 부분만 생각하지 말고 현장 상황이나 관련 부서의 반응, 고위층의 의도 등을 반영해서 전체를 파악하는 습관을 들여야 한다. 그래야 팀장의 토킹 파트너가 될 수 있다. 둘째는 타 팀의 호평에 기대면 안 된다. 이게 비유하면 부부 사이와 비슷한 건데, 곁에서 지켜보는 사람은 '아니 저 사람 저렇게 훌륭한 배우자를 두고 웬 불만이 저리 많냐'고 하지만, 속사정은 살아본 사람만이 안다. 고로 부부간에 불화가 있을 때 아내가 '옆집 철수 아빠는 날 이쁘다고만 하는데 당신은 웬 불만이 그리 많아요?'라고 하는 건 말이 안 된다. 직장에서도 팀원에 대한 평가는 직접 일을 시켜본 팀장이 가장 잘 안다. 이분 말마따나 타 팀에서는 예의 바르고 재기발랄하면 훌륭한 팀원이라고 평한다. 그러나 직접 데리고 일하는 팀장은 다르다.

그런 측면에서 마지막 세 번째는 팀장을 섣불리 나쁘게만 보는 관점을 버려야 한다. 잔소리하면서 기안을 퇴짜놓는 것도 이분은 최선을 다했다고 생각하지만, 팀장은 네가 이것밖에 안 되느냐 하는 더 높은 기대치가 있어서일 수 있다. 만약에 그런 게 아니라면 '아 됐어.' 하고 그냥 딴사람 시키지 뭐하러 입 아프고 스트레스받으면서 자꾸 잔소리를 반복하겠는가?

문제를 해결하고 싶다면 지금부터라도 그 팀장님을 쌀밥이 아닌 현미밥으로 생각하라고 권한다. 현미가 껍질을 덜 깎은 거기 때문에 먹을 때 입에서는 껄끄럽지만, 쌀눈이 살아 있어서 건강에는 좋다는 거 아닌가? 이처럼 직장에서도 오냐오냐하면서 듣기에 달콤한 말을 해주는 쌀밥 같은 상급자만 반기는 건 현명한 처신이 아니다. 듣기 싫은 소리를 하는 사람이 오히려 나를 더 위하는 사람이고 그 사람한테서 배우는 게 더 많을 수도 있다.

끝으로, 중역과 일할 때 그런 고위 직급자에게 인정받는 요령을 이야기하겠다.

세 가지를 명심하면 된다. 첫째, 상급자의 인생 목표를 알아야 한다. 여기에서 말하는 목표는 회사 업무와 관련된 게 아니라 상급자의 인생 전체를 관통하는 버킷 리스트 같은 걸 말한다. 독립해서 창업하는 게 꿈인지, 그 회사에서 CEO까지 승진하는 게 꿈인지, 정년까지 일하고 전원생활을 하는 게 꿈인지, 자신이 하고 싶었던 분야에 새로이 투신하는 게 꿈인지 등을 알아야 한다.

둘째, 상급자의 롤 모델을 알아야 한다. 롤 모델은 사람일 수도 있고, 어떤 기업일 수도 있다. 사람이면 그 사람처럼 해보고 싶다는 거고, 기업이라면 그 회사처럼 조직을 키워보고 싶다는 거다. 이 롤 모델을 알면 상급자가 일할 때 추구하는 원칙 같은 걸 알 수 있다.

셋째, 마지막으로 상급자의 사적 고민을 아는 게 좋다. 공적 고민은 대부분 조직에 있는 아랫사람들이 아는 것이지만 사적 고민을 아는 사람은 드물다. 아들이 공부를 안 해서 걱정인지, 고부 사이가 안 좋아서 고민인지, 터프한 아내로 인해 가정에서 안식을 얻지 못하고 있는지 등등을 알면 된다. 이렇게 세 가지를 알게 되면 상급자로부터 어느 날 '자네와는 말이 통해서 좋아.' 이런 평을 듣게 되는데 그 정도가 되면 **소통무진 검법**의 경지에 올라섰다고 보면 된다.

그러면 비로소 상급자의 오른팔이 되어 상당 부분의 정보를 공유하게 되며 중요한 프로젝트에 영향을 미칠 수 있다. 물론 그렇게 되는 걸 반드시 권장하지는 않는다. 다만 상사에게 인정을 못 받아서 불만인 질문을 다루다 보니 생각이 나서 설명한 것이다. 고위직이나 오너의 오른팔이 된다는 것은, 엄청 추운 방에서 발갛게 타는 난로의 곁을 차지하고 앉아서 불을 쬐는 거와 같다. 즉 뜨거운 난로 가까이에 있으니 정말 따뜻하기는 하지만, 동시에 삐끗하면 데일 위험도 매우 크다.

46

"

자소서에 자영업 경력 쓰면
떨어진다는데, 진짜일까요?

"

상지상 검법을 써라

'서른한 살의 취업 준비생입니다. 저축은행에 1년 근무하다가 회사가 어려워지면서 실직했고, 그 뒤에 같이 일했던 선배하고 광고기획물 제작 사업을 했습니다. 그런데 일이 잘 되지 않아서 1년 만에 폐업하고 이번에 중견기업에 신입직으로 서류를 내고자 합니다. 그런데 자소서에 자영업 경력을 쓰면 '사장' 해 봤다고 잘 안 뽑아준다는데, 안 쓰자니 1년 기간 설명에 공백이 생겨서 걱정입니다. 어떻게 하면 좋을까요?'

자영업 경력을 쓰면 서류에 탈락한다는 말을 필자는 처음 듣는다. 그러나 그렇게 생각할 수도 있겠다는 느낌이 드는데, 어쨌든 이분이 누군가 주변의 지인이나 선배한테 물어봤더니 그렇게 조언해준 거 같다. 그러니까 일반적인 견해는 아니고 일부 몇 사람의 개인적 견해라고 보는데, 그 사람들이 그렇게 생각하는 이유는 아마도, 경력직을 뽑는 게 아니라 신입을 뽑는 거기 때문에, 저축은행을 1년 다닌 데다 자영업까지 1년을 해봤다고 하면 신선도가 떨어질 수 있고 또 사장을 해봤기 때문에 말을 잘 안 들을 가능성이 있지 않겠느냐, 그리고 일이 힘들거나 그럴 때에이 확 때려치우고 나가서 다시 내 일이나 해볼까 이럴 가능성도 있다고 봐서 아예 서류에서 탈락시킬 거다, 이렇게 본 거 같은데, 필자는 반대로 생각한다.

물론 반대로 생각한다는 말이 자영업 경력을 쓰면 최종 합격이 보장된다는 뜻은 아니다. 그러나 일단 서류 심사에는 붙을 확률은 높지 않을까 하는 거다. 왜냐면 응시자의 서류 심사나 면접을 보는 사람들에게는 세 가지의 기본 평가 기준이 있기 때문이다. 물론 심사하는 사람 개인마다 다르겠지만 대체로 정직성, 차별화, 자신감, 이 세 가지를 기본으로 해서 판단한다.

첫째, 정직성은 얼마나 성실하게 썼느냐 또는 답하느냐 이건데, 다른 말로는 진정성이라고 표현하는 게 더 이해가 쉬울 것이다. 아무리 그럴 듯하게 포장해서 써도 거기에 뭔가 거짓이 있거나 과장이 있으면 서류 심사를 많이 해본 전문가들은 금방 알아챈다. 때문에, 이분이 1년 동안 자영업 한 걸 안 쓰고 그동안 뭐 했는지를 거짓으로 쓰면 불성실하다고 탈락할 확률이 높다. 그래서 일단 정직하게 쓰는 게 훨씬 낫다고 본다.

둘째는 차별화인데 말 그대로 다른 사람의 자소서와 얼마나 차별되는 가를 본다. 요즘은 자소서에 이런저런 스펙을 다 끌어다 쓰기보다는 자신이 지원하는 직무와 연관된 경험과 경력을 잘 나타내서 남들과 차별화된 자기 캐릭터를 쓰는 게 중요하다. 그러니까 옛날에는 '자상한 부모님 밑에서 긍정적인 가정교육을 받으며 명문대를 졸업하고 성실한 청년으로 성장했습니다' 식을 모범답안이라고 했는데 요즘은 이런 건 차별화가 안 된다고 해서 금지답안이라고 한다.

신입사원 서류 심사와 면접을 많이 해본 필자의 경험으로 미뤄보면, 자소서를 보면서 특이한 프로필을 지닌 친구가 있으면 반드시 합격시킨다는 전제가 아니라 면접에서 한번 이야기를 들어보고 싶은 마음이 일어나서 서류를 통과시키기도 한다. 이분도 대학 졸업 후 1년 만에 저축은행 실직당하고 자영업을 하다가 실패까지 했으니 일반적인 새내기 지원자하고 달리 관심을 끌 요소는 충분하다고 본다.

셋째는 자신감인데 이 부분은 자소서에 구체적으로 어떻게 쓸 것인가와 연결된다. 즉 성공한 이력이 아니라 실패한 자영업 경력인데 어떻게 자신감 있게 쓸 것인가? 정답은 **상지상 검법**을 쓰는 것이다. 상지상(上之上)이라니? 영어로 Best of Best? 그럼 최고 자리인 사장을 해본 내가 역시 최고다, 이렇게 써라? 아니다. 이 검법의 핵심은 상지상(孀知孀) – 우리말로 하면 과부 마음은 과부가 안다는 것이다. 자소서에 웬 과부 마음?

자소서에 과부 마음을 쓰라는 게 아니라 과부 마음은 과부가 안다는 자신감으로 쓰라는 것이다. 다음 글을 읽어보면 그 뜻을 알 것이다. 이 글은 한 독자가 필자의 책을 읽고 보내온 독후감 중 일부이다.

'직장 다닐 때는 상사들이 한심했다. 무능한 작자가 부하 직원들 덕에 거저 먹고산다고 생각했다. 그 꼴이 보기 싫어 사업을 시작했다. 그랬더니 이번에는 직원들이 한심했다. 자기가 무슨 일을, 왜 하는지도 모르는 채 다들 출근해서 시간만 때우면 장땡이었다. 내 분신처럼 움직일 사람 한둘만 있으면 못 할 일이 없을 것 같았는데, 그런 직원을 못 찾아서 애석하게도 실패하고 다시 직장으로 돌아왔다.'

전문(全文)은 길어서 생략했지만, 특히 위 대목을 읽으면서 소름이 돋았다. 한마디로 사장의 마음을 절절하게 깨달아서 썼기 때문인데, 달리 말하면 사장 마음을 사장이 아는 것이다. 사실 기업에서 가장 필요한 사람은 사장의 마음을 아는 사람이 아니겠는가?

물론 그렇다고 해서 '내가 자영업을 해봤기 때문에, 사장 마음을 모조리 다 안다' 식으로 건방지게 쓰라는 말이 아니라 창업에서 폐업하기까지의 과정을 겸손하면서도 설득력 있게 잘 쓰는 게 중요하다. 예를 들면 왜 광고기획업을 택하게 되었는지 하는 사업 동기, 실제로 해보니 어땠는지 또 실패하게 된 원인은 무엇을 잘못 판단해서 그랬는지 등을 쓰면 되고 이제 새로 시작하는 신입사원이 된다면 어떤 자세로 일하겠다는 소감을 쓰면 된다. 한 가지 주의할 점은 실패의 탓을 시장 상황이나 코로나 시국 등 남 탓으로만 돌리지 말고 본인의 잘못한 점을 찾아서 솔직하게 써야 한다. 그러면 모르긴 해도 서류는 분명 통과할 것이며 면접에서도 겸손한 자세로 진지하게 각오를 말한다면 합격할 가능성이 크다고 본다.

한 가지를 덧붙인다면 남에게 조언을 구할 때는 그 사람의 경력을 먼저 살펴보라고 권한다. 이분이 주변 선배든 지인이든 누구에겐가 실패한 자영업 경력을 자소서에 써도 되는지를 물었을 때 그 사람이 분명 '야, 신입사원 뽑는데 사장 해본 게 도움 되겠어? 그걸 쓰면 오히려 서류 심사에서 불리할 걸. 신선도 떨어지지, 맘대로 부리기도 힘들 꺼 아냐?' 이렇게 답했을 거다. 물론 그 사람은 최선을 다해서 조언한 거겠지만, 필자가 보기에 그 사람은 분명 사장을 안 해본 사람일 것이다. 경영을 해봤거나 조직을 키워본 사람이라면 사장 해본 경험이 얼마든지 도움이 될 수도 있을 거라고 조언했을 것이다.

결론은, 어떤 사물이든지 양면성이 있다는 걸 아는 게 중요하다. A 방식으로 해서 실패한 사람은, 실패한 사람인 동시에 A 방식으로 해서는 안 된다는 사실을 보여주는 데 성공한 사람도 된다. 그러므로 내가 비록 어떤 일에 실패했더라도 **상지상 검법**으로 나가면, 그래서 내가 그 일을 더 잘 안다고 큰 소리로 말할 수 있는 것이다.

47

"

이직 예정인데 저쪽 회사 사장이
기대를 너무 많이 해서 부담돼요

"

에누리 검법을 써라

'중견기업 전산직에 종사하는 경력 5년 차 직장인입니다. 이번에 연봉을 대폭 상향 조정하면서 좀 작은 회사의 전산실장을 맡아서 이직 예정인데 이 회사가 통합전산망을 처음 구축하는 거라서 사장이 천지개벽하는 것처럼 엄청난 기대를 하는데 시스템 구축도 문제려니와 통합전산망이 구축된다고 해서 회사 매출이 금방 오르는 것도 아닌데 엄청나게 부담됩니다.'

이 질문을 읽고 '걱정도 팔자'라는 속담이 떠올랐다. 그쪽 사장이야 지금껏 PC 몇 개 놓고 각자 업무를 진행하다가 이번에 통합전산망을 구축하게 되었으니 흥분하는 건 당연하다. 그렇다고 해서 즉 통합전산망을 구축했다고 해서 매출이 금방 오르지 않는 것은 그쪽 사장도 잘 안다. 매출이 폭발적으로 오를 것이라고 사장이 기대한다는 생각을 하는 건 오히려 이분 혼자의 지나친 상상이다. 다만 매출의 폭발적 상승과는 관계없다 해도 사장의 기대가 상당히 높다는 점을 고려하면 이분의 처신은 신중해야 한다. 즉 사장의 기대에 부응하느라 본인도 같이 분위기가 업되어서 경솔한 판단을 하지 말라는 것이다.

필자의 현역 시절을 돌아보면 회사가 불같이 성장했기 때문에 정말 많은 외부 인력, 특히 이분처럼 전산직 경력자를 많이 영입했는데 사연이 많았다. 사연이 많았다는 건 오고 간 사람이 많았다는 뜻이다. 저마다 올 때 사장의 기대보다도 더 큰소리를 치고 왔는데 불과 한두 달이 안 되어서 개발 업무가 보틀넥(Bottleneck)이 걸리고 이를 풀지 못해 쩔쩔매다가 교체되어 가는 일이 자주 발생했다. 한번은, 회원에게 제공하는 중간 리포트를 원래 수기로 작성했었는데 전산으로 된다고 해서 외근직 사원들이 환호했던 적이 있다. 그런데 약속한 날짜가 지나도 리포트는 나오지 않고 하루하루 시간이 흐르는데 결국 분노한 영업본부장이 찾아가서 '당신 경쟁사 간첩이냐?'고 전산실장과 대판 싸운 적도 있다. 그래서 지금 이분이 언급한 매출 상승은 지나친 걱정이지만 본인이 할 일에 대해서는 매우 신중하게 처신해야 한다.

그럼 이분은 이 시점에서 구체적으로 어떻게 해야 하는가? 정답은 **에누리 검법**을 쓰는 것이다. 에누리는 국어사전에 보면 '실제보다 더 보태거나 줄이거나 함'을 뜻한다고 나와 있는데 이 검법의 핵심은 상대의 기대를 줄이는 데에 있다. 예를 들어 통합전산망 구축이 정상적으로 진행된다면 3개월에 가능하다고 치자. 그러면 사장한테는 최장 4개월이 걸릴거라고 에누리를 둬서 약속하는 것이다. 그런데 사람들은 이상하게 이 검법을 거꾸로 쓴다. 즉 그 기간을 당겨서 말하는 것이다. 3개월이 걸릴 일을 2개월이면 충분히 해낼 수 있다고 큰소리를 침으로써 모두에게 기대치를 높이고, 대단하다고 박수를 받지만 실은 자기 스스로 자기를 옭아매는 꼴이다. 왜냐면 어떤 작업의 평균 기준이라는 건 이미 그 일을 해본 여러 사람의 여러 경우를 합산해서 평균을 낸 것이기 때문이다. 그러므로 3개월 걸릴 일을 2개월에 하겠다고 호언장담하면 그만큼 자신을 불리한 위치에 두는 것이다.

물론 큰소리친 만큼 밤을 새워서라도 2개월에 완성할 수는 있다. 그러나 생각해보라. 그 일을 시킨 사장이 3개월에 하면 된다고 한 것을, 왜 굳이 2개월에 하겠다고 큰소리침으로써 자신을 혹사하는가? 그것은 오로지 자신을 돋보이고 싶은 허영심에서 그런 건데 어리석은 처신이다. 그리고 일이란 게 항상 맘대로 되는 게 아닌데, 만에 하나 지연 요소가 생거서 3개월이 걸렸다고 쳐보자. 그러면 사실은 제 속도로 해낸 것인데도 본인의 장담 때문에 1개월을 늦게 완성한 것처럼 여겨지게 된다. 따라서 현명한 사람이라면 오히려 한 달을 더 늦춰서 4개월에 해내겠다고 에누리를 둔다. 그렇게 약속하고 제대로 진척이 되어서 3개월에 해내면 약속보다 한 달이나 일찍 완수해낸 영웅이 된다. 이런 일은 전산만이 아니라 영업에서 기획에서 상품 개발에서 등등 여러 곳에서 일어난다.

그리고 정말 중요한 것은 큰소리치며 일정을 당겨 약속했을 때 박수를 보내는 사장의 속마음이다. 겉으로는 '와우' 하고 놀란 표정을 짓지만 사실 속으로는 '어허, 저 친구가 어쩌려고 저렇게 큰소리를 치지?' 하고 의아해한다. 즉 당겨서 해낸다고 하니 굳이 말리지는 않지만, 속으로는 '이 친구도 검법이 하수로군.' 하며 미덥지 않게 여긴다. 실제로 사장은 결과를 보고 직원을 평가하지 별이라도 따다 줄 것처럼 큰소리치는 걸 보고 평가하지 않는다.

아주 오래전 현직으로 재직하고 있을 때의 일인데 영업이 오랫동안 정체 상태에 이르자 회사에서 새로운 영업본부장을 영입하게 되었다. 보통 영업본부장 정도는 취임식이라는 걸 하지 않는데 이 사람이 올 때는 영업 실적 반전이 너무 절실한 때라 힘을 실어주기 위해서 취임식을 했다. 나도 임원이라서 옆에 자리를 차지하고 앉아서 지켜보고 있었는데 새 영업본부장의 취임사는 상황이 상황인 만큼 절절했다. 그런데 취임사가 끝날 무렵 이 사람이 다음과 같은 말을 했다.

"여기 모이신 영업점장 여러분! 양이 이끄는 사자 무리와 사자가 이끄는 양의 무리가 싸우면 어느 쪽이 이기겠습니까? 그렇습니다. 사자가 이끄는 양의 무리가 이깁니다. 그만큼 리더의 역할이 중요한 겁니다. 이제 앞으로 여러분들은 걱정할 필요가 전혀 없습니다. 바로 여러분을 이끌 사자가 왔기 때문입니다. 우리 회사는 이제 영업이 반전해서 불같이 일어날 일만 남았습니다. 여러분 저와 같이 힘차게 뛰어봅시다!"

그리고 연단을 쾅 내리쳤는데 아무 반응이 없었다. 원래는 쾅 하면 박수 소리가 우레와 같이 나와야 하는 거다. 그런 상황이 어색했는지 사장이 뒤늦게 박수를 치자 이어서 점장들도 마지못해 두다다닥 하고 박수를 쳤다. 그렇게 취임식이 무사히 끝났는데 금세 뒷말이 돌기 시작했다.

"아니 지가 사자면 그럼 우리는 별 볼 일 없는 양이란 말이야? 나 원 참, 앞으로 아무리 열심히 해서 실적을 돌려놓아도 사장은 전부 사자 덕분이라고 하게 생겼군."

대략 이런 수군거림이 오갔는데 이후 영업은 새 본부장의 큰소리와는 정반대로 흘러갔다. 즉 계속해서 실적이 곤두박질치는데 아무리 본부장이 전화로 큰소리를 지르고 독려해도 속수무책이었다. 결국, 그 본부장은 6개월 만에 사표를 쓰고 나갔다. 아니 사장이 내보냈다.

그 사람이 검법을 제대로 연마한 고수였다면 취임식에서 그런 말은 안 했을 것이다. 왜? 표현은 멋있지만 모든 영업점장을 한방에 힘없는 양으로 만들어버렸기 때문이며 더더욱 영업 반전을 준비할 시간을 스스로 날려버렸기 때문이다. 영업이 오랫동안 안 되는 것은 여러 가지 요인이 복합적으로 작용한 것이다. 자사 상품이나 경쟁사 상품에 대한 교육이 부족한 탓일 수도 있고, 영업 촉진 제도가 경쟁사에 비해 약한 탓일 수도 있으며, 우수 인력들이 경쟁사로 빠져나간 탓일 수도 있다. 이런저런 요인들을 다 분석해서 충분히 보완해야 승산이 있고 무엇보다도 기존 영업 점장들의 사기가 중요하다.

이런 점을 고려하면, 당연히 취임사는 겸손하게 '어렵겠지만 여러분이 잘해준다면 나도 부족하지만, 최선을 다하겠다'로 겸손하게 나왔어야 한다. 그리고 '시간이 좀 걸리더라도 조직을 완전히 강화한 뒤에 한판 벌여보자.' 이런 식으로 시간도 벌었어야 한다. 그런데 앞뒤 가리지 않고 이 모든 걸 거꾸로 해버린 것이다. 그 사람이 다른 회사에서 차장으로 있다가 이사를 달고 오는 바람에 상당히 흥분되어 있었고 또 질문자처럼 사장한테서 엄청난 기대와 압박을 받다 보니 당장 일이 잘될 것처럼 말을 해버린 건데 이는 어설프게 칼을 휘두르는 하수의 모습이며 그게 조직이나 본인 모두에게 치명타가 된 것이다. 이처럼 뭣 모르고 이직해 들어갈 때 큰소리를 쾅쾅 쳐놓으면 자승자박이 되기 때문에 **에누리 검법**으로 여유 있는 칼솜씨를 보이는 게 진정한 고수다.

『세상을 보는 지혜』라는 책에 나온 발타자르 그라시안의 이야기를 보너스로 소개하겠다.

"사람들에게 큰 기대를 갖게 하지 말라. 명성을 얻은 자들의 불행은 흔히 사람들이 품는 지나친 상상에 부응하지 못할 때 초래된다. 상상력이란 소망과 결부되어 있기에 언제나 실제의 것보다 더 큰 것을 상상하게 된다. 아무리 탁월하다 해도 선입견을 충족시키기에는 부족할 수밖에 없다. 부푼 기대에 사로잡혀 있던 사람이 실망하게 되면 탁월함을 칭찬하기보다는 잘못을 물고 늘어지게 된다."

48

"

선배와 다퉈서 다시는 안 보려고
나온 회사에서 다시 오라고 해요

"

윤석열 검법을 써라

'경력 3년 차 전산직입니다. 첫 직장 2년째에 바로 위 선배하고 일 문제로 오지게 다퉈서 그만뒀는데 지금 직장 1년 다녀보니 연봉 불만이라 이직하려 합니다. 그런데 알아보니 첫 직장에서 연봉 원하는 만큼 준다고 다시 오라고 하고, 또 한 군데는 연봉은 조금 올려주겠다고 하는데 새로운 일을 배울 수 있을 거 같습니다. 일단 첫 직장이 끌리는데 그 선배가 부서 이동을 했지만 나올 때 다시는 안 본다고 큰소리치고 나온 터라, 일을 배울 수 있는 곳으로 갈까도 망설이는 중입니다.'

이분의 질문으로만 보면 오라는 곳이 두 군데라 양자택일을 고민하는 것처럼 보이지만 진실은 이전 직장으로 가고 싶은데 1년 전에 나올 때 막 말하고 헤어진 선배가 있어서 망설이는 거라고 본다. 그렇게 보는 이유는, 이분이 현재 직장을 떠나려는 이유가 연봉에 대한 불만이 있어서라고 했기 때문이다. 질문에서 새로운 일을 배우는 것이 괜찮은 것처럼 살짝 언급했지만, '새로운 일을 배울 수 있다'가 아니라 '새로운 일을 배울 수 있을 것 같다'라고 했기 때문에, 그 강도가 아주 약하게 느껴진다. 결국, 이전 직장과 또 다른 회사 두 곳을 타진해봤는데 이전 직장에서는 이분이 원하는 대로 연봉을 더 주겠다고 한 거고, 다른 회사는 이분이 원하는 만큼은 못 올려준다, 그 대신 여기로 오면 새로운 일을 배울 수 있다, 이렇게 제시한 거를 가지고 양자택일을 고민하는 것처럼 질문을 썼지만, 필자의 판단으로는 일을 배울 수 있는 회사는 거의 들러리로 쓴 거지 갈 마음은 없다고 본다.

그럼 그냥 이전 회사로 가면 되지 왜 망설이는 걸까? 그건 이분의 자존심 때문이라고 본다. 본인이 1년 전에 그만둘 때 홧김에 그 선배한테 다시는 당신 안 본다고 큰소리를 치고 나왔는데 그걸 스스로 깨려고 하니까 자존심이 허락하지 않는 거다. 예를 들어서 그 회사로 가서 다니다가 그 선배를 복도에서 우연히 만났는데 그 선배가 '어이구, 이게 누구야? 강 대리 아냐? 아니 다시는 나 안 본다메? 근데 어떻게 다시 왔어? 달리 갈 곳이 없었나 보지.' 이렇게 비꼬는 식으로 나오면 뭐라고 할 말이 없지 않은가? 이분이 질문에서 그 선배하고 오지게 다퉜다는 걸 보면 그 선배도 한 성격 하는 거 같은데, 그러면 한 번쯤은 앙갚음하려고 할 게 거의 분명하다. 그렇다면 그 선배가 이런 좋은 기회를 어찌 놓치겠는가? 아무리 부서가 다르고 또 일부러 피해 다녀도 결국은 만날 텐데 그 순간의 그 모멸감을 상상하면 생각하기도 싫은 것이다. 필자 같은 꼰대 세대는 '자존심이 밥 먹여주냐.'라고 할지 모르지만, 젊은이들은 쪽을 상당히 중시한다. 즉 그 선배한테 무참하게 당해서 쪽팔릴 걸 생각하면 고개가 절로 아니라고 도리질하는 거다.

그리고 한번 쪽팔리고 말면 그만이겠지만 또 다른 위험성이 도사리고 있다. 즉 이분이 그 회사 나올 때 선배한테 다시 안 본다고 폭탄선언을 하고 나온 걸 보면 상당히 자존심이 강하고 다혈질적인 거로 짐작되는데, 그런 성격이라면 그 선배 만나서 망신당하는 상황이 벌어졌을 때 다시 뚜껑이 열려서 '아이구, 걱정하지 마셔! 이제는 진짜 다시 안 본다.' 이렇게 막말하고 또 그만둘 가능성도 있다. 사람 본성이라는 게 1년 만에 크게 변하지 않기 때문에 그렇다. 그리고 설령 그런 상황이 벌어지지 않더라도 혹시나 그 선배 만나면 뭐라고 해야 하나 하는 걱정 때문에 날마다 가시방석일 것이다.

그럼 이분은 어떻게 해야 할까? 정답은 **윤석열 검법**을 쓰는 것이다. **윤석열 검법**? 사람에 충성하지 말라는 건가? 아니다. 이 검법의 핵심은 선제타격(先制打擊) - 문제의 근원지를 먼저 때리는 것이다. 뭘로? K-9

자주포로? 아니다. 그럼? 지대지 미사일로? 그것도 아니다. 이 검법은 전화 한 통으로 시작된다. 즉 그 회사에 가서 우연히 그 선배를 만날 때까지 기다리지 말고 미리 전화해서 그 선배를 밖에서 만나는 거다. 1년 전에 오지게 다툴 때, 일 때문에 싸웠다는 걸 보면 인간적으로 문제가 있었던 건 아니라고 본다. 그렇다면 미리 만나서 '선배, 그때는 내가 너무 심하게 막말해서 미안허우. 이번에 다시 회사로 복귀하는데 사실은 다른 데서 오라는 곳도 있었지만, 아직도 선배가 여기 남아 있으니까 나 일부러 여기로 다시 오는 거요. 원래 선배가 실력 하나는 끝내주잖아. 나 복귀하면 그 일 가지고 타박하지 말고 많이 도와주시우.' 이렇게 말하면 된다.

그러면 그 선배도 '야 내가 더 미안하지. 선배라는 사람이 후배하고 그렇게 다퉜으니 말이야. 안 그래도 온다는 소식 듣고 사실은 반갑더라!' 이 정도로 나올 것이다. 그러면 다 풀릴 뿐만 아니라, 비 온 뒤에 땅 굳는다는 속담처럼 그 선배가 오히려 여러 가지로 흑기사가 되어줄 가능성이 크다.

그 선배가 그렇게 나오지 않고 끝까지 비틀면 어떡하느냐고? 그건 선배의 심리를 잘 모르는 사람의 생각이다. 이 책의 맨 앞에 나온 세나상 검법을 기억하기 바란다. 다시 한 번 복습해보면 '세상에 나쁜 상사는 없다'라는 전제의 검법이 왜 여러 갈등 상황에서 해법이 되느냐 하면, 아랫사람이 윗사람에게 인정받고 싶어 하는 만큼 윗사람도 마찬가지로 아랫

사람에게 인정받고 싶어 하기 때문이다. 그것도 그냥 인정이 아니라 통 큰 상사, 아량이 큰 상사, 보스 기질을 지닌 멋진 상사 등으로 인정받고 싶어 한다. 그런데 이런 사실을 잘 모르는 아랫사람들은 박박 기어오르기는 해도 그 기회를 잘 주지 않는다. 그래서 갈등이 생기는데 이때 아랫사람이 윗사람에게 사과하며 그런 기회를 주면 '아 그렇게 걱정하지 말아. 나 그렇게 속 좁은 인간 아니야. 앞으로는 잘 지내보자고.' – 십중팔구 이렇게 나온다. 사실은 속이 좁은 상사일수록 더 그렇게 나오기 때문에 세나상 검법이 통하는 것이다. 고로 이분이 먼저 고개 숙이고 들어가는데 선배가 끝까지 비틀 거라는 생각은 하지 말기 바란다.

'다시는 안 본다.'라는 막말의 성격을 분명히 이해하라고 권한다. 사실 이분만이 아니라 살면서 그런 막말 한두 번 안 하는 사람은 매우 드물다. 다시 안 본다는 말 말고도 손에 장을 지진다, 내 성을 간다, 심지어 동대구역 앞에서 할복하겠다, 이런 말을 한 정치인도 있다. 그런데 시간이 흘러서 보면 손에 장을 지진 사람도 없고, 성을 간 사람도 없고, 할복한 사람도 없다. 물론 그렇게 말하고 실천하지 않은 사람들이 대부분 정치인이지만, 중요한 건 그 막말 약속을 안 지켰다고 해서 누구도 크게 비난하지 않는다는 사실이다. 왜냐면 그 막말이라는 게 그 말을 할 당시의 격한 감정을 표현했거나 각오를 표현한 거지 꼭 그렇게 하겠다는 게 아니니까 다들 그러려니 하는 거다. 이분도 본인이 한 막말의 그런 속성을 확실하

게 이해해야 한다. 물론 그런 정치인들을 본받으라는 건 아니다. 오로지

그런 말의 성격을 분명하게 이해하라는 거다.

49

"

제 실적이 1등인데
2등인 동기가 먼저 승진했어요

"

문재인 검법을 써라

'경력 4년 차 중견기업의 대리입니다. 지난 한 해 제가 저희 부서에서 실적이 가장 좋았습니다. 그래서 저는 당연히 이번에 과장 승진이 되는 거로 알았는데 저를 제치고 실적 2등인 동료가 승진했습니다. 스펙도 제가 훨씬 낫고, 실적도 훨씬 나은데 도저히 참을 수 없습니다. 부서장한테 항의하려고 하는데요, 어떻게 하면 좋겠습니까?'

부서장한테 항의해도 일단 버스는 떠났다. 아마 모르긴 해도 이분의 다음 단계는 사표를 던지는 것일 거다. 왜냐면 부서장한테 왜 내가 승진이 안 되었느냐고 항의하다가 그래도 안 되면 다른 데로 간다고 사표를 던질 게 뻔하기 때문이다. 어쨌든 이분이 물어온 요지는 승진 탈락에 대한 항의를 어떻게 하면 좋겠는가인데, 한마디로 다음 기회를 위한 항의로 하는 게 현명하다.

다음 기회를 위한 항의라는 건 이미 끝나버린 일을 가지고 그걸 번복할 아무런 힘도 없는 부서장을 코너로 몰지 말라는 뜻이다. 부서장을 코너로 모는 항의가 어떤 것인가 하면 '승진한 동기만 아끼고 저는 아끼지 않는 겁니까'라고 묻는 것이다. 이 질문엔 답이 정해져 있다. 즉 '아니, 내가 왜 자넬 안 아껴? 당연히 둘 다 아끼지' 이건데 그러면 그다음 바로 '그럼 왜 동기만 승진하고 저는 탈락했습니까? 실적도 제가 더 낫지 않습니까?'라는 결정타가 나간다. 그러면 부서장이 답이 궁해서 곤란한 표정을 지으면 웃을 수밖에 없는데 이런 식의 항의는 부서장한테 하는 화풀이에 지나지 않으며 이분한테 아무런 도움이 되지 않을 뿐만 아니라 오히려 해가 된다.

왜 그럴까? 부서장이 할 말이 없어서 쓴웃음을 짓는 게 아니기 때문이다. 할 말을 다 하면 그다음 단계가 바로 사표를 던지는 것일까 봐서 짐짓 모르는 척 웃고만 있는 것이다. 도대체 할 말이 뭐길래 그럴까? 간단하다. 자네는 리더십에 문제가 있다, 이렇게 말하고 싶은데 그러면 그다음 질문은 어떤 점에서 그렇다는 겁니까, 근거를 대보십시오, 그건 어디에서 나온 이론입니까, 그렇게 판단하는 이유가 뭡니까 등등 끝도 없이 시달릴 것이기 때문에 아예 입 다무는 것이다. 부서장을 코너로 모는 그런 식의 항의는 골백번 해봐야 오히려 손해다. 왜? 내년 승진에 부정적 영향을 미치기 때문이다.

그럼 이분은 어떻게 하는 것이 좋을까? 정답은 **문재인 검법**을 쓰는 것이다. **문재인 검법**? 조국을 수호하라는 건가? 그렇다! 조국 수호가 옳은 건지 그른 건지는 사람마다 의견이 다르지만, 그 핵심만은 따라 하라는 건데, 이 검법의 핵심은 그가 대통령이 될 때 내세웠던 구호, '사람이 먼저'라는 거다.

이분이 실적 1등인데도 과장 승진에서 왜 밀렸을까? 이유는 단 하나, 과장은 실적으로만 뽑는 게 아니기 때문이다. 이분이 다니는 회사가 아직 옛날 직급 체계를 유지해서 그런데 과장은 요즘 유행하는 말로 하면 팀장이다. 팀장은 말 그대로 팀의 장이며 그 사람한테 팀을 맡긴다는 뜻이다. 이 말은 뒤집으면 팀원들이 믿고 따를 사람한테 팀장을 맡긴다는 뜻이다. 그럼 팀원들은 팀장의 무엇을 보고 믿고 따를까? 실적이 1등이면 무조건 믿고 따를까? 아니다. 실적도 중요하지만, 자신들을 알아주는 사람을 믿고 따른다.

이분은 이 지점에서 동기에게 밀렸다고 본다. 그리고 실적에는 함정이 있다. 정확히 말하면 실적의 등수에 함정이 있다. 극단적인 예를 든다면

100을 만점으로 할 때 1점만 차이가 나도 등위는 갈린다. 즉 100% 달성한 사람이 있어도 그보다 높은 101%를 달성한 사람이 있다면 100%는 2위로 밀린다. 이 경우, 목표를 달성한 수치로 본다면 2위가 1위보다 아주 못했다고 볼 수 있을까? 사실은 막상막하의 실적이다.

그렇게 놓고 본다면 반드시 이분을 승진시켜야 할 당위성은 약해진다. 팀장 승진 심사를 할 때 왜 실적으로만 판단하지 않을까? 그것은 팀원일 때는 나만 잘하면 되지만 팀장이 되면 남도 잘하게 만들어야 하기 때문인데 이 점을 이분이 놓치고 있다. 이분이 질문에서 실적은 물론 스펙도 본인이 동기보다 훨씬 낫다고 한 것이 그 방증이다. 팀원들은 팀장의 스펙을 보고 따르는 게 아니다. 팀장이 예를 들어 하버드를 나왔다고 해도 이분처럼 그걸 전면에 내세우면서 하버드 나오지 않은 사람을 우습게 안다면 오히려 팀원들의 반감만 살 뿐이다.

이제 내년의 상황을 가정해보면, 이분의 실적은 당연히 계속 좋을 것이다. 왜? 유능하니까! 유력한 라이벌도 없다. 왜? 동기가 먼저 올라가버렸으니까! 그럼 내년 승진은 떼어 놓은 당상인가? 그렇지 않다. 사람이 먼저라는 **문재인 검법**으로 칼을 쓰지 않고 지금처럼 계속 실적을 내세우고 스펙을 내세우며 안하무인 유아독존으로 칼을 휘두르면 내년도 어렵다. 그리고 중요한 사실은 두 번씩이나 미끄러지면 그다음은 아예 똥차가 되어 차선 밖으로 밀려날 가능성이 크다는 것이다.

필자는 기업에 강의하러 갔을 때 '여러분, 직장은 뭐 하는 곳입니까?'라는 아주 쉬운 질문을 자주 한다. 그러면 이구동성으로 '일하는 곳이요.'라는 아주 쉬운 답이 나온다. 그러면 바로 '아니요, 직장은 일하는 곳이 아니라 여러 사람이 모여서 일하는 곳입니다.'라고 정정해준다. 아무리 세상이 이기주의로 가고, 개인주의로 가도 직장은 여러 사람이 같이 일하는 곳이기 때문에 다른 사람의 영향을 받지 않을 수 없다. 예를 들어, 옆자리 동료가 아침에 부부 싸움하고 나와서 잔뜩 찌푸린 얼굴로 일한다면 내 기분이 좋을 리 없다. 게다가 부인하고 전화라도 해서 2차전을 벌이면 더욱 심란해진다. 그래서 내가 기분이 나빠도 웃어야 하는 거고, 화나도 목소리를 낮춰야 한다. 특히 리더는 더욱 그래야 한다.

다음 글을 음미하며 읽어보자. ― 학교는 공부하고 공동 프로젝트를 수행하더라도 전체에 영향을 주진 않는다. 그러나 회사는 그 영향이 크다 보니, 함께 할 줄 알고 시너지를 낼 줄 아는 사람이 되지 않는다면 같이 어울리기가 힘들다. 학교라면 세대가 같다는 특성, 관심사가 같다는 특성, 전공이 같아서 공부하는 내용이 같다. 그러나 회사는 한 사무실의 같은 부서에서 근무하더라도 하는 일은 서로가 다르다. 전혀 다른 특성들이 모여 시너지를 내야 하기 때문에 서로 이해하고 협력하는 자세가 매우 중요하다. 고객의 입장에서, 상대의 입장에서, 부하의 입장에서 생각하는 역지사지의 태도가 무엇보다 중요하다. ― 유명한 인재 개발 강사 박천웅의 '학교와 회사의 차이'라는 글이다.

또한 요즘은 세세한 직급 구분을 없애고 아예 팀장과 팀원으로만 나눈다든지 삼성처럼 저마다 프로라고 부른다든지 하는 식으로 수직 체계를 허무는 추세이기 때문에 승진에 목매는 사람도 적어지고 있다. 그러나 조직이 존재하는 한 어쩔 수 없이 위아래는 존재할 수밖에 없다. 즉 수평적 조직 문화를 추구하더라도 책임과 권한이 다 같을 수는 없기 때문에 직급은 존재한다. 결국, 이러나저러나 인정받고 위로 올라감으로써 연봉도 많아지고 거느리는 조직도 커지며 이에 따른 성취감이 높아지는 게 현실인데, 다만 잊지 말아야 할 것은 1년 차이로 조직에서의 모든 미래가 결정되지 않는다는 사실이다. 즉 승진에 있어서 선두 탈환은 전쟁에서 고지 탈환만큼이나 반복된다. 고로 한 번 승진에서 밀렸다고 앙앙불락하며 날뛰지 말고 부족한 점을 보완해서 레이스를 역전시키는 데 주력하는 게 현명한 처신이다.

50

"

어머니가 직장에서 동료들에게
왕따를 당하고 있어요!

"

동류파 검법을 써라

'저는 대학생입니다. 어머니가 청소용역 회사에서 일하시는데 얼마 전 옮겨간 대형 마트에서 먼저 근무하던 분들과 출신지 때문에, 조금 언쟁이 있었고 그 뒤로 어머니를 제외한 나머지 다섯 분이 같이 어머니를 왕따한다고 합니다. 하필이면 어머니를 제외한 다섯 분이 모두 출신지가 같다고 합니다. 매일 식사도 혼자 하시고 거의 대화를 못 해서 괴롭다고 푸념하시는데 해결 방법이 없을까요?'

이 질문에서 주목할 점은 이직이나 전출했을 경우, 첫인상이 중요하다는 사실이다. 즉 기존에 있는 사람들 사이로 들어가는 새 사람은 그들과 일단 초기 마찰을 피해야 한다. 왜냐면 기존에 있던 사람이나 새로 들어가는 사람이나 서로를 잘 모르는 상태이기 때문에 별것 아닌 사소한 마찰도 점증법으로 강도가 강해져서 쉽게 풀기 어려운 상태로 치달아버리기 때문이다. 이 점은 기존이 주의할 일이냐, 신입이 주의할 일이냐를 따지지 말고 서로가 주의해야 한다. 일단 인간관계에 트러블이 생기면 기존이고 신입이고를 떠나서 똑같이 장기간 스트레스를 받기 때문이다.

이분의 어머니가 무슨 말로 해서 시비가 생겼는지는 알 길이 없지만 짐작건대 특정 지역을 비하하는 발언을 누군가가 농담 비슷하게 먼저 했고 그 말을 들은 사람이 이를 웃으며 받아들이지 못하고 마주 화를 냄으로써 시작됐을 것이다. 앞에서 언급했듯이 그런 일이 생기면 양쪽 모두 피해가 생기기 마련인데 공교롭게도 이분 어머니는 혼자이며 새로 간 사람이고 상대 쪽은 다수이며 기존에 있던 사람들이다 보니 힘의 균형이 심각하게 쏠려서 이분 어머니가 왕따를 당하게 된 것이다. 아무리 생계를 위해 돈을 벌어야 한다지만, 이 문제를 풀지 못하면 날마다 직장 나가는 게 정말 힘들 것이다. 부처님도 인생의 큰 고뇌로 원증회고(怨憎會苦, 미워하면서도 봐야 하는 괴로움)를 설파했지만, 보기 싫은 사람이 있는데도 나가서 온종일 일해야 하는 것은 죽기보다 힘든 일이다.

그럼 이분 어머니는 어떻게 해야 할까? 정답은 **동류파 검법**을 쓰는 것이다. 이 검법의 핵심은 동류파(同類派) – 서로 미워하고 있지만 속을 들여다보면 사실은 서로 같은 종류, 같은 유파의 사람이라는 것을 느끼게 하는 것이다. 이런 의식을 가리켜 동류의식(同類意識)이라고 하는데 이런 의식이 확실해지면 웬만한 문제는 서로 눈감아주며 넘어갈 수 있다. 그런데 이 어머니들은 그런 의식을 미처 느끼기도 전에 무언가 잘못 튀어나온 말 한마디로 인해 갈등을 겪게 된 것이다. 그럼 이 어머니는 구체적으로 어떻게 해야 하는가? 두 가지를 하면 된다.

첫째는 그 다섯 명의 동료 중에서 누가 리더인가를 파악해야 한다. 직급이 있든, 나이순이든, 경력순이든 다섯 명 정도가 되면 그 그룹을 이끄는 리더가 있다. 그 리더를 먼저 파악해야 하는 이유는 다섯 명을 함께 앉혀놓고 말하려면 잘 해결되지 않기 때문이다. 즉 다섯 명이 모두 똑같이 이 어머니를 싫어하는 게 아님에도 불구하고 함께 있는 동안에는 동료들 특히 리더의 눈치를 본다. 왜냐면 그 그룹에서 떨어져 나오면 역시 왕따를 당한다는 사실을 알기 때문이다. 그 결과 마음속으로는 '꼭 이래야 하나' 하면서도 겉으로는 내색 못 하기 때문에 각개 격파로 해야 하는데 최우선 선제타격 목표가 바로, 리더인 것이다. 물론 선제타격이라 해서 들고 치는 게 아니라, 말로 푸는 것이다.

둘째는 리더가 파악됐으면 그 사람을 밖에서 만나야 한다. 가장 좋은 건 그 사람의 집으로 방문하는 것이다. 왜 사무실에서 이야기하지 말라고 하는가 하면 동류의식을 느끼는 건 무언가를 겉에 걸치고 있을 때는 힘들기 때문이다. 즉 사무실 안에서는 팀장과 팀원, 선배와 후배, 또는 경상도 사람과 전라도 사람, 이런 식의 서로 다른 신분이 앞서기 때문이다.

그래서 질문자 대학생에게 어머니더러 리더를 파악해서 그 리더의 집을 방문하도록 말씀드리라고 했다. 집에 가보면 형편이 그리 좋지 않은 것이 두 어머니가 비슷할 것이고, 똑같이 대학생 아들을 뒀을 수도 있으며, 서로 비슷하게 남편이 건강 상태가 좋지 않을 수도 있다. 게다가 같은 건물에서 같은 청소 일 하는 동지임이 분명한데, 그렇게도 같은 처지의 어머니들이 집에 마주 앉아서 어떻게 서로를 손가락질할 수 있겠는가? 그렇게 마주 앉아 보면 '서로 다름'이 아니라 '서로 같음'이 눈에 들어올 것이다. 정상적인 사람이라면 그다음은 어떻게 되겠는가? '우리'라는 사실을 깨닫게 되는 것이다. 그렇게 리더가 돌아서면 나머지 네 명은 순식간에 돌아서게 될 것이다. 실제로 어머니들은 일이 잘 풀려서 비 온 뒤에 땅이 굳듯이 더 친하게 지내고 있다.

이 사례에서 우리가 잘 알아야 하는 것은 왕따 당했던 어머니의 의지가 강해야 한다는 사실이다. 왜냐면 리더의 집을 찾아간다는 게 쉬운 일이 아니기 때문이다. 그리고 리더를 찾아가기 쉽지 않은 이유는 자존심도 문제지만 더 큰 문제는 증오심 때문이다. 이게 무슨 이야기인가 하면, 누군가 강자가 약자를 괴롭힐 때 대부분 보면 약자들은 자기가 강자들이 자기를 미워해서 속절없이 당하는 것처럼, 자신은 선량한 피해자임을 호소한다. 그러나 사실은 속을 들여다보면 그 반대인 경우가 많다. 즉 약자인 건 맞지만 선량하지만은 않다는 건데 더 쉽게 풀어서 설명하면 강자에 대한 약자의 증오가 더 심하다는 거다. 대표적으로 영국인들의 경우 북부 스코틀랜드 사람들이 남부 잉글랜드 사람들에게 피해를 본다고 말을 많이 하는데 증오심은 스코틀랜드인들이 더 강하다고 한다. 이 말은 어떤 증오 관계를 풀어낼 때 강자만 푼다고 해서 해결되는 게 아니라 약자는 더 진지하게 풀어야 한다는 뜻이다.

이 검법의 이해를 돕기 위해 동류파의 장문인(掌門人) 격인 한 인물에 관해 소개한다. 역사상 가장 뛰어난 **동류파 검법**의 초절정 고수는 중국 후한말 조조의 아들인 조식(曹植)이다.

그의 큰형 조비(曹丕)가 아버지 조조를 이어 위왕(魏王)이 되었을 때 다른 형제들은 다 경쟁자로서 목숨이 위태롭게 되었는데 그중에서도 특히 문학적 재능이 뛰어나 문인(文人)들의 존경을 받는 조식이 표적이 되었다. 그래서 조비는 조식을 불러 아버지 초상(初喪)에 오지 않은 것을 문제 삼아 크게 꾸짖은 다음, 일곱 걸음을 걷기 전에 형제를 주제로 한 시를 한 편 지어내지 않으면 죽이겠노라고 한다. 그러면서 동시에 시 속에 형제라는 말은 절대로 사용하면 안 된다는 단서를 붙인다. 그야말로 죽이기 위한 명분을 만들려고 일부러 작정한 것이었다. 아무리 재주가 뛰어난들 형제라는 말을 안 쓰고 형제에 대한 시를 일곱 걸음 안에 지어

내기는 어렵기 때문이다. 그렇게 해서 조비와 모든 장수 대신들이 침을 꼴깍 삼키며 지켜보는데, 일곱 걸음을 뗀 조식이 마침내 다음과 같은 시를 읊었다.

자두연두기(煮豆燃豆萁) 하니
두재부중읍(豆在釜中泣)이로구나
본시동근생(本是同根生)이거늘
상전하태급(相煎何太急)인고

이게 그 유명한 「칠보시(七步詩)」인데 번역하면 다음과 같다.

콩깍지를 태워 솥 안의 콩을 삶으니
솥 안에서 콩이 뜨겁다고 우는구나!
본시 둘 다 한 뿌리에서 태어났건만
어찌 이리도 급하게 볶아 대는고?

이 시를 들은 조비는 동생의 처지를 생각하며 왈칵 눈물을 쏟았고, 조식을 죽이자고 주장하던 장수 대신들도 모두 꿀 먹은 벙어리가 되었다. 조식이 조비의 경쟁자라는 사실은 분명하나, 당신과 나는 원래 같은 아버지 밑에서 태어난 같은 형제가 아니냐, 그런데 왜 이렇게 몰아대며 죽이려 하느냐고 형의 가슴을 통렬하게 찔러버린 것이다. 결국, 조식은 이 **동류파 검법** 한칼로 목숨을 건진다. 오늘날의 우리라고 해서 그리 못 할 게 없지 않은가? 갈등이 있는 동료, 선후배, 팀장과 팀원이 모두 조식과 같은 동류파의 고수가 되어 상대의 가슴을 뭉클하게 울리기 바란다.

금의위(錦衣衛)와 직장 검법 50수

이 책의 원고 집필에 한창 몰두하고 있을 때인 2022년 3월 20일, 유명한 패스트푸드 매장의 한 알바생이 질문을 보내왔다. 내용은 같은 매장에서 겨우 이틀 동안 같이 일한 나이 많은 선배가 무시로 반말하고 익숙지 않은 일에 실수하면 엄청 짜증을 내는 등 너무 힘들게 해서 스케줄 매니저한테 근무 일정이 겹치지 않게 조정해달라 상담하고 싶은데 그 선배가 알면 일이 더 꼬이는 게 아닌가 걱정이라는 것이었다.

마침 그 계통에 잘 아는 지인이 있어서 조언을 구했더니 점장에게 보고하는 것이 원칙이라고 알려줬다. 그래서 3월 21일, 그 내용을 전달하면서 동시에 문제의 선배와 일한 시간이 너무 짧으니 사흘 정도 더 기다리며 지켜본 뒤에 변화가 없으면 보고하라고 메일을 보냈다. 이 초식은 이 책에 나오는 직장 검법 제33수인 **마도대광야**(磨刀待廣野) **검법**이었는데 짧게 사흘만 기다려 보라고 한 이유는 워낙 젊은이인지라 더는 오래 못 기다릴 것 같아서였다. 그리고 회신을 꼭 달라고 요청했는데, 내 상담 경력 13년에 최연소 질문자라 일이 꼭 해결되기를 바랐기 때문이다.

그런데 그렇게 속으로 간절히 기다렸는데도 일주일, 열흘이 지나도 소식이 없었다. 결국, 선배의 스트레스를 이기지 못하고 그만뒀나 보다 생각하니 더 안타까웠다. 그런데 어라? 보름 만인 4월 4일에 갑자기 뿅! 하고 회신이 왔다.

내용은 내가 조언해준 대로 기다리며 지켜봤더니 말투가 약간 세긴 하지만 후배를 가르치려는 의도에서 그런 거고, 본성이 그렇게 나쁜 사람이 아니라는 것, 그리고 후배가 한 명 들어왔는데 똑같은 고민을 하길래 본인이 깨달은 걸 조언까지 해주었다는 것이다. 그러면서 본인 스스로 좀 더 성숙해진 거 같다고 꼭 훌륭한 사회인으로 성장하겠다며 감사의 인사를 보내왔는데 감사는 오히려 내가 해야 할 정도로 기뻤다.

그리고 정말 놀라운 건 그 알바생의 끈기였다. 왜냐면 필자가 조언한 것은 사흘이었는데 그 알바생은 무려 보름을 더 기다린 것이다. 그야말로 **마도대광야 검법**의 핵심을 제대로 꿰뚫은 것이다. 어쨌든 사흘을 못 견디고 그만뒀을 거라는 내 예상은 보기 좋게 빗나갔는데 이 일로 해서, 젊은이에 대한 내 판단의 경솔함을 많이 반성했다.

이제 책을 마치면서 문득 견자단이 주연한 〈금의위(錦衣衛) : 14검의 비밀〉이라는 영화가 생각난다. 영화에서 주인공인 청룡(靑龍 : 견자단

扮)은 황제가 하사한 무기 상자를 들고 다니는데 그 상자 안에는 용도가 각각 다른 열네 자루의 검이 들어 있다. 마지막 열네 번째 검은 임무 실패 시 자살용인데 주인공은 이 검으로 영화의 대미를 장식하며 적과 함께 죽어간다. 왜 이 영화가 생각났는가 하면, 이 책에서 제시한 검법은 14개를 한참 넘어 무려 50개에 달하기 때문이다. 또 금의위의 14검과 같이 용도도 다 다르다. 그리고 직장 검법을 아직 배우지도 않은 강호 무림 초보인 알바생이 내가 일러준 **마도대광야 검법**으로 훌륭하게 칼을 휘둘러 문제를 단칼에 끊어냈기 때문이다.

이런 사실로 미뤄 볼 때, 50개의 검법을 잘 소화해서 직면한 문제에 가장 알맞은 칼을 뽑아 쓴다면 그 문제를 여지없이 끊어낼 수 있을 것이다. 앞으로 어떤 지독한 고민에 빠지더라도 절대로 좌절하거나 사표를 수류탄처럼 까지 말고 날이 선 칼을 제대로 사용하기 바란다. 그러면 그 알바생이 보여줬듯이, 순간의 한칼이 당신의 인생을 행복하게 바꿔줄 것이다. 스무 살의 젊은이가 해내는데 왜 우리가 그리 못 하겠는가?